내면치유
그리고
다시 만나는
세상

내면치유
그리고
다시 만나는
세상

백보남 지음

상담심리사의 치유와 성장 이야기

이담
Books

서문

상처받고 치유된 경험을 도구 삼아 사람을 살려내는 일

어린 시절, 가정에서 아들과 딸의 차별을 겪었고 어른이 된 후, 사회에서는 부자와 가난한 자의 차별을 비롯해 많은 불평등을 경험했다. 그렇게 불평등의 원인과 함께 그로인한 결과들을 바꿀 수 있는 방법에 대해 무수한 의문을 가지면서 성장했다. 원래부터 가진 자원이 없다보니 주어진 내 삶을 열심히 사는 것 외엔 다른 길이 보이지 않았다. 열심히 살아도 달라지는 것이 별로 없어 신을 찾았다. 한동안 세상이 달라 보이고 치유가 되기 시작했다. 그런데 현실은 곰을 피하고 나면 호랑이를 만나는 삶의 연속이었다. 신앙으로 극복이 되었어도 행복하지 않았다. 그러던 중에 누군가 나에게 상담을 잘할 것 같으니 공부를 해보라고 했다. 상담이 무엇인지도 모르고 공부를 시작했다. 공부를 하면서 내 삶이 왜 이렇게 얽히고설켜서 그 굴레에서 빠져나오지 못하는지 알았다. 사람의 성격과 행동방식이 바뀌는 것은 쉽지 않다. 그래서 열심히 살아도 다람쥐 챗바퀴 도는 것과 같은 삶이 된다. 상담 공부를 하면서 그 원리들을 알아가기 시작했고 다르게 사는 방법을 익혔다. 기쁨과 행복을 느끼기 시작했다. 불행했던 내 인생을 바꾼 첫 번째 계기가 신을 만난 것이라면 두 번째 계기는 상담을 공부한 것이었다.

상담하면서 실제 경험한 것이 얼마나 중요한지 깨달았다. 내 경험에서 시작해 다른 사람에게로, 진정한 공감을 통해 치유의 장을 만들어갔다. 그곳에서 나는 날개가 달린 것 같았다. 이론적 접근에서 멈추지 않고 아픈 사람과 손 잡고 함께 울었다. 아픔의 길을 조금 먼저 걷고 극복한 선구자로 다른 사람의 모델링이 되기 시작했다. 그들도 인생이 바뀌기 시작하는 것을 가까이에서 수없이 지켜보았다. 내가 아픔을 겪을 때는 털어놓고 말할 수 있는 사람이 없었다. 스스로가 고치 안으로 들어가 나 자신을 꽁꽁 싸매고 있으면서도 혼자서 아픔을 달랠 수 있었던 건 글쓰기 덕분이었다. 글쓰기는 나의 치유의 도구이며 친구였다. SNS에 소소한 일상과 치유의 이야기를 올리기 시작했다. 글을 읽은 사람들로부터 도움이 되었다는 이야기를 들었고, 사람들이 책으로 엮어 달라는 이야기를 했다. 용기를 내어 나의 치유의 경험들을 책으로 만들기로 했다. 이 책에는 내가 겪었고, 또 누구라도 겪을 수 있는 삶의 여러 가지 아픔들, 그리고 치유의 과정을 통해 새롭게 발견한 세상의 여러 가지 모습이 담겨있다. 혼자 성장한 줄 알았는데 내가 여기까지 오는 동안 얼마나 많은 사람들의 도움이 있었는지 감사할 따름이다.

이 책은 총 5부로, 만남에 대한 이야기로 구성되어 있다. 1부는 가족 이야기이다. 가족 관계에서 일어나는 이야기로 부모와 관계, 자녀와 관계, 부부관계, 형제관계, 결혼 후 배우자 가족 관계의 이야기를 담았다. 우리의 고통들은 대부분 먼 타인에게서 비롯되는 것이 아니고 가장 가까운 가족에게서 비롯된다. 가족은 가장 사랑하면서도 가장 싫어할 수 있는 사람들이다. 타인들은 관계를 끊으면 되지만 가족은 쉽게 끊을 수 없고 끊어지지도 않는, 애증이 그대로 드러나는 관계이다. 그래서 가족은 참으로 징하고도 아름다운 관계이다.

2부는 이웃과의 만남에서 나의 성장에 도움을 주셨던 분들의 이야기를 담고 있다. 배움을 주셨던 교수님, 목사님, 친구 부모님, 이웃이었던 어른과 친구, 모르는 사이였지만 가까이 살고 있기 때문에 도움을 준 이웃들의 이야기이다. 가족을 통해서 성장의 기초가 다져진다면 이웃을 통해 영향을 주고 받음으로써 내가 완성되어 간다.

3부는 자연과의 만남을 통해 얻어지는 지혜의 이야기이다. 자연 속에서 만나는 동물과 식물을 통해서도 우리들 삶의 신비로운 지혜들을 깨닫고 알아가게 된다. 주로 산책을 하면서 동물과 식물을 자세히 관찰하고 눈길을 주면 자연과 진정으로 만나게 된다. 그러면 자연은 우리에게 삶의 지혜들을 가르쳐준다. 자연을 통해 우주의 질서 속에 우리 자신이 들어 있다는 것을 알게 되며, 그 질서에 순행할 때 불필요한 에너지를 소모하지 않게 된다.

4부는 일터에서 얻은 이야기들이다. 일을 통해 우리는 존재감을 확실히 도장 찍을 수 있고, 우리가 이 땅에 온 이유와 목적들을 깨닫게 된다. 우리는 그냥 이 지구에 왔다가 스러져가는 존재가 아니다. 일을 통해 사람들에게 도움을 주고 삶의 의미들을 알아가게 되고 이 땅에 온 흔적을 남기게 된다. 이 부분에는 내 직업인 상담의 이론들이 여러 개 실려 있어서 상담을 공부하는 사람들에게 도움이 될 수 있다. 나는 상담사의 일을 하는 것이 내가 이 땅에 온 목적이라는, 일에 대한 소명의식을 갖고 있다. 그렇게 될 때 일은 기쁨이 되고 나를 살려주는 도구가 된다.

5부는 소소한 일상에서 만나는 사람들을 통해 느끼는 작은 행복과 깨달음에 대한 이야기이다. 눈을 들어 주위를 살펴보면 기쁨과 행복을 주는 것은 도처에 깔려있다. 다만 우리가 고통스러울 때는 그것이 보이지 않는 법이다. 매일 만나는 사람들과 만나는 일들에 대해 스쳐지나가기 쉽지만 한번쯤 관심을 갖고 진정으로 만남을 가질 필요가 있다. 그래서 지금 여기에 현존하는 것이 우리를 고통에서 벗어나게 하는 첫 번째 관문일수도 있다.

돌이켜보면 어떻게 그 어려운 시간들을 살아내고 여기에 이르게 되었는지 모르겠다. 가난과 가정폭력과 불평등한 사회에서 내가 저지르지 않은 일에 대한 책임감으로 평생을 살았다. 혼자인줄 알았지만 치유가 되고나니 그 어려움 속에서 많은 사람들이 함께 했었다는 것이 보이기 시작했다. 행복이라는 감정이 느껴지기 시작했다. 고통의 이유들을 알게 되자 그 고통이 선물이었다는 것도 알았다. 이러한 이야기들을 쓰기까지 함께한 모든 이웃들에게 감사하다. 그리고 책이 만들어지는 데 도움을 주신 친구들과 이웃들, 출판사에게 어떤 표현으로도 전달할 수 없는 고마운 마음이다. 나를 이 땅에 보내고 이 땅에서 필요한 일들을 감당하게 하신 내가 믿는 하나님에게 감사와 경배를 드린다. 지금도 고통 속에 허덕이고 있는 많은 분들에게 이 책이 도움이 되었으면 좋겠다. 그리고 당신도 행복해질 권리가 있고 행복해질 수 있다고 읊조리며 밖을 본다. 청계산이 훤히 보이는 창에서 먼동이 밝아오는 것이 보인다.

2020년 1월
백 보 남

목차

CHAPTER
1

가족 - 징하고도 아름다운 이름

CHAPTER 2

이웃 - 나를 빚어준 소중한 만남

CHAPTER 5

일상 - 소소한 즐거움

가족

징하고도 아름다운 이름

01

징하고도 아름다운 이름인 가족
분리된 가족과 밀착된 가족

어렵고 힘든 삶을 헤쳐 나와 자수성가한 미혼남성이 나를 찾아왔다. 그는 현재 재력가라는 말이 믿어지지 않을 정도로 차림새나 외모를 전혀 꾸미지 않은 수수한 모습이었다. 첫인상이 눈에는 총기가 있었지만, 얼굴에는 분노가 가득한 모습이었다.

그는 가족의 횡포 때문에 고민했다. 수백억의 돈을 벌어 가난한 형제들에게 나누어주고 사업장에서 함께 일할 수 있게 배려해주었다. 형제들 모두에게 집을 사주고 일거리를 주었다. 처음부터 형제들과 함께 사업을 한 것은 아니고, 성공하고 난 뒤에 직장 없는 형제들을 자신의 사업장에 합류시킨 것이다. 사업주와 종업원의 관계로 정식 근로계약을 맺고 일을 하게 했다. '배려가 지속되면 권리로 안다'라는 말은 가족 간에서 가장 많이 확인되는데 그의 삶에서도 확인되었다. 가족들은 처음에는 고마워하고 인정하는 말을 많이 했지만, 점점 더 욕심을 내더니, 그 사람이 노후를 위해 남겨둔 빌딩이 있는 것을 알게 되자 슬슬 빌딩을 탐내기 시작했다. 그의 배려가 지속되면서 형제들의 욕심이 도를 넘어서 재산권을 마치 자신들의 권리처럼 알게 되었다. 베풀어주는 사람의 것을 통째로 삼키고 싶어지는 것이 인간의 욕심이다. 건물을 제 것으로 만들기에 실패한 형제들은 그 남성과 사업적 파트너인 사람을 꼬여 소송으로 그에게 손해를 끼치게 했다. 그는 매우 화가 나서 자신이 살아온 인생에 대해 회의를 느끼며 삶의 새로운 방법에 대해 모색하고자 나를 찾아왔다.

온 가족이 그물처럼 얽혀있는 것이 문제로 보여서 가족 간의 분리에 관한 이야기를 했다. 가족끼리 묶여 있으면 서로에 대한 경계선이 없어서 내 것과 네 것에 대한 경계가 불분명해진다. 밀착된 가족에게 일어나는 문제이다. 밀착된 가족은 너와 나의 구별이 없이 융합되어 타인이 보기에는 친밀해 보이나 가족 각자의 사적 영역을 보호하지 못한다. 그래서 개인이 하고 싶은 일을 제대로 하지 못하고 가족의 침해를 받게 된다. 일일이 간섭하고 비판하고 타인이라면 감히 하지 못하는 얘기를 가족에게는 함부로 한다.

과거에는 이런 밀착된 가족이 많았다. 한 가지 사건이 생기면 온 가족이 똘똘 뭉쳐서 그 일을 해결했다. 일상적 생활을 할 때 형제간에 옷을 공동으로 입거나, 네 것 내 것 없이 물건을 같이 사용하기도 했다. 어렵고 가난했던 시절에 일반적으로 볼 수 있었던 일이다. 큰오빠를 공부시키기 위해 딸들은 험한 일을 해서 뒷바라지한다거나, 가족 중 한 사람이 문제를 일으키면 온 가족이 그 책임을 떠안았다. 고통을 함께 나누는 것만이 아니라 기쁨도 함께 나누었다. 가족 중 한 사람이 성공하면 그것은 가족 모두의 성공이 되었다.

이렇게 경계선 없이 밀착된 가족이 있는 반면에 경계선이 경직된 가족의 형태도 있다. 가족이라는 명칭만 있고 어떤 일도 공유하지 않는다. 각자에게 어떤 일이 일어났는지 알지 못한다. 그래서 가족으로서의 제 기능을 실행하기 어렵다. 이런 경우 가족과의 만남 자체가 하나의 일이고 스트레스가 된다. 명절이 되면 가족이 만나는 기쁨보다 명절 치레에 대한 부담이나 책임감에 눌려 명절을 즐기지 못한다. 경직된 가족은 사적인 영역은 보호되나 함께 하는 활동들이 없으므로 무늬만 가족이라는 느낌을 받는다.

　나는 밀착된 가정에서 자랐는데, 결혼 후 경계선이 경직된 가정에 들어갔다. 시가에서는 모든 일을 각자 알아서 하고 서로가 서로의 일에 관여하지 않았다. 가족이라면 당연히 같이해야 한다고 생각했던 일을 혼자 하게 되었다. 낯설고 사랑은 없어 보였지만 자유로운 느낌이 좋았다. 나는 시가의 경직된 가족관계를 어린 시절 삶의 패턴인 밀착된 관계로 스스로 만들어 나갔다. 그러니 가족 중 아무도 하지 않는 일을 친정에서 학습한 대로 스스로 짊어지는 삶을 살았다. 결혼 후 삶의 다른 조건을 줘도 어린 시절에 겪었던 몸에 익숙한 방식의 삶을 살게 된다.

　가족의 형태 중 가장 바람직한 것이 친밀한 가족 형태이다. 각자의 사적인 영역을 보호해주면서 서로의 삶을 공유한다. 밀착된 가족에서 나타나는 현상인 말을 함부로 하지 않는다. 조언은 하지만 간섭으로 각 개인의 인생길을 침해하지 않는다. 기쁜 일을 즐겁게 공유하고 각 개인에게서 일어난 기쁨을 진심으로 함께 기뻐하고 축하하지만 자기의 성취로 생각하지 않는다. 어려운 일이 있으면 함께 도와주지만 혼자 책임으로 떠안지 않는다. 가족의 중대사를 상의 없이 결정하지 않기 때문에 가족 상호 간 소외감이 느껴지거나 외로움이 느껴지지 않는다.

나는 그 남성에게 심리적 분리에 대해 말했다. 하지만 그 말이 50대 혼자 사는 사람에게 어쭙잖은 말이라는 것은 그 남성과 대화가 끝나면서 스스로 깨닫게 되었다. 상담자로서 나 자신에 관해 부끄러운 마음이 느껴졌다. 분리에 대한 말을 하는 나에게 그는 말했다.

"돈을 버는 일은 참 즐거워요. 그런데 돈을 많이 벌면 뭐해요. 아내도 없고 자식도 없으니 누군가를 위해 쓸 데가 없는데… 그래서 더욱 형제들에게 매달렸나 봐요."

그 말을 듣는 순간 그의 외로움이 찡하게 다가왔다. 그 돈을 더 큰 의미의 사회 복지를 위해 기부하면서 쓸 수도 있을 것이라고 잠깐 생각했다. 하지만 가족을 섬기고 함께 즐기고 싶은 마음으로 가까이에 있는 사람에게 돈을 쓰고 싶은 그의 마음이 이해가 되었다.

가족이란 그런 것이다. 자립하지 못하는 사람을 책임져야 하고 돌보면서 기쁨도 느끼지만 때로는 경계를 넘나들어 자기 잇속을 챙기거나 미운 짓을 하면 스트레스도 받는다. 가족 중 이기적인 사람이 하나 있으면 그 한 사람으로 인해 모든 가족관계가 엉망이 될 때도 있다. 특히 결혼해서 분가하면 혈연이 아닌 이방인을 가족으로 맞이해야 하므로 문제는 더욱 복잡해진다. 이기적으로 자기 것만 챙기는 한 사람으로 인해 가족들끼리 만나는 것이 불편해지기도 한다. 너무 가까워서 말도 함부로 하고 지적질도 함부로 하는 경우가 발생하기 쉽다. 그런데도 가족관계는 선뜻 끊을 수 없고 화가 나면서도 봐야 하는 필연적 관계에 있다.

가족은 사전적 정의에 의하면 부부를 중심으로 한 친족 관계에 있는 사람들의 집단으로 그 구성원은 혼인, 혈연, 입양에 따라 이루어진다고 말한다. 가족의 시발점은 두 남녀가 만나서 결혼하여 부부로 맺어지면서 출발한다. 그런데 요즘 청년들은 행복하지 않은 부모세대를 보고 자라서 그런지 결혼하지 않겠다는 사람들이 많다. 요즘 청년들을 5포 세대라 한다. 연애하는 것, 결혼하는 것, 아기 낳는 것, 이웃과 관계 맺는 것, 내 집 마련하는 것을 포기한 세대를 가리켜서 하는 말이다. 청년들이 단지 경제적 이유만으로 결혼을 기피하는 것이 아니다. 부모의 싸움을 보고 자란 청년은 그런 굴레로 들어가고 싶어 하지 않는다. 결혼해서 엮여 사느니 연애만 하겠다는 청년들도 있다. 가족 때문에 힘든 상황을 보고 자란 사람 역시 경험해 보지 않은 결혼 생활에 대해 두려움을 먼저 갖는다. 그래서 갈수록 가족은 해체되어가고 갈수록 독거세대가 늘어난다. 나 혼자 잘 먹고 잘살면 된다는 가치관을 갖게 되면서 결혼을 해도 아이를 낳고 싶어 하지 않는다.

결혼 생활에서 대인관계가 필수적이고 그 외의 많은 복잡한 것들이 얽혀있기 때문에 결혼 생활이 절대 만만하지는 않다. 전혀 다른 남남이 만나 한 공간에서 살아가야 하는데 맞추고 조절해야 하는 어려움이 많을 수 있다. 하지만 나는 결혼은 꼭 해야 한다고 생각하는 사람이다. 운이 좋아 잘 맞는 사람을 만나면 인생이 더없이 행복할 것이다. 맞지 않는 사람을 만나서 맞추는 과정에서 고통스러운 삶이 되어도 그 고난 가운데 한 인간으로 성숙해지는 것은 말할 나위도 없다. 그러니 이래도 저래도 자신의 인생에 더 좋은 것이다. 결혼은 한 인간이 탄생하기 전 모체로부터 융합되었다가 탯줄이 잘리면서 갖게 되는 끝없는 융합 욕구를 가장 잘 해결해 줄 수 있다. 결혼을 통해 우리는 비로소 완전함을 향해 나아가게 된다. 자신을 내려놓고 더 넓은 자기를 만드는 하나의 과정이다. 반쪽짜리 자신이 반쪽인 상대를 통해 배우고 익혀서 자기 자신이 온전해지는 것이다. 나는 청년들에게 두려움을 이겨내고 결혼해서 고통도 즐거움도 함께 나누라고 말하고 싶다. 또한, 아이를 낳아 키우면서 삶에서 깨닫는 많은 것으로 인한 즐거움을 누리라고 말하고 싶다.

결혼하지 않고 혼자 잘 살고, 돈을 많이 벌어 부자가 되었을 때나 어떤 업적을 성공적으로 이루었을 때 가족이 없다면 누구와 함께 축배를 나눌 것인가? 내 사랑이 흘러갈 곳, 그곳은 가족이 아닌가? 내가 아파 혼자 누워있을 때 내게 물 한 모금을 떠다 줄 사람도 가족이다. 가족 때문에 스트레스도 받고, 끊어버리고 싶어도 끊을 수 없는 참으로 징한 관계이지만 가족만이 줄 수 있는 것들도 많다. 그래서 가족이라는 말은 참으로 징하고 아름다운 이름이다.

> **"**
> 남이라면 할 수 없는 말을 가족이라서
> 함부로 하지는 않습니까?
> **"**

02

바라는 것을 줄이는 부부

부부의 첫 걸음은 분리와 독립

언젠가 해외 토픽에서 70년을 행복하게 해로한 부부의 인터뷰를 들은 적이 있다. 70년을 같이 살았다는 것은 두 분의 나이가 적어도 90세 정도는 되었을 것이다. 기자가 부부에게 질문했다.

"오랫동안 행복하게 살아온 비결이 무엇입니까?"

두 분은 똑같은 대답을 했다.

"우리는 서로에게 바라는 것이 별로 없었어요."

그 이야기를 듣는 순간 내 결혼 생활을 점검해 봤다. 늘 서운함이 많았고 남편이 하는 일을 못마땅해할 때가 많았다. 많은 부부가 그렇겠지만 우리는 서로 자라온 환경이 너무 다르고 성격도 서로 대조적인 사람이 만났다. 성장 과정부터 아주 달랐다. 나는 친정에서 내 개인의 삶보다 가족의 삶이 우선인 집에서 성장했다. 우리 부모님은 철저한 유교적 사고방식으로 사람의 도리나 규칙이 우선시 되는 교육을 하셨다. 반면 남편의 본가에서는 가족을 위한 헌신보다는 철저하게 개인적인 삶을 중요시하였다. 모든 일은 시어머니 혼자서 처리하시고 자녀들의 일에도 별로 간섭하지 않으셨다. 중대한 일도 개인이 혼자 감당해야 했고 가족과 상의하거나 가족들이 둘러앉는 일이 좀처럼 없었다. 이렇게 성장 배경만 다를 뿐 아니라 성향도 달랐다. 남편은 조용하고 말이 없는 95% 내향적 성격인데 나는 종알종알 말을 많이 하고 사람들과 어울리기 좋아하는 외향적 성격이다. 남편은 바다를 좋아하고 나는 산을 좋아한다. 음식에서도 남편은 회 종류의 찬 음식과 육류를 좋아하는데 나는 비린내 나는 어류는 싫어하고 육류를 먹으면 자꾸 체하니 곡식류나 채소류를 좋아한다. 또한, 남편은 사람의 마음과 감정을 중요시하고 생활방식이 즉흥적인 사람인데 나는 이성적이고 체계적으로 일하는 삶이 습관이 된 사람이다. 이러한 차이점을 극복하기에 많은 시간이 걸렸다.

서로에게 바라는 것이 별로 없었던 노부부의 이야기를 들으면서 나 자신이 얼마나 바라는 것이 많았는지 깨닫게 되었다. 나와 다른 성향을 지닌 남편에게 자꾸만 나와 같아지라고 요구한 것이 수두룩하다. 요구만 한 것이 아니라 비난도 겹쳐서 했다. 결혼 후, 남편과 내가 다른 환경에서 성장했다는 것을 인식하고 마음으로 받아들이는 데 많은 시간이 걸렸다. 결혼 초에 주로 생각했던 것은 형광등도 제대로 못 갈아 낄 정도로 기계치인 남편에게 '우리 아버지는 집 안의 고장 난 것은 무엇이든지 스스로 고치시는데 이 사람은 왜 못하지?' '내가 아프면 아버지는 나를 돌봐주고 일어날 때까지 간호해 주었는데 이 사람은 왜 나에게 아무것도 안 해주지?' '우리 아버지는 모든 것을 능동적으로 했는데 이 사람은 왜 스스로 하는 것이 전혀 없이 말을 해야 움직이지?'라고 생각했다. 나는 원가족과 분리가 안 된 채 결혼한 것이다. 그러니 남편을 아버지와 비교하고 아버지가 하는 것처럼 해주기를 바라는 것이 많을 수밖에 없었다.

결혼하기 전에 원가족과 분리해야 새로운 환경에 잘 적응할 수 있다. 분리는 심리적, 경제적, 신체적 분리로 나누어서 생각해 볼 수 있는데 나는 심리적 분리가 되지 않은 것이다. 성경에서는 결혼할 때 부모로부터 떠나 둘이 한 몸이 되라고 말한다. 그런데 심리적 분리가 안 되면 모든 기준은 부모이고 배우자가 그 부모와 같지 않으면 잘못된 것으로 인식하기 쉽다. 또한, 결혼 후에 경제적으로 부모의 도움을 받아야만 살아갈 수 있다면 경제적 분리가 안 된 것이다. 경제적 분리가 안 된 상태에서 결혼하면 부부의 자율권은 훼손되고 도움을 주는 사람의 간섭을 받게 된다. 이렇게 되면 결혼 생활에 전반적으로 스트레스를 받게 된다. 또한, 신체적 분리가 안 된 남자라면 아내가 있음에도 본가의 어머니 품을 그리워하고 아내가 해주어야 할 것을 본가 어머니에게 자연스럽게 요구하게 된다. 때로는 아내에게 어머니의 역할을 요구하기도 한다. 그러니 결혼 전에 원가족과 분리는 결혼의 첫 번째 요소일 수 있다. 원가족은 결혼 전 살았던 가족을 의미하고 현재 가족은 결혼 후 부부 중심으로 이루어진 가족을 의미한다. 조부모와 손자까지의 모든 가족을 확대가족이라 말한다.

우리의 삶에서 서운함과 섭섭함을 느끼는 것은, 대부분 상대가 자신의 욕구를 채워주지 않았기 때문이다. 가까운 사람이니 상대가 자신의 욕구를 당연히 채워줘야 한다고 생각한다. 부부 상담할 때 내가 자주 느끼는 것은 부부의 불화 원인이 주로 바라는 것이 많아서 생긴다는 것이다. 부모 자녀 간에도 자녀에게 바라는 것이 많은 부모일수록 자녀와 갈등이 생긴다. 자녀 역시 부모가 해주기를 바랄 때 상처받는다. 서로에게 바라지 않기 위해서 어떤 일이든 스스로 독립적으로 해야 한다. 자신이 독립된 개체로 서 있기 전에 우리는 누군가와 같이 사는 것이 고통일 수 있다. 둘이지만 각각 독립된 상태에서 손잡고 가는 관계여야 좋은 부부가 될 수 있다. 혼자 서 있지 못해 상대에게 의존하면 의존 받는 사람의 삶이 힘들어진다. 그래서 부부 사이에 갈등이 생긴다.

서로에게 바란다는 것은 상대에게 소망이 있기 때문이다. 그만큼 가까워서 생길 수 있는 일이다. 우리가 전혀 낯선 사람에게 무엇을 바라겠는가? 그러니 바란다는 것은 관계가 가깝다는 것이고 가까운 사이에 아무것도 바라지 않기란 상당히 어려운 일이다. 그러면 어떻게 할까? 상대에게 바라는 것을 요청으로 표현할 수 있다. 요청할 수는 있지만 요청한 것을 하고 안 하고는 온전히 상대의 몫이다. 요청한 것이 이루어지면 감사한 것이고 거절 받으면 상대는 거절할 수 있다는 생각으로 자신의 바람을 접어야 한다. 자신이 원하는 것을 표현하지도 않고 알아서 해줘야 한다고 생각하는 사람도 있다. 상대가 자신과 다른 사람인데 어떻게 요청하지 않은 일을 마음으로 알아서 척척 해 줄 수 있을까? 이런 사람들이 주로 사용하는 언어는 "그 정도도 알아서 못해!" "그것은 기본적으로 알아서 해야지!" "일일이 어떻게 말을 해야 해!" "척하면 척해야지!"라는 언어를 사용한다. 센스 있는 사람들이 상대의 마음을 헤아려서 말하지 않아도 해주는 경우가 더러 있다. 하지만 알아서 해주기를 바라는 것은 일종의 환상 속에서 사는 것이라고 말하고 싶다.

남에게 바라지 않는 것은 상처받는 것을 차단하는 효과가 있다. 바라지 않기 때문에 큰 갈등이 생기지 않는다. 하지만 서로 연결되고 연합하고 있다는 사랑의 깊은 느낌까지 차단할 수 있다. 우리는 사랑하면서 같아지려고 하고 융합하고자 하는 욕구가 있다. 이 욕구를 해결하려고 상대에게 바라는 것이다. 같은 음식을 먹어야 하고 같은 생각을 하고 같은 목표를 갖고 싶고, 같이 활동하고 싶고, 같은 연예인을 좋아하고 싶다. 그래서 동호회가 탄생하는 것이다. 그러한 욕구를 가장 가까운 부부나 가족과 함께 누리고 싶은 것은 어쩌면 당연한 일인지 모른다. 융합 욕구를 가장 쉽게 해소할 수 있는 것이 섹스일 것이다. 애착과 자유로운 독립 사이에서 우리는 날마다 왔다 갔다 한다. 융합의 욕구로 너무 가까워지면 우리 자신을 잃어버리는 것 같아 자유를 추구하게 되고 자유롭게 혼자 있게 되면 외로워서 다시 애착을 갈구하게 된다. 애착과 자유의 적절한 균형이 우리 삶에서 필요하다.

누군가에게 기대함으로 많은 상처를 받고 있다면 자유로운 독립을 성취해야 한다. 모든 것을 혼자서도 해결할 수 있지만 외로움이 느껴진다면 우리는 누군가에게 의지하고 상대에게 나를 내어주는 연습이 필요하다. 나는 의존과 융합 욕구가 많은 사람이었다. 그런데 자유롭고 독립적인 남편과 오랜 시간 같이 살다 보니 이제는 내가 남편과 같은 모습이 되어있다. 이렇게 되기까지 오랫동안 바라지 않는 연습을 했다. 남편에게 무엇인가 바랄 때마다 나 자신의 욕구를 알아차리고 바라는 것을 요청하거나 거두어들이는 연습을 했다. 이제는 바라지 않는 모습이 되었다. 참으로 마음의 평화가 깃든다.

남편이 오랜 기간 다니던 직장을 퇴직하는 날에 쓴 시 한 편을 싣는다.

부부

해맑은 미소년 얼굴엔 고랑이 패이고
살아온 징검다리조차 보이지 않네
먼 세월 건너뛰어 화들짝 놀라
고랑 위로 겹쳐지는 소년 얼굴 찾네

처자식 부양의 수고로 아담의 벌 치러내고
품었던 꿈은 가슴 한구석 처박혀 있네
하루하루 치러 낸 수고로
두 아이의 열매가 탐스럽게 열려있네
그대 얼굴에 투영된 내 모습을 바라보며
훌쩍 건너뛴 세월을 더듬어 보네

그대에 대한 미안함이 나에 대한 미안함이고
그대에 대한 감사함이 나에 대한 감사함이며
이제는 찬찬히 바라보는 얼굴에서
가슴에 묻어두었던 꿈들을
한 올 한 올 꺼내 본다오

우리 함께한 세월에
행동도 모습도 닮아있어
그대의 아픔을 만지고 있는 것이
곧 나를 치유하고 있음이라.

"

바람으로 상처받고 있나요?

"

03

가족관계에서 자기 알아가기
감정이 주는 메시지 '나를 들여다보면'

퇴직한 남편이 요즘 아르바이트로 하루 2시간 일을 하러 다닌다. 아침에 출근하던 남편에게서 20분쯤 후에 전화가 왔다.

"불 껐어?"

아무 설명 없는 한마디에 순간 당황하고 '무슨 말이지?' 생각하다 금방 주방에서 쓰는 가스 불이라는 것을 알아차렸다.

"으응!" 대답하고 전화를 끊었다. 요즘 음식을 하면 태워 먹는 게 일쑤다. 계란을 삶는다고 가스 불을 켰는데 출근 준비하던 남편이 가스 불 켜진 것을 보고 "안 꺼도 돼?"라고 물었다. 내가 좀 더 있어야 한다고 말하였고 남편은 출근했다. 전화를 받고 나서 내 마음에 여러 가지 감정이 스쳐 지나갔다.

첫 번째 감정은 챙겨주는 사람이 있다는 묘한 안도감이다. 30년 넘게 함께 살면서 남편이 챙겨주기보다 내가 챙겨주는 삶을 살았다. 남편은 개인주의가 몸에 배어있고 자기 외에는 전부 타인처럼 대한다고 느꼈다. 자기 이외에 타인이라는 것이 맞는 말인데 때로는 결혼 생활에서 연합에 대한 갈증으로 섭섭함을 느낄 때가 많았다. 남편이 싫어하는 것을 내가 간절히 요청할 때, 하고 싶지 않아도 아내가 원하니 해봐야겠다는 생각은 남편에게 있을 수 없는 일이다. 신앙생활 같이하기를 그렇게 소원해도 33년이 넘도록 요지부동이다. 각자에게 종교의 자유는 있으니 이론적으로 남편의 태도는 정당하다. 하지만 대부분의 부부는 나이 들어가면서 자신의 것이 아닌 배우자의 것도 기웃거리게 마련이다.

남편의 그런 태도에 비해 나는 정치나 사회 운동에는 관심도 없었는데 오랜 세월 남편과 살다 보니 정치나 사회 운동에 꽤 많은 관심을 지니고 있다. 그렇다고 남편이 인품이 나쁘거나 성질 고약한 사람도 아니다. 온화하고 조용하며 상대를 배려하는 사람이지만 철저히 개인적이라고 느껴진다. 남편과 다르게 나는 성질이 더럽지만 남을 잘 도와주고 기쁜 일이나 슬픈 일을 내 일처럼 여긴다. 타인이 원하면 싫어하는 일도 한 번쯤 해보면서 늘 타인과 연합하려는 사람이다. 그런 성향인 내가 남편과 마찰 없이 살려다 보니 이제는 상당히 개인주의자가 되어있다. 그래서 우리 집은 자녀들도 자기 일은 자기가 알아서 하는 것이 뼛속까지 배어있는 문화가 되었다. 그러니 출근하던 남편이 전화까지 해서 불 껐냐고 물어보는 것이 챙겨주는 것으로 인식되고 그 한마디에 안도감 같은 상당한 감정을 낳게 된 것이다.

두 번째 내 감정은 씁쓸함이다. 내 완벽주의 성향 때문에 남편이 내 삶에 들어올 여백이 없어서 챙겨줄 필요가 없게 만들었는지 모르겠다. 원래 시대 문화나 남편의 성향이 상당한 개인주의이지만 그래도 조금은 '완벽주의 내 탓 아닐까?'라는 생각을 했다. 완벽주의는 타인의 도움이 필요하지 않고 타인을 믿지 못한다. 일할 때도 철저하여 실수를 안 하려고 노력하고 대부분 일 처리 능력이 우수하다. 남에게 일을 시키느니 차라리 자기 자신이 하는 것이 편하다. 그런 이론들을 알고 있으니 내 탓일 수 있다는 생각을 했다. 완벽주의였던 내가 나이 들어가면서 이제는 실수투성이인 모습이 되었다. 요즘은 하는 일마다 실수 연발하고 중요한 것도 잊어버리는 것이 예사이다. 한번 물어본 것을 대여섯 번 묻는 때도 있다. 수첩에 메모 된 것이 없으면 오늘 내가 만나야 할 사람이 누구인지 모른다. 젊은 날에 컴퓨터라는 별명을 얻을 만큼 정확했고 실수가 별로 없었던 내 모습은 나이와 함께 변해가고 있었다. 나이 들어가는 것을 받아들이면서도 마음에 남는 쓸쓸함은 어쩔 수 없는 것 같다.

세 번째 감정은 슬프고 서러운 감정이다. "불 껐어?"라는 전화 한 통에 안도감을 느낄 만큼 그동안의 내 삶은 누군가의 돌봄을 받지 못했던 삶이다. 오랫동안 삶의 무게가 참으로 무거웠으나 혼자 해결해 왔다. 가족에서 일어나는 문제의 짐을 스스로 지는 삶을 선택했지만 스스로 선택했다고 무겁지 않은 것은 아니다. 친정에서는 희생양이었다. 남녀 차별이 심했던 어머니는 나에게 의무만 주고 권리를 주지 않았다. 그래서 집안일은 거의 내가 짊어져야 했다. 무거운 여러 가지 일을 거부할 만큼 심리적으로 강하지 못했던 것일 수도 있다. 그 후 6남매 중 장남과 결혼했다. 결혼한 지 2년 만에 시어머니는 중풍으로 쓰러지셨다. 남편 아래로 5명의 형제가 있었다. 그때 하늘이 노래지던 경험을 했다. 시어머니는 신체의 반쪽은 못 쓰지만, 그런대로 일어나셔서 대소변을 받아내지 않아도 되는 상황이 되었고, 그 정도나마 회복하게 된 시어머니에 대해 나는 내내 감사했다.

하지만 그 일 후, 시댁에서 어른 아닌 어른 역할을 했다. 내 나이 27세부터였다. 그러한 지난날이 참 슬프고 서럽게 다가왔다.

네 번째 감정은 감사함이다. 어려운 환경을 헤쳐 온 것에 대한 감사이고 지금 이 자리에 있을 수 있는 것에 대한 감사이다. 지칠 대로 지친 내 생활방식에 변화가 필요하다고 생각했을 때, 그동안 내가 혼자 감당하던 생활방식을 거부하고 내가 안 해도 된다는 사고로 바꿀 수 있었던 것이 감사했다. 혼자가 아닌 함께 문제를 풀어가는 삶으로 전환했다. 가족들 각자에게 책임을 분담시켰다. 돌이켜보면 이 모든 상황이 내가 한 것이 아니고 자연스럽게 누군가 보이지 않는 손에 이끌리어 그냥 그렇게 되어간 것 같기도 하다.

모든 상황에는 감정이 생긴다. 그리고 그 감정에는 겹겹이 여러 페이지가 있다. 한 페이지를 넘기면 다른 감정이 숨어있고 또 한 페이지를 넘기면 또 다른 세부 감정이 나타난다. 마치 양파껍질을 벗기는 것과 같다. 우리 삶에서 일어나는 많은 일을 할 때마다 감정이 생기게 되는데, 자신의 감정을 잘 알아차리고 인식하면 우리의 삶을 조금 더 행복하게 만들 수 있다. 감정은 우리에게 여러 가지 도움을 주기 때문이다.

분노는 자신의 것이 침범당했을 때나 자신이 얻고자 하는 것을 얻을 수 없다는 신호이다. 분노가 생기는 것을 알아차리면 자신의 것을 지킬 수 있다. 상대에게 "이것은 내 것이니 침범하지 마세요!"라고 말할 수 있고 원하는 것을 못 얻으니 다른 방법을 찾아보라는 메시지일 수 있다. 슬픔은 우리에게 무엇인가 잃어버렸다는 것을 알려주는 역할을 한다. 그러니 잃어버린 것을 찾아 나서든지 포기하고 새로운 것을 채우라는 신호이다. 슬플 때 눈물이 동반되는데 눈물을 통해 우리의 영혼이 치유되어 아름답게 순화되기도 한다. 눈물 속에 몸에 있는 나쁜 호르몬을 배출시켜 자가 치료를 하게 한다. 외로움은 자신의 것을 내어주라는 신호일 수 있다. 자신의 것을 내어줌으로써 우리는 좀 더 이웃과 잘 어울리게 된다. 또한, 외로움을 느끼는 것은 홀로 설 수 있는 능력을 기르라는 메시지이기도 하다. 죄책감은 우리의 잘못을 뒤돌아보라는 고귀한 메시지이다. 하던 일을 중지하고 다른 방식의 삶을 요구함으로써 우리의 삶을 더욱 멋지게 만들어간다. 두려움은 위험한 상황을 알려준다. 무서운 것이 있으니 피하거나 맞설 준비를 하라는 메시지이다. 그 외에도 여러 가지 감정들이 있다. 감정을 빨리 알아차리고 감정이 주는 메시지에 귀 기울이면 우리 자신의 내면의 소리를 들을 수 있다. 소소한 일상의 사건에서 감정을 알아차리면 풍성한 삶을 만들어 갈 수 있다. 그럴 때 낯선 자기가 아니라 익숙한 자기와의 만남이 이루어지기 시작한다.

> **"**
> 가족이 던져 주는 말 한마디에서
> 자신을 만난 경험이 있는지요?
> **"**

04

자녀의 변화는 곧 부모의 변화
자녀를 통해 성숙해지는 부모

중·고등학생을 상담하게 되면 한 달에 한 번씩 부모 상담을 한다. 부모의 변화 없이 자녀의 변화는 어렵기 때문이다. 부모-자녀 간의 상호작용하는 방식을 보고 부모의 가치관과 자녀를 대하는 생활 태도를 관찰하면 청소년 상담이 조금 쉬워진다. 가끔 자녀의 잘못된 행동이 전부 부모 탓이라고 말하는 사람들이 있는데, 그것은 잘못된 생각이다. 자녀가 부모의 영향을 받지만, 그 부모로 인해 주어진 환경을 받아들이는 방법은 어느 정도 자기 결정권이 있는 청소년 개인의 문제도 있기 때문이다.

여러 부모를 만나보면 부모들 유형이 참으로 다양하다. 어떤 부모는 자존심이 세서 자녀의 이탈 행동에 대한 부끄러움 때문에 자기 포장에 여념 없는 사람도 있다. 자녀보다는 자신의 수치심을 먼저 생각하는 것이다. 대부분 자녀를 통해서 부모들도 훨씬 더 성숙한 사람으로 성장해 가는데, 자신의 수치심을 먼저 느끼는 부모들은 자녀의 위기를 통해 부모 자신이 성숙해지기는 어렵고 자녀의 문제행동이 치료되는 것도 더디다. 자녀의 문제를 부모 자신에게서 원인을 찾는 사람이 있는데 이런 부모는 눈물이 많고 부모 자신의 문제점을 인식하기 시작한다. 자신의 과거와 내면을 돌아보며 자녀를 통해 부모가 성숙해진다.

망가져 가는 자식을 포기할 수 없어 끝까지 애쓰는 어머니의 눈물은 참으로 아름답다. 포기하지 않으면 언젠가 열매가 맺힌다. 여러 방법을 다 동원해도 부모의 힘으로 어찌할 수 없을 때, 그 한계상황 앞에 부모들은 겸손을 배우고 내려놓는 것을 배운다. 그동안 본인이 확실한 것이라고 잡고 있었던 인생의 줄을 내려놓고 보이지 않는 신께 의지하는 모습으로 바뀌기도 한다. 자신 뜻대로 무엇이나 할 수 있다는 오만함도 사라지게 된다. 포기와 내려놓기는 다르다. 포기는 자녀 인생에 관여하지 않겠다는 자세이고 내려놓기는 소망을 갖고 본인이 할 수 없음을 깨닫고 기다려주는 것이다. 어머니의 눈물 기도는 몇십 년 지난 후에, 어머니 자신이 이 땅에 없을 때라도 열매를 맺는다. 그것은 어머니만이 할 수 있는 위대한 모성애의 표현이다.

내가 10대 후반일 때 사춘기에 접어든 남동생이 많은 문제를 일으켰다. 그로 인해 아버지와 어머니의 싸움으로 집안은 날마다 전쟁터가 되었다. 가족 문제의 해결사 역할을 했던 나는 지치고 지쳐서 어머니께 매몰찬 얘기를 했다.

"그만 좀 포기하고 없는 자식처럼 생각하자. 도대체 살 수가 없다."

우리 어머니는 간단히 한마디로 날 야단쳤다.

"야! 이년아! 인정머리 없는 년아! 사람이 백번 바뀌는데 왜 포기해!"

그 당시, 나는 어머니의 말을 이해할 수 없었다. 어머니는 남존여비 사상에 아들을 신줏단지처럼 알고 딸은 하녀처럼 생각하는 분이셨다. 그래서 그랬는지 사고만 일으키는 아들을 끝까지 품으시는 모습은 스무 살도 안 된 나로서는 상상할 수 없고 이해할 수도 없는 모습이었다. 옳고 그름을 명백하게 알고 살았던 나는 잘못했으면 벌을 받아야 한다는 가치관을 지니고 있었다. 나는 어머니가 미웠고 차별에 대한 분노로 마음이 들끓었다. 그러면서도 어머니의 사랑과 인정을 받아내고 싶어서 가족의 희생양을 자처했고 해결사 역할을 했다. 자녀가 존재 자체로 사랑받아 마땅한데 행위를 통해 사랑받으려고 하면 이것처럼 마음 아픈 일도 없다. 존재와 행위는 엄격히 구분되어야 한다. 자녀가 잘못된 행동을 해서 야단을 칠 수는 있지만, 사랑하는 것을 철회해서는 안 된다. 부모가 자녀에게 "사랑받을 짓을 해야 사랑하지!"라고 하는 말은 성립하지 않는다.

내가 그런 어머니를 이해하고 어머니와 화해를 한 것은 어머니가 돌아가시고 10년도 넘어서였다. 내 아들이 사춘기 앓이를 할 때였다. 반듯하던 아이가 사춘기 반항을 시작으로 일탈하는 것이 예사였고 통제 불능상태가 되었다. 나는 날마다 울면서, 이 방법 저 방법 안 써 본 것이 없었다. '혹여 잘 해주면 마음을 잡을까? 엄포를 놓으면 달라질까? 내가 아파 누워버리면 불쌍해서 달라지지 않을까? 기도가 부족해서인가? 아들의 친구들에게 잘해주면 감동하지 않을까? 공부를 완전히 안 하게 하면 괜찮아질까?' 생각하면서 안 해본 것이 별로 없었다.

내 자식 때문에 마음이 아프고 어찌해야 할지 몰라 동동거릴 때 나는 우리 어머니의 아픔을 느끼기 시작했고 어머니의 아픔이 곧 내 아픔이 되었다. 내 경우 남편에게 의지하며 자녀 이야기를 나눌 대상이라도 있었지만, 우리 어머니는 소리만 지르는 아버지와 지겹다고 매몰찬 소리를 해대는 딸 때문에 이중삼중으로 고통을 느끼셨을 것이다. 그런 어머니의 모습이 선명하게 다가왔다. 나는 "엄마! 미안해! 정말 잘못했어!"를 셀 수도 없이 반복하며 울었다. 사람은 경험해 보지 않고 상대를 전적으로 이해하기는 어렵다는 사실도 깨달았다. 자식 때문에 울고 어머니에 대한 미안함 때문에 울었다.

그런 나에게 우리 어머니의 음성이 마음속에서 들렸다. "포기하지 마라. 사람은 백번 바뀐다." 나는 그 말 때문에 용기를 낼 수 있었고 기다릴 수 있었고 끝까지 아들 편이 되어 격려할 수 있었다. 우리 어머니는 나에게 너무나 귀중한 정신적 유산을 물려주셨다는 것을 그때 알았다. 지금 생각해 보면 아들의 문제행동은 곧 나와 어머니의 화해를 선물로 가져다주었다. 어머니가 돌아가시고 10년이 넘어서 어머니와 좋은 모녀 관계를 마음으로나마 천천히 형성하기 시작했다. 마음속에 부모에 대한 원망이나 부모를 미워하는 사람은 대부분 대인관계나 삶이 원활하지 못하다. 그래서 부모와의 화해는 꼭 필요하다. 왜냐하면, 부모는 자신의 근원이기 때문이다. 부모 생전에 화해가 안 된다면 사후에라도 용서가 일어나야 한다. 마음속에서 화해가 일어나야 자신의 삶이 평탄해진다.

내 이기심을 도려내며 마음에 꽂혔던 어머니의 "사람은 백번 다시 된다."라는 말, 그 말이 내 아들을 살려냈고 상담 일을 하면서 내담자들을 살려내는 도구가 되었다. 상담자로서 내 가치관은 인간은 백번 바뀔 수 있다는 것이다. 바뀌지 않는다면 상담을 할 이유도 없다. 상담을 통해 자기 길을 찾게 되면서 행동과 태도가 바뀌는 것을 비일비재하게 경험한다. 언젠가 TV 프로에서 어떤 심리학자가 나와서 인간은 바뀌지 않는다고 말했다. 나는 속으로 생각했다. '저분은 바뀌어본 경험을 한 적이 없고 주위에서 극적으로 바뀐 것을 본 적이 없는 사람이구나!' 사람의 가치관은 환경을 통해서 얻어진다. 후에 그 심리학자의 말은 기질이 바뀌지 않는다는 의미로 이해하기로 했다.

지금도 가슴앓이하는 많은 어머니의 눈물을 볼 때마다 해주고 싶은 말은 "사람은 백번도 바뀔 수 있어요. 끝까지 포기하지 않으면 열매가 맺혀요"이다.

> **"**
>
> 사람은 바뀔 수 있다고 믿으시나요?
>
> **"**

05

부모와 화해하기

부모를 객관화시켜서 바라보기

내가 어렸을 때 어버이날에 교회 가는 것이 가장 싫었다. 목사님은 어버이날 주간에는 언제나 효도를 하라고 강조해서 말씀하셨다. 그런데 나는 부모가 이해되지도 않고 용서할 수도 없었다. 우리 가정은 가정폭력이 난무했다. 그래도 부모니까 효도를 해야 한다고 말씀하셨다. 학교나 교회에서 가르쳐주는 것을 그대로 지키고 순응하는 모범생이었던 나는 부글거리는 증오를 품고도 하라고 하는 것을 하려고 온 힘을 다 썼다. 동네 사람들은 효녀 딸이라고 우리 부모님을 부러워했다. 그런데 나는 알고 있었다. 나 자신이 얼마나 못된 마음을 품고 있었는지……. 나는 죽을 것 같은 힘으로 도리를 지키는데 어버이 주일이면 목사님은 자꾸 효도하라고 설교하신다. 차라리 교회를 결석하면 좋았을 텐데 학교에서나 교회에서 결석한다는 것은 나에게 있을 수 없는 일이었다. 그만큼 유연성 없이 경직된 사고를 형성해 가고 있었다. 그러니 어버이날이면 진땀을 흘리며 설교를 들었다.

내가 20대가 되면서부터 부모를 이해하고 싶었다. 아버지는 왜 술을 마시고 폭력적으로 되는지 이해하고 싶었다. 우리 아버지는 감수성이 풍부하고 자상한 성격이시다. 하지만 술만 마시면 딴사람이 되었다. 마치 지킬과 하이드처럼 두 가지 얼굴을 갖고 계셨다. 아버지가 하이드가 될 때는 두려움 그 자체였다. 그래서 내 어린 시절 기억은 술 취한 아버지를 피해 숨어있던 기억이 많다. 어머니는 생활력과 책임감이 강하고 자존심이 센 분이셨고 히스테리가 심한 분이셨다. 감수성이 예민하고 이상적인 아버지에 비해 상당히 이성적이고 현실적이었다. 낮에 아버지를 보면 폭력을 저지를 수 있는 사람으로 보이지 않을 만큼 양순하기 그지없다.

폭력이 일어나는 가정을 살펴보면 폭력은 일종의 순환단계가 있다. 폭력을 행사하는 아버지 앞에 어머니는 그냥 맞거나 피해서 숨거나 했다. 다음날이 되면 폭력을 행사했던 아버지는 죄책감을 느낀다. 그래서 온 힘을 다해 가족들에게 잘해주려고 한다. 그 후 잠정적인 평화가 유지된다. 잠정적인 평화가 지속되면 어머니는 언제 폭력이 올지 몰라 긴장하며 폭력을 기다리게 된다. 어머니는 잔소리와 비난으로 폭력을 유발한다. 그럼 다시 폭력이 행사된다. 이렇게 폭력은 일종의 순환 고리를 갖는다. 가해자의 폭력 뒤에 죄책감이 생기고 그 뒤엔 선심과 평화가 이어지고 죄책감이 해소되고 다시 피해자의 긴장과 잔소리로 폭력이 유발되고 이어서 폭력으로 악순환된다.

아무리 부모를 이해하려 노력해도 이해가 안 되었다. 그것이 내 한계였다. 그래서 두 분의 일생을 자서전 형식으로 써봤다. 왜 그런지 이해하고 싶어서였다. 타인의 처지가 아니라 두 분 삶의 주인공이 되어 자서전을 써보면 이해할 수 있을 것 같아서였다. 내가 당사자가 아니니 부모님과 친척들에게 들은 조각조각의 말에 스토리를 만들었다. 부모님의 자서전을 대신 쓰면서 생긴 놀라운 변화는, 그분들이 내 부모가 아니라 한 인간으로 다가왔다. 시대에 희생된 내 아버지! 일제 강점기 때 징용을 피하러 도망 생활하며 일본 순사의 눈을 피해 처절하게 자신의 생명을 지켜냈던 아버지의 모습이 보였다. 감수성이 많고 마음 여린 것을 벗어나려 알코올 중독과 피해망상에 시달렸던 가여운 한 남자가 보였다.

전쟁의 파편 속에 모든 것을 잃고 혼자 살아남았던 내 어머니! 부잣집 막내딸로 태어났지만, 결혼 후에 전쟁이 일어나자 생활 전선에서 살아가기 위해 몸부림쳤던 어머니의 젊은 시절이 눈에 보였다. 버림받고 버려야 하는 삶 속에 오갈 곳 없이 홀로 서 있는 불쌍한 한 여자가 보였다. 어머니의 모든 것이 이해되기 시작했다. 내 부모로서 사랑할 수 없었지만 한 인간으로 사랑할 수 있었다.

치유는 이렇게 사람을 객관화시킬 수 있을 때 좀 더 쉬워진다. 두 분의 자서전을 써보면서 그때야 부모님이 이해가 되고 기막힌 두 분의 인생이 받아들여지기 시작했다. 받아들여진다고 해도 아픔은 아픔이다. 하지만 두 분은 나름대로 본인들이 할 수 있는 상황에서 최선을 다해 자녀를 키우고 돌봤다. 비록 부정적인 면이 많았어도 자녀를 낳은 책임을 회피하지는 않았다. 삶이 버겁고 힘든 시절을 살아낸 내 부모세대에 이런 집이 얼마나 많은지 상담사가 되어 내적 치유를 진행하면서 알았다. 나만 겪는 아픔인 줄 알았는데 비슷한 상황의 사람들을 만났고 그들의 아픔을 진심으로 공감해 줄 수 있었다. 그들을 치유하는 것은 곧, 나를 치유하는 것이기도 했다. 내 삶은 시대에 희생된 두 분보다 조금은 안락한 삶이었다. 폭력이 있지만 거처할 곳이 있고 매일 집에 들어갈 수 있는 가족이 있는 것이 얼마나 감사한 일인가? 그냥 견뎌내서 내가 내 삶을 주도적으로 살 수 있는 때가 오면 삶이 달라지리라 생각했다.

그 뒤 어버이날에 교회에서 설교를 들을 때 내 마음이 달라졌다. 부모님을 마음으로 난도질했던 잘못을 빌고 또 빌었다. 그리고 내 생일에 대한 감사가 처음 나왔다. 두 분의 모든 행동이 이해가 되는 것을 넘어 사랑한다는 고백이 나왔다. 어린 시절, 목사님들의 설교에 감사드린다. 마음에 없어도 행위라도 효도의 도리를 해야 하는 이유를 알았다. 그것은 나를 위한 것이다. 물질로 섬기는 행위는 훗날 내 죄책감을 조금이라도 덜어줄 수 있었다. 그래서 효도는 마음으로 부모님을 존경하는 것과 함께 물질이나 행위로도 섬겨야 한다. 마음과 행위를 함께 이룰 수 있으면 부모 공경이 이루어지는 것이다.

어버이날!

나와 같은 고민을 하는 어린이와 젊은 사람이 분명히 있을 것이다. 그들에게 알려주고 싶다. 많은 부모는 어떻게 부모 노릇을 해야 하는지 잘 모른다. 자기 방식대로 사랑하고 자신이 부모에게 받은 방식대로 자녀에게 돌려준다. 부모가 부모 노릇을 제대로 하려면 부모 자신의 상처가 치유되고 자녀를 여유 있게 볼 수 있는 마음이 생길 때 가능하다. 부모들도 어머니 아버지 이전의 한 인간이고 여자이고 남자이다. 이것을 이해하는 데 자녀들도 시간이 걸린다. 그래서 이해하지 말고 순종으로 행하라고 말하고 싶다. 마음이 힘들어도 분노가 생겨도 사회적으로 용인되고 해야 하는 도리를 하라고 말하고 싶다. 그것은 부모를 위해서가 아니라 자기 자신을 위한 길이기 때문이다.

해마다 나는 어버이날이 되면 진심으로 읊조린다. "미안합니다." "감사합니다." "사랑합니다." 그리고 나를 관대하게 용서한다. '그래! 그 엄청난 인생을 이해하기에 나는 너무 덜 익었지! 그 정도면 충분히 잘했어! 다소 잘못한 점이 있지만, 그때는 최선이었어!' 부모를 용서하고 받아들이면서 나는 나 자신을 용서하고 수용할 힘이 생겼다. 내 안에 내가 날개를 펴고 훨훨 날아다닌다.

> **부모도 완전하지 않은 인간이란 것을 아시나요?**

06

치유가 되면 보이는 것들
부모와 나누던 행복

가수 조용필의 노래 중에 "아마 나는 아직은 어린가 봐, 그런가 봐. 엄마야, 나는 왜 자꾸만 슬퍼지지."라는 가사가 있다. 가끔 그 노래가 내게 다가오는 것은 내 맘이 그런 상태여서이다. 내 나이가 50이 넘었어도 어머니에게 나는 아직도 보호받고 싶은 어린아이이다. 우리는 외롭거나 힘들 때 어머니라는 존재를 생각한다. 어머니와 친밀감이 있든 풀지 못한 숙제가 있든, 어머니 생각을 하는 것은 아마도 어머니라는 이름 자체가 우리의 어린 자아를 보듬어 줄 수 있기 때문일 것이다. 지극히 강하면서 연약한 인간이라는 존재에게 어머니는 마치 돌아가야 할 고향과 같은 존재이다.

마거릿 말러는 어린아이가 자랄 때 부모 품에 있다가 분리 개별화 시기를 거친다고 말했다. 엄마와 융합되어 있던 아이는 아장아장 걸음마를 하면서 새로운 세계를 탐색해 나간다. 엄마에게서 조금씩 떨어지는 훈련을 하다 엄마와 멀어졌다고 생각하면 다시 엄마 얼굴을 쳐다보고 엄마가 그 자리에 있으면 안심하고 다시 좀 더 멀리 떨어져 새로운 세상을 향해 나아간다. 엄마 얼굴이 안 보이면 탐색을 멈추고 돌아온다. 성장을 했어도 어려운 일이 생기거나 아프거나 자랑하고 싶은 일이 생기면 다시 엄마를 찾는다. 엄마는 일종의 안전기지인 것이다. 인생 여행을 하다가 힘들고 지칠 때 돌아가서 쉬고 싶은 곳이다.

나는 어머니와 그리 좋은 관계는 아니었다. 어머니로부터 큰 칭찬을 받을 때도 없었고 어머니가 보기에 나는 늘 모자라는 아이였다. 학교에서 상장을 들고 와도, 봄나물을 한 바구니 뜯어 와도 어머니는 별로 반응이 없으셨다. 그래서 어머니의 사랑을 획득하기 위해 착하고 모범적인 모습으로 성장한 것 같다. 어머니에게 반응을 얻어낼 때는 유독 내 몸이 아플 때였다. 그래서 나는 건강염려증이라는 병을 50세까지 달고 살았다. 외롭거나 슬프거나 누구 도움이 필요할 때나 하기 싫은 일을 해야 할 때 나는 여지없이 아팠다. 50년 넘게 살면서 큰 병이 없는데도 늘 아파서 곧 죽을 수 있다는 생각을 했다. 무의식적으로 그 생각에 맞게 신체의 질병을 만들어 내서 늘 골골거리면서 살았다. 지금 생각하니 건강염려증은 남편이 고쳐준 것 같다. 아프기만 하면 반응을 보였던 어머니와 달리 남편은 아프다고 해도 아무런 반응이 없었다. 남편으로부터 아프다는 이유로 평소보다 더 큰 돌봄과 관심을 받지 못했다. 그러니 심리적 질병인 건강염려증이 필요가 없어진 것이다. 이렇게 심리적 질병은 질병을 앓고자 하는 목적이 필요 없어지면 자연 치유되기도 한다.

내가 기억하는 어머니에 대해 가장 따뜻한 기억도 아플 때였다. 아주 어렸을 때 엄마의 등에 업혀 한의원에 갔던 기억이 있다. 몸이 아프다는 것보다 동생에게 **빼앗겼던** 엄마를 찾아온 것에 대한 안도

감으로 어머니의 등은 아프다는 것을 잊을 만큼 평온하고 따뜻했다. 그리고 또 다른 기억은 내 나이 20세쯤 되었을 때다. 관절염에 걸려 걷기가 어려웠고 아파서 잠을 못 잤는데, 내 머리맡에서 어머니가 "고생하고 컸는데 아프지는 말아야지!"라고 혼잣말을 하셨다. 그때 나는 어머니가 나를 알아주고 있다는 느낌에 흐느껴 울었다. 나는 평생 이 두 가지 기억을 껴안고 살았다. 이해할 수 없을 만큼 어머니의 거칠고 율법적인 태도로 야단을 맞을 때도 이 두 가지 기억은 나에게 버틸 힘을 주었다. 우리의 치유는 기억에서도 시작된다. 행복한 일 감사한 일을 기억하고 음미하는 것은 치유에 도움이 된다. 그러한 긍정 기억은 부정적인 상황을 헤쳐 나갈 수 있는 용기를 준다. 내 나이 20세쯤, 내가 어머니에게 불평하면서 따졌을 때, "이년아! 내가 이혼하지 않고 아비 없는 자식을 만들어 주지 않은 것만으로도 나는 할 일 다 했어!"라고 당당히 말씀하셨다. 그때는 어이없다고 생각했는데 어머니와 화해가 이루어지고 어머니의 삶을 이해하고 사랑할 수 있게 되었을 때, 어머니로서는 나에게 최선을 다했다는 것을 깨달았다. 어머니의 그 말이 맞는 말이었다. 가난했던 시절에 힘들게 일해 먹여 살려야 했고 폭력적인 아버지에게서 나를 지켜냈고 내가 성인이 될 때까지 내 곁에 있어 준 것 자체가 어머니로서는 최선이었다. 내가 어머니 환경이었다면 나는 그렇게 하지 못했을 것이다. 어머니의 강인함과 정직함 그리고 어려움 속에서도 세상살이에 대한 바른 태도는 어머니가 나에게 물려주신 귀한 유산이다. 나는 그런 어머니가 참으로 그립다. 어머니는 내가 기억하고 그리워함으로써 내 마음속에 지금까지 여전히 살아계신다.

어머니와 달리 아버지와의 추억은 참으로 많다. 폭력적인 아버지의 이면에 그렇게도 순수하고 아름답고 따뜻한 감성이 있다는 것을 사람들은 알지 못했고, 나도 그때는 알지 못했다. 아버지는 나에게 아름다운 추억을 많이 남겨주셨다. 삶이 팍팍해서 인생을 즐길 수 없었던 어머니와 달리 아버지는 어린 우리 형제들을 데리고 공원으로, 산으로, 들로, 많이 데리고 다니셨다. 언젠가 놀러 갔다가 돌아오는 길에 소나기를 맞았던 기억도 즐겁고, 산과 들로 다니면서 식물의 이름을 알려주던 아버지가 기억난다. 내 감수성은 아버지가 물려주신 것들이 많다. 학교 다닐 때 비가 오면 어디서 나타났는지 모르는 땅에 기어 다니는 지렁이를 무서워했다. 포장이 안 된 흙길이었다. 무서워서 등교하지 못하면 아버지는 내가 버스 타러 가는 곳까지 지렁이들을 전부 퇴치해주셨다. 또 그때는 쥐도 많았다. 혹시라도 죽은 쥐를 보면 놀라서 학교 가다 말고 집에까지 다시 돌아가면 아버지는 괜찮다며 쥐도 퇴치해주셨다. 한번은 학교에서 돌아와서 내 방에 들어갔는데 책상 위에 해바라기와 함께 초가을을 알리는 꽃들이 한 아름 꽂혀있었다. 지금도 추억의 문을 열면 해바라기가 선명하게 나를 향해 웃고 있는 것이 보인다. 코스모스를 좋아하는 딸을 위해 아버지는 봄부터 코스모스 씨를 뿌렸다. 버스 타러 가는 길까지 코스모스 꽃길을 만들어 주셨다. 나는 지금도 코스모스를 보면 그 등굣길 코스모스가 하늘거리며 나에게 말을 걸어오는 것 같다. 아버지의 딸에 대한 사랑은 극진했다. 내가 직장생활 초년생일 때, 추운 겨울날 아버지는 매일매일 내가 신고 다니던 부츠를 난로 위에 줄을 매달아 걸어 놓으셨다. 신발을 따뜻하게 덥혀 출근하는 내 발이 덜 시리게 만들어주신 것이다. 달구어진 신을 신으면 40분 넘게 걸리는 직장까지 따뜻한 신발의 온기를 느낄 수 있었는데 그것은 아버지의 사랑이었다.

　이성적이고 차갑던 어머니와 달리 아버지는 술 취했을 때 폭력적인 것 빼고는 정말 좋은 분이셨다. 학창시절에 나는 성장 통증이 엄청 심했다. 밤이면 잠을 잘 수 없을 정도로 끙끙 앓았다. 그러다 잠이 들어서 새벽에 일어나면, 아버지는 잠 못 자는 나를 위해 밤새도록 다리를 주무르고 계셨던 것을 수없이 많이 기억한다. 이렇게 따뜻한 분을 나는 너무 싫어했다. 아버지의 따뜻함은 폭력에 가려져 인정받지 못했다. 어쩌면 어머니가 그 폭력 속에도 아버지와 살 수 있었던 것은 이런 따뜻함이 있었기 때문이었을지도 모르겠다. 내가 아버지의 장점과 따뜻함을 인식하기 시작한 것도 치유가 어느 정도 되고 나서였다.

　상처가 심하면 그 상처 때문에 긍정적인 것을 보지 못한다. 내가 내적 치유를 진행할 때, 많은 내담자에게서 양가감정이 있다는 것을 알게 되었다. 부모에 대한 감정은, 상처 준 것에 대한 부정감정과 키워주고 보살펴 준 것에 대한 긍정감정이 같이 있다. 그럴 때 부정감정을 먼저 다루어주어 부정감정이 분출되고 나면 긍정감정이 나타나게 된다. 그렇게 죽이고 싶을 만큼 미웠던 부모들에 대해 분노를 표현하고 부정감정을 배출시키고 나면 곧이어 부모에 대한 고마움과 사랑의 표현으로 돌아서는 것을 볼 때가 많다. 나 역시 치유되기 이전까지는 아버지의 따뜻함도 싫었고 아버지의 관심도 싫었다. 폭력으로 인한 부정감정은 나를 부글부글 끓게 했다. 그런데 아버지를 이해하게 되고 치유가 되자 긍정감정이 스멀스멀 올라오기 시작했다. 위의 많은 기억은 치유되기 전에는 생각나지 않았다. 내 에너지는 아버지가 물려주신 유산이다. 내가 직장생활하면서 일을 잘 할 수 있었던 것도 아버지가 물려준 유산이다. 대부분 아버지와 관계가 좋은 사람들은 사회생활에서 일을 잘하는 것을 볼 수 있다. 아마도 마음속에 있는 아니무스(여성 안에 있는 남성의 성향)가 잘 발달할 수 있게 만들어주기 때문일 것이다.

나는 어머니가 그리운 만큼 아버지가 보고 싶다. 힘들고 어려울 때 아버지가 나타나서 해결해주길 바라는 마음이 있다. 특히 결혼 초기에, 형광등을 갈아 끼울 때, 못을 박을 때, 수도가 고장 났을 때, 집기들을 고쳐야 할 일이 생기면 아버지가 나타나주기를 간절히 원했었다. 살아계실 때 누리지 못했지만, 이제는 아버지와 함께하고 아버지와 함께 자연을 노래할 수 있을 것 같다. 삶의 즐거움을 같이 공유할 수 있을 것 같다. 삶에서 시를 쓰며 같이 여행을 할 수 있을 것 같다. 그런데 아버지는 계시지 않는다. 하지만 내 마음속에서는 언제나 아버지가 살아있다. 내 안에 아버지를 닮은 것들이 내 삶을 풍성하게 만들어주고 있다.

보고 싶은 아버지! 그리고 그리운 어머니!

"
부모님과 함께한 가장 즐거운
기억은 무엇입니까?
"

07

자녀를 키우며 느끼는 행복과 고통
모든 부모에게 주는 위로

해마다 수능 보는 날이 되면 오래전 아들이 수능 보던 날 생각이 난다. 지금 생각하면 인생에서 수능이란 것이 성장 과정 중의 일부분일 뿐이다. 하지만 그 당시 아들이 수능 보던 때, 나는 수능이란 관문이 엄청나게 대단한 것으로 인식했다. 수능 보는 것이 인생의 성공과 실패를 좌우하는 것으로 생각했었다. 지금 수능생 자녀를 둔 엄마도 그럴 것이다. 그 당시에 썼던 글을 옮겨 본다.

눈물로 키운 아들

항상 바쁜 엄마 탓에 제대로 고3 대접을 제대로 못 해준 아들의 수능시험 날입니다. 바쁘게 도시락을 싸고 머리에 손을 얹고 기도해 주었습니다. 그리고 수능시험장에 데려다주면서 얼마나 가슴이 벅차올랐는지 모르겠습니다. 이 아이를 낳아서 지금까지 이 아이를 있게 해준 내가 믿는 신과 모든 분에게 얼마나 감사한지 모르겠습니다.

큰아들은 내게 기쁨이고 아픔이고 내 모든 것이었을 만큼 큰 비중을 차지한 아이였습니다. 눈물로 키운 아들이었습니다. 낳자마자 예민한 성격 탓에 잠을 못 자고 자주 아팠던 아이입니다. 한 달이면 25일은 병원 신세를 지고 병원의 각 진료과를 순례했습니다. 직장생활만 하다 아이를 키우려니 애 키우는 것이 너무 힘들어 애가 울면 나도 울면서 이 아이의 영아 시절을 함께 보냈습니다.

초등학교 들어가기 전까지 영리하고 예민한 아이는 늘 조심스러운 존재였습니다. 아빠 될 준비가 되지 않은 아빠는 직장 생활하느라 바빠서 경제적인 것 외엔 아내도 아들도 돌보지 않았습니다. 7살까지 아빠가 있으나 없는 것처럼 키웠습니다. 아이는 아빠 얼굴을 낯설어했습니다. 예민한 아이는 6살에 자신의 세계를 견디지 못하고 심한 정신 앓이를 했습니다. 야뇨증이 생겨서 밤이면 날마다 오줌을 쌌습니다. 유치원에서 캠프를 가면 아이는 실수할까 봐 두려워 캠프를 가지 않았습니다. 낮에 놀이하면서도 하루 종일 방안을 빙글빙글 돌기 시작했습니다. 나는 그런 아이 행동을 이상하게 여겨 대학병원의 소아정신과를 방문했습니다. 이상이 있다는 내 생각과 달리 의사는 별로 문제 삼지 않았습니다. 아이에 관해서는 의사보다 엄마가 더 잘 안다는 것을 나는 경험을 통해 알았습니다. 혹시 내 완벽주의적 성향이 문제가 되는 것은 아닐까 생각해서 그런 증상이 있고, 1년 동안 아이의 모든 것을 무조건 받아주기 시작했습니다. 아이 말을 우선으로 들어주기 시작하면서 아이는 다시 밝음을 찾았습니다. 초등학교 때는 아이로 인해 영광을 받았습니다. 무엇이나 잘하고 6년 내내 학급 임원을 할 정도로 리더십도 있었고 인기도 있었습니다.

그러던 아이가 사춘기를 맞는 중학교 때에 일탈하기 시작했습니다. 그 많은 사건을 어떻게 다 처리를 했는지, 내가 생각해도 내 힘을 알 수 없었습니다. 어린 시절에 아이를 방치한 남편은 최대한 관용과 인내와 격려로 나와 아이를 지켜주었습니다. 나는 이 아이가 중학교나 제대로 졸업할 수 있을지 가슴 졸이며 눈물의 기도로 3년을 버텨냈습니다. 그렇게 영리하고 내게 최고로 영광을 안겨주던 아이의 변화는 나를 밑바닥의 나락으로 끌어내렸습니다. 나는 그때까지 몰랐던 내 양육방식에 대해 문제의식을 지니고 그 원인을 탐색하기 시작했습니다.

남편과 힘들었던 내 젊은 시절에 아들은 곧 남편 대용이었고 나와 많은 정서적 공감을 나누었고 유난히 불안이 많았던 나를 지켜주는 방패였습니다. 지금은 남편과 회복되어 좋은 관계이지만 어린 시절에 마음속에 이미 들어간 아들의 상처는 사춘기를 맞아 치료와 가족관계의 변경을 요구하고 있었습니다. 아이들의 문제행동 뒤에는 새로운 가족관계의 변화를 요구하는 예가 있다는 것을 알았습니다.

아들이 중학교 때 눈물의 간절한 기도 덕인지, 아니면 인생을 너무나 진실하고 착하게 살아온 내 삶에 대한 보상인지 남편에게 변화가 일어났습니다. 남편이 가족의 일에 관여하기 시작한 것입니다. 나는 남편처럼 생각하던 아들을 내 마음에서 밀어내고 남편을 그 자리에 앉혔습니다. 그런데 그것은 마음을 매우 아프게 했습니다. 그 아픔은 상실의 아픔이고 엄마로서 살을 도려내는 그런 아픔이었습니다. 더 이상 아들은 엄마를 요구하지 않았습니다. 아들에게 필요없는 존재가 된 것이지요. 그 아들 덕에 부부 사이가 잉꼬 같아진 것도 부인할 수 없는 사실입니다. 아들의 마음을 잡기 위해 머리를 맞대고 아들이 벌인 사고를 수습하기에 부부가 서로 의지할 수밖에 없었습니다. 자녀에게 문제가 생길 때 부부가 서로 탓하는 경우가 있고 서로 의지해서 문제를 해결하는 예도 있는데 우리는 서로 의지하는 쪽을 택했습니다. 누군가 의지 상대가 있다는 것을 내 평생 처음 경험했던 것 같습니다.

중학교나 제대로 졸업할 수 있을지 걱정했던 아들은 혼란한 사춘기를 3년 만에 끝냈습니다. 고등학교 3년 동안 열심히 공부하며 자신의 미래를 향해 달려가기 시작했습니다. 나는 내 마음에서 밀어낸 아들을 다시 마음으로 불러들일까 봐 나 자신을 참으로 바쁘게 움직이며 살았습니다. 아들이 혼자서 자신의 정체감을 형성시키는 것을 조용히 바라보았습니다. 혹시라도 엄마가 그 정체감 형성에 방해가 될까 봐 참으로 조심하며 이웃집 아저씨를 대하듯 어려워하며 대했습니다. 이제 아들은 내가 없어도 이 세상을 잘 살아갈 수 있을 정도로 우뚝 커버렸습니다. 수능을 보는 것도 또 그다음의 인생길을 개척하는 것도 혼자서 잘 할 수 있을 것이라는 믿음도 있습니다. 그런데 빈둥지증후군이랄까요? 아들을 밀어낸 내 마음이 참 쓸쓸합니다. 아들과 정서적으로 함께하며 살았던 18년의 세월이 눈물로 걸어온 길이었지만 참 행복했다는 생각을 했습니다. 이제는 얼마 안 되어 제 짝을 만날 것이고 또 예쁜 토끼 같은 손주를 데려오겠지요. 그리고 나는 그 아이들을 보고 싶은 마음에 늘 설레며 기다리겠지요.

수능을 보러 교문으로 들어가는 아들을 보며 왈칵 쏟아지는 눈물을 참지 못하고 차 안으로 들어와서 울었습니다. 그동안 있었던 일들이 주마등같이 스치면서 여기까지 이르게 한 그 모든 것이 감사했습니다. 수능시험을 잘 보든 못 보든 그것이 중요하지 않습니다. 아이가 잘 살아갈 수 있다는 확신이 있으니까요. 하지만 모든 일에 이 사회를 위해 자신을 내어주며 귀한 도구로 쓰임 받는 아들이 되었으면 좋겠습니다. 그 방황의 시절에 중학교라도 무사히 졸업하길 바랐던 내 목표가 훨씬 초과하였습니다. 고등학교에서 열심히 공부했고 수능이라는 관문에 들어서게 하고 또 머지않아 대학에 들어가게 되는 그 자체가 초과된 복입니다. 그 낮은 목표를 잊지 않고 욕심을 내려놓는 겸손함을 늘 마음에 새기겠습니다.

나는 이 글이 진정으로 자녀 때문에 마음 아파하고 갈등하는 많은 엄마에게 위로가 되길 바란다. 그리고 엄마들도 미숙하므로 자녀를 교육하는 것에 실수가 있을 수 있다고 말하고 싶다. 어떤 엄마라도 자녀에게 고통이라는 것을 알면서도 자녀를 자기 방식대로 키우진 않는다. 다만 본인이 양육 받은 방식대로 자녀를 위하는 길인 줄 알고 잘 못 키우는 것이다. 잘못 했어도 엄마들 자신이 할 수 있는 범위에서 최선을 다해 키운 것으로 생각한다. 그래서 자녀들도 부모의 실수를 용서하는 넓은 마음을 가져 자신의 인생을 충만하게 살라고 말하고 싶다.

> **자녀가 떠나가야 할 시기인데
> 붙잡고 있지는 않은지요?**

08

자녀에게 배우는 즐거움

가르치는 사람에서 배우는 사람으로

나에게 있어 살아오면서 가장 어렵고 못 하는 것을 꼽으라면 음악과 외국어와 관련된 것이다. 둘 다 어린 시절 트라우마가 있었는데 지금까지 극복하지 못했다. 초등학교 5학년 때 음악 시간에 음정이 틀렸는데 선생님이 많은 아이 앞에서 무안을 주셨다. 그 뒤 나는 노래 부르는 것을 하지 못하게 되었다. 또한, 고등학교 1학년 때 영어 선생님이 단어 한 개 틀릴 때마다 뺨을 때렸다. 영어 시간만 되면 무서워서 가슴이 조여드는 것 같았다. 그러니 자연스럽게 음악과 영어는 가까이하지 않게 되었다. 그래서 음악과 관련된 것을 다루는 능력도 떨어졌다. 최근에 핸드폰에서 나오는 음악을 증폭시키는 것을 아들에게 배웠다. 블루투스 스피커를 사용하면 되는데 스피커 종류도 잘 모르고 다루는 것도 몰랐다. 아들은 내가 사용하기 적당한 스피커를 사 와서 간단하게 가르쳐 주었다. 그뿐만 아니라 컴퓨터를 다루는 것이나 외국어 번역하는 것도 자녀 도움을 받을 때가 많다. 요즘 젊은 세대들의 언어나 문화를 아들을 통해서 배운다. 배울 수 있는 자녀가 있는 것이 감사하다.

　사춘기를 계기로 부모는 자녀에게 가르치는 쪽에서 가르침을 받는 쪽으로 전환해야 한다. 그래야 자녀가 자존감이 높아지고 삶의 의욕이 생긴다. 헨리 나우웬은 상담받는 사람에게 "당신은 아직도 다른 사람에게 줄 것이 많습니다."라고 깨닫게 해주는 것이 중요하다고 말한다. 지극히 공감되며 이 말은 자녀에게도 적용된다. 자녀가 아직 미숙한 것이 있을 때도 자꾸만 자녀에게 배움으로써 자녀가 부모에게 가르쳐줄 수 있는 사람이라는 것을 일깨워야 한다. 나무가 어린싹일 때는 직사광선이 강하면 어린싹은 말라버린다. 그래서 약간의 그늘이 필요하다. 하지만 나무가 어느 정도 자라고 나면 햇빛을 직접 받아야 튼튼하게 큰다. 자녀도 마찬가지이다. 어릴 때는 부모가 그늘이 되어주고 비바람을 막아주어야 한다. 청소년기에 들어서서 자녀가 자신의 능력을 확인하고 싶어 할 때 부모라는 나무는 비켜주어야 한다. 부모 그늘 없이 스스로 햇빛 아래 설 수 있어야 한다.

　그렇게 하려면 우선 자녀의 숨은 능력을 믿어야 한다. 자녀가 부모라는 언덕을 밟고 넘어가려면 부모가 자녀의 능력을 믿고 자녀에게 배워야 한다. 자녀가 부모보다 더 잘한다는 인식이 생기도록 도와주는 것은 중요하다. 자녀는 새로운 것을 시도함으로 할 수 있는 것과 할 수 없는 것을 구분할 수 있다. 자신의 능력을 바로 아는 것은 정체감 형성의 중요 요인이다. 부모가 자녀의 능력 외에 과도한 욕심이 생길 때, 칭찬을 통해 자녀를 조종하기도 한다. 그러면 자녀는 부모의 인정과 칭찬의 노예가 되어 자기 삶을 살지 못하고 능력 밖의 일을 좇게 된다. 어느 정도 고통을 수반하면서 부모 뜻대로 달려가다 한계에 부딪힐 때 진로변경을 하지 못하고 안 되는 것을 계속 시도하게 된다. 자녀의 정체감 형성에 부모의 기대가 방해되는 경우이다.

내가 큰아들을 다시 보기 시작한 사건이 있다. 아들은 회계사 시험공부를 2년 동안 했다. 2년 동안 밤이고 낮이고 집중해서 공부했는데 결국 떨어졌다. 당락의 점수 차가 근소해서 그냥 포기하기에 아까운 생각이 들었는데 아들은 단번에 접었다. 그리고 나에게 "이렇게 공부했어도 떨어진다는 것은 여기까지가 내 한계예요. 잘못하면 나이 때문에 직장에 들어가기도 어려울 것 같으니 여기서 접을래요."라고 말하고 자신이 원하는 직장에 취업했다. 나는 그렇게 열망하던 것을 포기할 수 있는 아들의 한계 인정과 현실성을 귀하게 생각했다. 부모가 알고 있는 것보다 자녀가 자기 자신을 더 잘 알고 있다고 믿는 것은 자녀가 더 큰 나무가 되게 할 수 있는 자양분이다. 부모가 다 큰 자녀에게 지시하고 간섭하는 것은 자녀를 부모 자신보다 못한 사람으로 대하는 것이다. 나는 아들의 태도를 통해 삶에는 여러 가지 방법이 있다는 것을 배웠다.

자녀를 통해 배우는 기쁨만 아니라 자신을 알아가는 기쁨도 있다. 가끔 아들이 내 맘을 몰라 줄 때가 있다. 때로는 한마디 하고 싶은데 내가 아들과 같은 시절로 돌아가 보면 할 말이 없다. 아들이 서운하게 한 행동이 바로 과거에 내가 부모에게 했던 그 행동이기 때문이다. 어쩌면 그리도 나와 닮았는지 소스라치게 놀란다. 나는 뒤늦은 반성을 하고 부모님께 잘못했다는 고백을 한다. 불순종한 내가 부모 마음을 얼마나 아프게 했는지 나 자신을 통찰할 수 있는 것은 아들 덕이다. 내가 몰랐던 내 민낯이 자녀를 통해 발견된다. "아이고! 내가 저랬구나! 내가 저렇게 반항 기질이 있었구나!" 자발적 순종을 하려면 누구든지 자신이 성숙해져야 가능하다. 설령 자녀가 옳고 부모가 틀렸을 때도 자녀가 성숙해지면 부모를 위한 자발적 순종이 가능해진다. 타인이 자신보다 더 훌륭한 사람이라 여길 수 있는 겸손함이 있어야 가능한 일이다. 나는 자녀를 통해 나 자신이 몰랐던 나를 알아가는 고통과 기쁨을 동시에 느낀다. 자녀에게 하고 싶은 말을 못 하고 인내하는 것과 나 자신의 과거를 반추해 보는 것은 수도 생활 못지않다.

나는 수도하러 속세를 떠난 사람들을 그렇게 훌륭하다고 여기지 않는다. 지금 살아가는 환경에서 이탈하여 사람끼리 부딪치지 않으면 수련하기는 쉽다. 하지만 삶 속에서 자기 일을 해가면서 겪어내고 인내하고 자신을 성찰해 가는 것은 참으로 어렵고 고통이 동반된다. 이것이 수도하는 모습과 다를 바 없다. 자신을 수련하기가 가장 좋은 장소는 먼 곳에 있는 것이 아니라 가장 가까이에 있는 가정이다. 대부분 밖에서 훌륭하다는 말을 듣는데 가족에게서 좋은 평가를 받지 못하는 사람들이 많다. 타인들은 일시적으로 대하고 속일 수 있지만 늘 한 집에서 생활하는 가족을 속이기는 어렵다. 가족은 자신의 벌거벗은 모습을 잘 알고 있다. 자기 수련이 잘되어 성숙해지지 않으면 가족으로부터 훌륭하다는 평가를 받기는 어렵다.

자녀의 행동을 관찰하면 나를 좀 더 잘 알 수 있다. 나는 무서운 아버지의 억압 때문에 내가 자유로운 영혼이라는 생각을 안 했다. 순종적이고 지극히 모범생인 줄만 알았다. 삶을 즐길 수 있고 모험심과 반항적 요소가 있다는 것을 자녀를 통해 알았다. 내 아들의 사춘기 때의 모습은 내 안에 있는 그림자였다. 너무 밝은 것만 지향하면 부모 마음 안에 그 반대 요소가 그림자로 무의식에 머물러 있다. 이것은 자녀에게 투사되어 나타난다. 심리학자 칼 융의 말이다. 너무 모범적인 부모의 자녀들이 말썽을 부리는 것은 거의 부모의 그림자 투사일 경우가 많다. 그럴 때 부모 자신 안에 있는 무의식의 그림자를 알아차리고 부모가 한쪽으로 치우치지 않게 그림자를 통합시킬 때 자녀는 다시 정상궤도를 찾게 된다. 내가 알지 못하는 내 모습을 자녀를 관찰함으로써 알 수 있다. 나 역시 자녀의 자유분방함을 통해 내 안에 자유로운 영혼이 있다는 것을 일깨우고 오랫동안 그림자로 있던 그 부분을 밝은 빛으로 초대했다. 내 안에 갇혀있던 틀을 깨기 시작했다. 세상의 규칙과 예절이라는 잣대보다 내 마음 안에 자유롭게 속삭이는 사랑과 관용과 예술의 싹이 트기 시작했다. 가치관의 유연성이 생기면서 마음의 평화가 찾아왔다. 현재 나는 참으로 자유로움을 만끽하며 살아간다.

나이가 들고 몸의 기능이 떨어지게 되면 자녀의 잔소리를 듣게 되는 경우가 많다. 그런데 그 잔소리의 형태는 부모가 자녀를 대했던 형태와 비슷하다. 부모가 자녀를 교육할 때 야단을 치면 자녀도 부모가 늙으면 똑같이 야단치는 경우가 많다. 부모가 자녀를 존중하며 대할 때 자녀도 부모를 존중하며 대한다. 나이 들어 자녀에게 존경을 받으려면 지금부터라도 존중하며 대하는 방법을 익혀야 한다.

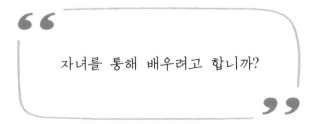

자녀를 통해 배우려고 합니까?

09

가장 오랫동안 함께하는 사람, 형제
서로에게 바람직한 동행자가 되기 위해

이 땅에 태어나서 자신의 인생길에 가장 오랫동안 동행하는 관계가 형제 관계이다. 특별히 일찍 사망하거나 이변이 없는 한, 20~30년을 함께한 부모보다, 30~40년을 함께한 부부보다 형제 관계는 오랫동안 만남이 지속된다. 자신이 이 땅에서 살다 가는 연수와 비슷하게 관계유지를 하게 되는 것이 형제 관계이다. 그러므로 형제 관계에서 성공한 사람들은 인생길에서 덜 외로울 수 있다. 형제 관계는 어린 시절에 같이 놀고 싸우고 부모의 사랑을 얻고 빼앗기 위해 경쟁하면서 여러 가지 감정이 생기는 근원이다. 질투심과 시기심, 열등감이나 우월감도 생기고 리더십도 생기며 외로움을 극복하고 협동심도 배울 수 있다. 자신의 성격 형성에 부모와 함께 큰 영향을 미치는 것이 형제 관계이다.

나는 재혼 가정에서 태어났다. 아버지는 과년한 딸 하나가 있는 상태에서, 어머니는 아들과 딸이 있는 상태에서 결혼하여 나와 동생을 낳았다. 복잡한 형제 관계 때문에 가정불화가 많았다. 아버지의 배다른 딸과 어머니와의 갈등이 심하다 보니 나는 자연스럽게 엄마 편이 되어 배다른 언니를 싫어하고 미워했다. 언니는 내가 어렸을 때 결혼했기 때문에 형제애를 느끼기도 어려웠다. 명절 때마다 배다른 언니 때문에 가정불화가 이어지곤 했다. 내가 이 언니를 이해하고 불쌍히 여기게 된 것은 나이가 삼십이 넘어서이다. 무조건 엄마 편이었던 내가 이성적 사고가 발달하자 언니 입장을 한 번쯤 생각하게 되었다. 그 언니도 자기 잘못 없이 형편이 어렵고 가족관계가 복잡한 가정에 태어난 피해자였다. 어렸을 때부터 배다른 언니로 인해 가정불화를 겪으면서 내 삶에서 어떤 일이 있어도 재혼 가족을 만들지 않을 것을 결심했다. 그 결심은 내가 결혼 생활에서 이혼하고 싶을 만큼 힘들었을 때 나를 지탱해준 신념과 같은 것이다. 그러니 언니의 존재가 후에 내 결혼 생활 지탱의 자양분이 된 것이다.

씨 다른 오빠는 어렸을 때 같이 살지 않았다. 어머니는 아들이라는 이유로 본가에 아들을 빼앗기고 딸 하나만 데리고 재혼하셨다. 6.25 때 남편을 잃은 어머니는 부잣집 막내딸로 살아왔던 장밋빛 인생이 전쟁 때문에 바뀌기 시작했다. 모성애가 강한 어머니는 늘 오빠를 그리워했는데 오빠가 18세 되던 해에 우리 집에 함께 와서 6개월을 살았다. 어린 나이에 대장암이라는 병에 걸려 6개월 투병하고 세상을 떠났다. 나는 짧은 기간 함께 살았지만, 이 오빠를 좋아했다. 침착하고 조용한 성격으로 늘 나에게 자상하고 따뜻하게 대해주었다.

오빠의 죽음은 내가 최초로 겪은 죽음을 통한 이별이었다. 내 나이 9세쯤으로 기억하는데 나는 충격을 받아서 사람들을 피해 다락방으로 숨었다. 오랫동안 다락방에서 나오지 않고 색종이를 접고 있던 내 어린 시절 모습이 지금도 생생하게 생각나고 오빠를 부르면서 졸도한 엄마와 그 엄마 옆에 엄마 손을 잡고 있던 동생의 모습이 50년이 지난 지금도 선명하게 남아있다. 오빠의 죽음은 어린 내 마음 안에 각인되었고 무의식 깊은 곳으로 스며들어 후에 나에게 이유 없는 슬픔과 우울의 근원이 되기도 했다. 너무 이른 나이에 가족의 죽음을 경험할 때, 사람들은 어려서 아무것도 모를 수 있다고 생각하기 쉽다. 하지만 어린 나이에도 상실의 슬픔은 몸과 마음속에 느낌으로 각인되어 무의식 밑바닥으로 가라앉는다.

나는 그 후에도 여러 번 가까운 사람의 죽음을 경험했다. 상실의 슬픔을 당할 때 그 마음이 어떤 것인지 그때 이미 경험으로 배웠다. 가족을 상실하게 되면 죽음을 부인하고 회피하면서 다른 이상한 행동을 할 수 있다. 어떤 말을 할 수 없어 그냥 딴짓할 수도 있고 없는 것처럼 마음속에서 지워버릴 수도 있고 가족 간에는 죽은 사람의 이야기를 하지 않는 불문율을 만들어 상실을 외면하지만, 절대 지워지지 않는다. 내가 석사 논문으로 죽음에 관한 주제를 택한 것도 아마 내 무의식 안에 있는 죽음과 이별의 문제를 해결하고 싶어서였는지도 모른다. 이렇듯 어린 시절에 경험한 죽음을 통한 이별은 우리의 무의식에 도사리고 있어서 우리 삶에 많은 영향을 미친다.

언니와는 어렸을 때부터 같이 성장하고 내가 사춘기 될 때까지 부모가 같은 줄 알았다. 형제가 함께 지내야만 깊은 정이 들고 피를 나눈 진짜 혈연과 같다는 것을 알았다. 언니를 통해 나는 생물학적 가족만이 가족이 아닌 것을 실감한다. 누구든지 함께 살고 동고동락하면 한 가족이 될 수 있다. 나는 언니로 인해 열등감을 느꼈고 시기 질투도 못 할 만큼 나와 비교가 되지 않을 만큼 우상과 같은 존재였다. 언니는 머리가 좋고 뭐든 센스 있게 잘하고 손재간이 있어 무엇이나 쉽게 만들었으며 동생들을 이끌어가는 리더십도 대단했다. 나와 3살 차이임에도 어렸을 때부터 언니와 싸운다는 것은 있을 수 없는 일이었고 엄한 엄마와 달리 언니는 내가 유일하게 의지할 사람이었다. 힘들고 어려운 일은 언니에게 말했고 언니는 그때마다 나를 따뜻하게 도와주었다. 뭐든 잘하는 언니에 비해 나는 못난이였고 엄마 역시 나를 그렇게 취급했다.

나는 언니에 대한 열등감 때문에 공부했다. 내가 잘할 수 있는 것은 꾸준히 노력하는 것밖에 없었다. 언니는 몸이 약해서 학교를 자주 결석했기 때문에 머리는 좋아도 공부를 잘하지 못했지만 나는 개근하면서 꾸준히 공부함으로써 언니보다 나은 것 한 가지를 찾아갔다. 아들러는 열등감에 노력을 더하면 폭발적인 에너지가 된다고 말한다. 인간 안에 있는 우월추구의 목표는 열등감을 오히려 삶의 동력으로 만들 수 있게 한다. 결국, 내 목표를 향해 꾸준히 정진한 것도 어쩌면 언니에 대한 열등감의 보상일 수 있다. 내가 언니를 의존하던 것에서 벗어난 것은 불과 몇 년 전 일이다. 그만큼 어른이 되어서도 언니에게 의존했다. 언니와 나 중에서 누가 먼저 세상을 떠날지 모르지만, 그때까지 늘 함께 동행하는 존재이니 내 인생에서 언니와 나이 차이인 3년을 제외하고는 늘 함께했던 가장 오랜 동행자이다.

나와 같은 피를 나눈 남동생은 나보다 4년 후에 태어났다. 나는 이 동생 때문에 맘고생을 많이 했다. 남존여비 사상이 투철했던 어머니는 남동생은 왕자처럼, 나는 왕자를 돕는 하녀처럼 키웠다. 무엇이든지 동생에게 양보해야 했고 내 권리는 없었다. 나는 형제 관계에서 어떤 불평도 할 수 없었는데 사춘기가 되면서 엄마에게 대들기 시작했다. 남동생은 두려움과 불안이 많은 나와 달랐다. 모험심이 많고 뭐든 시도하고 하고 싶은 것은 맘껏 해봐야 직성이 풀렸다. 어머니는 그런 아들을 지지했고 아버지는 그런 아들을 제지했다. 동생은 뭐든 해주는 나를 하녀처럼 부렸고, 나 자신도 동생을 위해 태어난 사람으로 생각했다.

동생과 같은 초등학교에 다녔는데 사람들은 동생을 부를 때 동생 이름보다 백보남의 동생이라고 불렀다. 내가 공부를 잘했기 때문에 선생님들은 동생보다 나를 먼저 떠올리셨다. 남동생이 백보남의 동생으로 불리는 것에 스트레스를 받는다는 것은 생각도 못 했다. 나는 동생에게 피해자인 것으로만 생각했지만 동생도 나름대로 나로 인해 자신의 삶 일부를 빼앗겼다고 생각했다. 동생을 돌봐줘야 한다는 부모의 말은 내 머리에 세뇌되어 있었다. 그로 인해 동생의 자립을 빼앗을 만큼 동생을 과잉보호하게 되었다. 겉으로 보기에는 동생이 제 할 일을 못 하니 돌봐주는 것이지만 나는 동생을 돌봄으로 내 존재를 확인하는 동반의존의 관계에 놓여있었다. 동생은 평소에 나에게 무척 감사하게 생각하고 고마워했지만, 술만 취하면 누나 때문에 자기 인생을 망쳤다고 폭언을 했다. 나는 무척 억울해하면서 동생에게만 문제가 있는 것으로 착각했다. 동반의존이라는 것을 깨닫고 내가 동생과 관계 개선을 하면서 동생을 과보호하지 않고 어른으로 정중하게 대하면서 동생은 자립하기 시작했다.

동생이 40세 나이로 사망했을 때, 나는 거의 침대에서 일어나지 못하고 3개월을 보냈다. 마치 내가 공중분해 되는 느낌이었다. 이것이 동생과 내가 얼마나 동반의존 상태였는지 보여주는 단적인 사례이다. 동생에 대한 상실의 아픔은 이후 3년 정도 계속되어서 나는 정상적인 생활을 할 수 없었다. 가족관계에서 지독히 착한 사람 콤플렉스에 걸려있는 사람은 주위 가족을 나쁜 사람으로 만들어 자신에게 의존시킨다. 늘 공급해주고 살뜰히 보살피지만, 그것은 사랑이 아니다. 상대의 독립을 방해하기 때문이다. 상대를 자신에게 의존시키고 자신 또한 베풀면서 함께 의존하는 것이다.

내가 상담할 때 동반의존하는 사람들을 무수히 많이 봤다. 가족 중 착한 사람 또는 희생자 역할을 하는 사람은 주위 사람들로부터 칭찬과 인정을 받지만, 가족을 대상으로 자신의 욕구를 성취하고 있다는 사실을 알지 못한다. 그리고 힘들어하고 불평하면서도 희생양 역할을 포기하지 못한다. 그들에게는 마음속에 자신만이 할 수 있다는 교만과 구세주 신드롬이 자리 잡고 있는데 그것을 스스로 통찰하기는 매우 어렵다. 도움을 받는 사람은 고마우면서도 자신의 존재는 늘 부족하고 사람 구실 못하는 것 같아 스스로 자존감이 떨어지고 도움을 주는 사람을 경멸하고 그에게 함부로 한다. 그래서 심리 내적으로 강한 분노를 느끼게 된다. 그러면서도 그 도움을 뿌리칠 만큼 자립심을 발달시키지 못하고 늘 의존하게 된다.

이렇게 형제 관계를 통해서 우리는 음으로 양으로 많은 영향을 받고 성장한다. 형제 관계에서 의존하지 않으면서 서로 존중하는 관계를 만들어가는 것은 행복한 삶의 밑받침이 된다. 하지만 생각보다 쉽지 않은 것이 형제 관계이다. 형은 항상 윗사람으로 군림하려고 하고 동생은 항상 동생으로 남아있으려고 한다. 요즘 사회적 문제가 되는 부모님의 부양문제에서도 동생은 한발 물러서 있는 경향이 있다. 특히 여러 형제 중 막내의 경우, 마치 자신은 부모님의 부양문제에서 열외 되어도 괜찮은 것으로 생각하기 쉽다. 맏이가 하는 것은 당연하고 그 외 형제들이 부모 부양하는 것은 특별하게 잘하는 일로 생각한다. 그러한 심리적 구조는 형제간에 갈등이 발생하게 만든다. 가장 오랫동안 만나야 하는 형제 관계를 돈독히 하려면 형제 모두가 성인다운 성숙한 태도로 서로의 의견을 물어보고 존중하고 함께 나누고 서로 짐을 함께 지는 구조를 만들어야 가능하다.

> **"**
> 형제 관계에서 당연한 것으로
> 여기는 일이 있습니까?
> **"**

10

배우자의 가족과 잘 지내는 법

새롭게 맺어진 배우자의 가족

    결혼과 동시에 혈연도 아니고 같이 살지도 않았던, 그동안 잘 알지도 못했던 사람들이 배우자의 가족이라는 이유로 자신의 가족이 된다. 배우자 때문에 뻔뻔스러운 권리가 생기고 억울한 의무가 생긴다. 몇 번 보지도 않은 사람인 시부모나 처가의 부모가 거액의 돈을 요구하기도 하고 무엇인가 해주기를 바라는 때도 있다. 또 몇 번 만난 적도 없는 며느리에게 당연히 봉사나 희생을 요구하기도 한다. 그러니 양가의 일로 인해 부부 사이의 갈등이 생기는 것은 당연할 수밖에 없다.

    나는 친정어머니와 갈등을 겪었기 때문에 결혼하면서 시어머니를 친엄마처럼 생각하기로 했다. 어머니와 가지지 못한 친밀감을 시어머니와 해결하려는 심리적 전치 현상이 나타난 것이다. 그러니 누가 하라고 하지 않았는데도 힘에 넘치도록 잘하려고 했다. 결혼 후 직장생활을 하면서도 가깝지 않은 거리의 시댁에 일주일에 한 번 이상 꼭 방문했다. 길을 가다 예쁜 옷을 보면 우리 시어머니 사다 드렸으면 좋겠다고 생각했다. 음식을 먹으면서도 우리 시어머니에게 사다 드리고 싶었다. 좋은 곳에 가게 되면 우리 시어머니 모시고 다시 와야겠다고 생각했다. 경제적으로 어렵고 가진 것 없이 시작한 결혼 생활임에도, 늘 잘 섬기고 싶었다. 그런 내 태도가 뭔가 이상하리만큼 과도하다는 것을 한참 후에 알아차렸다.

언젠가 드라마에서 의붓딸과의 관계에 대해 본 것이 기억난다. 의붓딸과 좋은 관계를 만들어 낸 새엄마에게 친딸같이 된 의붓딸이 물었다.

"엄마는 내가 어렸을 때 그렇게 못된 짓을 했는데, 어떻게 그렇게 좋은 엄마가 될 수 있었어요?"

"나는 너에게 네 엄마를 빼앗지 않으려고 했다. 엄마가 아닌 새엄마로서 역할만 하려고 했단다."

마음속에 강한 울림이 있는 말이다. 시어머니를 시어머니로 대해야 하고 며느리를 며느리로 대해야 한다는 생각을 했다. 그 관계를 벗어나려고 하면 대부분 문제가 발생한다. 시어머니께 친정엄마처럼 할 수 없다. 그러면 오해가 생긴다. 며느리에게 딸과 같이할 수 없다. 그러면 섭섭함이 더 커진다. 내가 시어머니에게 친정엄마처럼 하려고 했던 마음만큼 나는 많은 상처를 받았다. 우리 시어머니는 딸이 4명이나 있는데 또 다른 딸이 필요하지 않았다. 내가 며느리 자리로 돌아올 때 오히려 마음에 섭섭함이 없어졌다.

결혼한 지 2년 만에 49세의 젊은 시어머니는 중풍으로 쓰러지셨다. 장남인 남편 아래로 5명의 형제가 있었다. 다행히 반쪽은 회복할 수 있었지만, 시동생과 시누들을 내 손으로 시집·장가보내는 수고까지, 내 결혼 생활은 크고 작은 일로 참으로 어렵고 고달팠다. 그럴 수밖에 없는 상황이었다. 과도한 내 책임감이 다른 사람들을 무력하게 만들었는지도 모른다. 시동생이 결혼할 때 동서의 어머니가 반쪽을 못 쓰시는 우리 시어머니를 보고 시집보내려는 딸의 미래가 염려되었는지 걱정스러운 말씀을 하셨다. 나는 "그냥 둘만 잘 살면 됩니다. 저희 시어머니는 제가 알아서 하고 짐 지우지 않겠습니다."라고 말했다. 나는 그 약속을 지키느라 시부모에 대한 부담을 15년이 넘도록 나 혼자 지고 살았다. 자리가 잡히고 때가 되면 알아서 하리라고 생각했다. 하지만 사람의 습관은 큰 이변이 없는 한 항상 유지되고 책임의 불균형은 오히려 마찰을 가져오게 한다. 가족은 누구 하나만 헌신하고 희생해서는 안 된다는 것을 내가 견딜 수 없는 상황이 올 때야 깨달았다. 나는 나 스스로 짐을 진 것이다. 그것은 친정에서 몸에 밴 어린 시절의 모습이었고, 남들이 보면 이상한 것이 자신에게는 당연한 삶으로 받아들여진다. 한 사람의 과도한 책임감은 다른 가족들을 방관자로 만들 수 있다. 따라서 다른 가족이 소외감을 느낄 수 있게 만든다.

내가 시어머니께 감사한 것은 시어머니는 잔소리하거나 야단을 치는 분이 아니셨다. 다른 시어머니에 비해 며느리에게 함부로 하는 분이 아니셨다. 하지만 나는 규칙이 없는 가운데 스스로 해야 하는 자율이 더 힘들었는지도 모르겠다. 시어머니가 나에게 가장 큰 힘이 되어 주셨을 때는 내 아이가 사춘기 앓이를 할 때였다. 시어머니는 내가 아들 때문에 안달하며 노심초사하면 "괜찮다. 한때 지나면 다 괜찮아진다."라는 말로 나를 안심시키셨다. 그리고 내가 화가 나서 아들 욕이라도 하면 "그만한 애 없다. 우리 손주가 어때서 그러냐?"라고 손주를 과대평가하셨다. 다른 사람들이 뭐라 해도 시어머니에게 큰 손주는 무슨 짓을 해도 예쁜 아이였다. 이런 끝없는 믿음과 긍정에너지로 내 불안을 조금은 견디게 해주셨다. 시어머니의 이러한 대책 없는 사랑이 아이의 마음속에 따뜻한 인간애를 심어주었다. 나는 바르게 키우려고 하고 시어머니는 무조건 사랑하는 방법을 택하셨다.

강하면서도 지혜로운 시어머님에 비해 시아버님은 아이처럼 순수한 분이셨다. 이해하기 어려울 정도로 있는 그대로를 보시는 분이었다. 사람들은 시아버님이 살짝 지적 장애가 있다고 말했지만 내가 같이 살면서 느낀 것은 순수함 그 자체라고 표현하고 싶다. 아버님과의 일화 중 내가 잊지 못할 사건이 있다. 사춘기 아들이 사고를 쳐서, 내 속을 뒤집어 놓은 적이 있다. 나는 너무 화가 나고 지칠 대로 지쳐서 3일간 가출했다. 지금 생각하니 너무 어이없는 이야기지만 그 당시에 나는 가출할 만큼 아들이 보기 싫고 모든 환경에서 벗어나고 싶었다. 나에게도 쉼이 필요했다. 그래서 가족 누구에게도 알리지 않고 무작정 산속 기도원에 3일을 틀어박혀 있었다. 신앙이 있다는 것이 나를 살아가게 할 수 있는 원동력이었다. 핸드폰도 꺼 놓았으니 가족들도 걱정했을 것이다. 그만큼 나는 아들 때문에 힘든 것을 누군가를 걱정시킴으로써 보복하고 싶었던 것 같다. 가족에게 걱정 끼칠 짓을 하지 않고 평생을 살아왔던 나는 3일 동안 가출한 것으로 인해, 당당했던 나 자신이 나도 잘못한 것이 있는 사람이라는 생각을 하게 되었고 그 사실이 나를 겸손하게 만들었다. 그리고 감정이 극에 달하면 인간이 얼마나 비정상적으로 행동할 수 있는지 깨달았다.

3일 만에 집에 들어갈 때 마음이 조마조마했고 시부모님께 혼날

각오를 했다. 현관문을 열고 들어서자마자 우습게도 내 입에서 "다녀왔습니다."라고 나도 모르게 일상의 인사를 했다. 거실에 계시던 시아버님이 "그래, 좀 늦었다." 하시더니 방으로 들어가시고 시어머니도 "밥은 먹었느냐?" 물어보시더니 방으로 들어가셨다. 그 말 한마디로 내 가출 사건은 끝을 맺었다. 시부모를 모시고 사는 며느리가 말없이 3일을 가출했을 때 돌팔매를 맞아도 당연한데 조금 늦었다는 말 한마디가 전부였다. 그때 시아버님의 그 태도는 평생 동안 나에게 자양분이 되었다. 시부모님은 내가 팥으로 메주를 쑨다고 해도 믿는 분이셨다. 그런데도 같이 살면서 자잘한 갈등이 있던 시어머니와 달리 시아버님과는 항상 좋은 관계였다. 내가 누군가의 잘못을 비난하려고 할 때, 나는 '좀 늦었다.' 그 한마디를 떠올리며 비난하지 않으려고 애쓴다. 잘못을 지적하기보다 그냥 지나가고 수용하는 태도가 얼마나 사람을 변화시키는지 그때 체험했다. 시아버님이 돌아가시고 한참 동안 부엌에서 음식을 할 때마다 시아버님이 옆에 와서 "야! 그것 참으로 맛나게 했다."라는 말이 들리는 것 같았다.

시부모와 같이 살다 시아버님이 돌아가시니 오히려 시어머니와 같이 사는 것이 만만치 않았다. 시어머니는 중풍으로 신체의 반쪽을 못 쓰는 상태에서 30년이 넘게 장애인으로 사셨다. 직업이 있는 내가 시어머니를 돌보는 것은 무리가 되어 몇 년 전에 요양원으로 모셨다. 요양원으로 가시던 날, 나는 시어머니 침대에 앉아서 하염없이 울고 하루 종일 우두커니 앉아 있었다. 시어머니의 삶이 너무 안돼서 울고 끝까지 함께하지 못한 미안함에 울었다. 함께 살면서 내가 잘못했던 일들이 주마등처럼 스쳤다. 또박또박 말대답했던 일, 글을 모르시기 때문에 답답해했던 일, 어머님 앞에서 시댁 식구들

불평했던 일들을 생각하면서 미안해하고 반성했다. 하지만 다시 돌아가도 나는 더 잘할 자신은 없다. 그냥 내가 할 수 있는 최선을 다했고 거기까지가 나의 용량이라고 나 자신을 다독거렸다. 크고 작은 갈등을 겪으면서도 함께 살아왔던 세월 속에 미운 정 고운 정이 든 것을 보면 남편으로 인해 맺어진 확실한 가족이다. 나는 시아버님에게 사람을 용서하고 수용하는 귀한 것을 배웠고 과거를 생각하지 않고 지금 현재에 충실한 것을 배웠다. 시어머님에게서는 견디고 인내하고 믿어주는 지혜를 배웠다.

"

가족의 잘못을 무조건 그냥
덮어줄 수 있습니까?

"

이웃

나를 빚어준 소중한 만남

01

반가운 환대 따뜻한 환송
존재감을 일깨우는 맞이하기와 보내기

출근길에 아파트 앞에는 젊은 엄마들이 유치원 가는 아이의 손을 잡고 삼삼오오 모여 있다. 평소 같으면 그냥 지나쳤을 텐데 시간 여유가 있어서 그 엄마들을 한참 동안 유심히 바라보았다. 어떤 엄마는 아이 머리를 쓰다듬어 주고 어떤 엄마는 옷매무시를 고쳐주고 어떤 엄마는 아이와 도란도란 이야기를 한다. 조금 있으니 노란 버스가 앞에 와서 멈춘다. 유치원 선생님인 것 같은 젊은 아가씨가 내려서 인사를 하고 아이들을 인계받아 버스에 태운다. 엄마들은 자기 아이가 앉은 창 쪽으로 가서 연방 손을 흔들고 있다. 아이는 그런 엄마를 향해 창에 손을 대고 같이 흔들고 있다. 노란 버스가 시야에서 멀어지는 동안까지 손을 흔드는 엄마가 있다.

그 광경을 보면서 마음이 따뜻해지고 참으로 아름답게 느껴졌다. 저런 환송을 받은 아이는 마음이 건강할 것 같다. 엄마가 시야에 없어도 늘 엄마가 함께 있다는 대상항상성이 잘 형성되어 분리불안은 없을 것 같다. 대상항상성이란 눈에 보이지 않아도 여전히 존재하며 자신과 연결되어 있다고 느끼는 상태를 말한다. 어린아이가 대상항상성이 생기지 않으면 엄마를 항상 자기 옆에 있게 하고 옆에 없으면 불안을 느끼게 된다. 이것이 분리불안이다. 대상항상성은 보통 3세 이전에 형성된다. 잘 형성된 아이는 이후에 기다림도 잘하고 대인관계에서 만남을 두려워하지 않고 이별도 잘 받아들일 수 있다. 어릴 때 엄마의 눈짓, 손짓, 몸짓 하나하나가 전부 아이의 마음 밭에 심어진다. 그렇게 심어진 것들은 이후, 성인이 되어 같은 방식으로 나타난다.

환송하는 엄마들이 각자 돌아가는 모습을 보면서 내 마음속에 있는 한 여자의 얼굴이 떠올랐다. 내가 상담했던 사람 중에 사랑하지 않을 수 없는 사람이다. 그녀는 사람을 만날 때마다 토끼처럼 팔짝팔짝 뛰며 반갑게 인사하며 맞이한다. 처음에는 내 성향과 맞지 않아 어색해했는데 몇 번 그런 환대를 받으니 그녀가 좋아지기 시작했다. 누구를 만나도 그녀에게 외면이라는 것은 없는 것 같다. 멀리서 나를 보면 달려와서 내 손을 붙잡으며 높은 톤의 목소리로 "어머 선생님! 만나서 너무너무 좋아요. 더 예뻐지셨어요."라고 말하며 연방 좋다고 웃으며 과도한 긍정 피드백을 한다. 처음엔 나에게만 그러는 줄 알았다. 그 후 그녀가 다른 사람을 만나는 것을 여러 번 보았는데 여지없이 그렇게 인사를 한다. 멀리서 그녀가 다른 사람에게 인사하는 것만 봐도 기분이 좋고 예뻐 보인다. 사람을 극진히 맞아 환대할 수 있는 것은 타인에게 긍정의 에너지를 줄 뿐 아니라 자신도 즐거워진다. 타인에게 존재감을 일깨운다.

어렸을 때 나는 유난히 수줍음이 많았다. 오래간만에 아는 어른을 만나면 인사보다는 부끄러워서 엄마의 치맛자락을 붙잡고 뒤로 숨었던 기억이 떠오른다. 성인이 된 후에도 아는 사람을 만나면 마음속으로 반가워도 목례나 엷은 미소로 밖에는 표현을 못 한다. 지금도 그럴 때가 많다. 그래서 이런 나를 고치려고 일부러 큰 소리로 "안녕하세요?" 소리를 내며 반갑게 인사하는 연습을 한다. 동네를 한 바퀴 돌 때나 산책길에서 의식적으로 큰 소리로 인사하면 사람 관계가 부드러워지고 마음도 밝아진다. 그렇게 잘 하다가도 의식적으로 알아차려 각오하지 않으면 지금도 여지없이 과거의 인사 패턴으로 돌아간다.

그래서인지 나는 짧은 시간에 친밀감 형성이 쉽지 않다. 사람과 친밀감을 형성하는 첫 번째는 환대하는 인사인데 그것을 제대로 못 하니 좋은 이미지를 줄 수 없어 사람을 사귀는 데 오랜 시간이 걸린다. 타인을 내 인생의 공간으로 공손히 받아들이는 것이 환대이다. 그리고 그 사람이 내 인생의 공간을 빠져나갈 때 '당신과 함께해서 감사했습니다. 나는 당신을 내 마음의 일부에서 기억하겠습니다.'라는 묵언의 메시지가 환송이다.

환대와 환송에서 가장 모델링을 잘할 수 있는 것이 애완동물이다. 부부 사이가 안 좋으면 강아지 하는 것을 보고 따라 해 보면 부부 사이가 좋아질 것이라고 말하던 사람도 있었다. 나도 강아지 한 마리를 키운다. 이름이 쪼꼬이다. 쪼꼬는 출근길에 현관까지 따라 나와 애처로운 눈빛을 보낸다. 내가 외국에 나가 있거나 집에 들어갈 시간이 되면 현관 앞에서 엎드려서 기다린다. 그러다 내가 집에 들어가면 팔짝팔짝 뛰고 기어오르면서 내 주위를 빙글빙글 돈다. 옷을 벗으러 들어가면 안방까지 쫓아오고 물을 먹으러 가면 주방까지 쫓아온다. 쪼꼬를 안아주고 몇 마디 말을 하고 쓰다듬어 주면 그제야 나를 쫓아다니지 않고 자기가 하고 싶은 일을 한다.

그러던 쪼꼬가 몇 년 지나자 바뀌었다. 소파에 앉아서 꼬리를 살랑살랑 흔드는 것으로 환송한다. 어떤 때는 내가 나가는 것에 삐져서 얼굴을 외면할 때도 있다. 그러다 집에 들어갔는데 문 앞까지 나오지를 않는다. 몇 번 불러도 꼼짝 안 할 때도 있다. 그냥 소파에 앉아서 나를 맞이한다. 나는 우리 강아지를 보면서 우리 식구들의 태도를 살펴보니 주인의 태도와 똑같이 행동하는 것을 발견했다. 쪼꼬의 어릴 때 행동이 사라지고 주인을 따라 하면서 달라진 것이다. 반성하면서 강아지 버릇을 고치느라 귀찮아도 식구가 집에 돌아오면 나가서 맞는다. 간식을 현관 앞에 놓고 나갈 때나 들어갈 때 간식을 주기 시작했다. 장시간 훈련을 한 덕분에 예전처럼 환대는 잘하는데 환송은 아직도 잘 안 된다. 강아지 훈련하느라 내가 가족들을 맞이하는 태도가 달라졌다.

내 직업인 상담 일을 할 때도 환대와 환송은 중요하다. 내담자와 약속 시각을 기다리면서 잠시 동안 내담자를 먼저 생각하고 오는 발소리를 듣고 얼굴 보기 전에 미리 내담자를 맞이한다. 상담이 끝나고 그를 보낼 때는 문 앞에서 나가서 인사하고 그 발걸음 소리가 들리지 않을 때까지 그를 생각하면서 환송한다. 상담 스케줄이 여유 없이 너무 빡빡할 때는 할 수 없지만 그렇지 않을 때는 그날 나누던 말을 통해 내담자의 마음을 한동안 생각하며 그를 환송한다. 내가 집단 상담으로 내적 치유를 진행할 때 보통 1박 2일이나 2박 3일로 진행하는데 내담자와 3일을 함께 울고 웃고 숙식을 같이 한 후 헤어지면 많은 여운이 남는다. 나는 한동안 그들을 생각하며 기도하고 축복한다. 그들과 나누던 아픔을 생각하고 그들의 소망을 기억하며 안 보일 때도 그들을 위해 기도하며 환송한다.

환대와 환송은 한 인간이 탄생하고 죽을 때도 필요하다. 여러 사람의 환대를 받고 태어나고 그동안 함께했던 사람들의 환송을 받으며 이 땅을 떠나가는 것은 한 인간의 존엄에 대한 기본적인 예의일 것이다. 원하지 않는 임신이라도 이 땅에 온 것을 축복해 주어야 한다. 아무리 독거세대가 늘어나도 이 땅을 떠날 때만은 환송을 받으며 가게 해주어야 한다. 사랑하고 사랑받기 원하는 나 자신부터 환대를 몸으로 익혀야 할 것 같다. 마음에 있어도 표현하지 못하면 그 마음은 저 뒤편으로 사라져가기 쉽다. 모든 것이 급변하는 현시대에 버선발로 뛰어나가는 환대와 상대의 모습이 사라질 때까지 그 뒤안길을 보고 환송하는 정서가 그리워진다. 오늘 나도 내 가족들에게 언제나 나는 그 자리에 있으니 각자 제 길을 잘 갔다 오라는 따뜻한 환송과 돌아오는 가족들을 기쁨으로 맞이하는 환대를 실천해야겠다.

> **"**
> 가족들이 집을 나설 때나 들어올 때
> 어떤 모습을 합니까?
> **"**

02

시골 인부의 훈훈한 마음
이웃의 삶에 침투하되 휘젓지 않기

　서울 토박이인 내 마음 안에는 왜 그런지 모르지만, 항상 농촌 풍
경이 그려진다. 산과 들과 개울물이 있는 곳에서 살고 싶어 한다. 아
이들이 고등학교를 졸업하면서 과감하게 서울 근교의 산과 들이 있
는 동네로 이사했다. 태어나서 처음으로 서울을 벗어났다. 아름다운
국립수목원이 가까이에 있는 동네이다. 주위에 산이 둘러싸여 있고
아파트 주변에는 여기저기 밭들이 있어 텃밭을 일구는 즐거움도 누
릴 수 있는 곳이다. 가까이 왕숙천이 흐르니 그야말로 내가 원하던
곳이다. 그곳에서 평생 처음으로 텃밭을 일구었는데 그 재미가 쏠쏠
했다. 하지만 나는 농사일을 하는 데는 재주가 없는지 하면 할수록
요령이 생기는 것이 아니라 모르는 것이 더 늘어났다. 농사일이 얼
마나 전문적인 일인지 경험을 통해 알게 되었다.
　텃밭에 갈 때 늘 우리 강아지와 산책을 하면서 동네 아이들과 동
네 사람들을 만나는 즐거움도 누렸다. 서울에서는 볼 수 없는 풍경
이 많이 벌어진다. 하루는 강아지를 데리고 텃밭에 가고 있었다. 멀

리서 갓 중학교에 들어간 것으로 보이는 여학생 둘이서 조잘대면서 걸어오고 있었다. 아마 학교 끝나고 집으로 가는 길이었을 것이다. 그 조잘거림이 참으로 유쾌하게 들렸다. 거리가 좁혀져 교차하기 직전 우리 강아지를 보더니 귀여워서 어쩔 줄 몰라 했다. "아줌마, 이 강아지 너무 예뻐요. 만져 봐도 돼요?" 나는 흔쾌히 그러라고 했다. 낯선 동물이라도 예뻐하고 귀여워할 줄 아는 모습과 두 학생이 주고받고 이야기하는 그 모습이 너무 예뻐서 "얘들아! 내 눈에는 너희들이 더 귀엽다." 했더니 까르르 웃으면서 "네? 고맙습니다."라고 인사를 했다. 한참 강아지를 만지고 안고 강아지와 얘기를 하더니 "잘 가라! 강아지야!" 하며 인사를 하고 서로 반대 방향의 길을 갔다. 길거리에서 만난 잠시의 만남이 나를 행복하게 해주었다.

　텃밭에 다다르자 꽤 여러 날 비가 안 와서 물을 흠뻑 주어야 할 것 같았다. 내 텃밭과 물이 있는 수도까지는 거리가 꽤 된다. 수돗가에 있는 고무호스를 여러 개 연결해서 식물들에 물을 공급해야 한다. 호스 길이가 꽤 길어서 호스를 들고 움직이기가 쉽지 않다. 끙끙거리며 긴 호스를 밭에 대려고 하는데 연결 고리가 맞지 않아 물이 새서 텃밭까지 이르지 못한다. 텃밭 근처에는 새 아파트를 건설하는 인부들의 숙소가 있다. 지나가던 공사장 인부가 숙소로 들어가던 발길을 멈추고 내가 끙끙거리고 있는 것을 한참 쳐다보더니 가까이 와서 호스를 이어주려고 한다. 공구가 필요했는지 자신의 승용차 안에 있는 공구를 가져다가 호스를 연결해 주었다. 그분의 도움으로 내 텃밭의 식물들에게 순조롭게 물을 공급하기 시작했다. 그 인부는 "도와줄까요?"라고 묻지도 않고 묵묵히 도와주고는 내가 물을 순조롭게 공급하는 것을 보고 총총히 사라져갔다.

인부의 도와주던 손길이 감사로 풍성하게 마음을 채우기 시작했다. 그리고 '이웃사랑이 무엇일까?'라는 생각을 하게 되었다. 상담 심리학 공부를 할 때 분리라는 개념을 배우고 홀로서기와 독립을 강조해서 배우게 된다. 그만큼 우리 문화가 너무 밀착된 관계로 인해 고통을 받는 경우가 많기 때문이다. 요즘에는 중년기 사람들이 상담에 관심을 두고 공부하는 사람들이 꽤 많은데 상담공부를 하면서 진정한 자아를 찾아가기 시작한다. 헌신적이고 타인만을 위해 살았던 사람들이 조금은 자기 자신을 돌보기 시작한다. 내 일과 네 일을 구분하는 과제 분리가 일어나며 자기를 주장하는 목소리가 나오기 시작한다. 한 개인의 변화는 가족 전체에 영향을 주면서 변화로 인해 마찰이 생긴다. 그래서 어떤 사람들은, 변화를 견뎌내지 못한 가족들 반대로 상담공부를 중단하는 경우도 있다.

분리와 독립 이후에 꼭 성취해야 하는 덕목이 공동체와 연합하는 것이라 생각한다. 이 연합은 의존하는 것이 아니라 온전한 개인들이 서로서로 손과 마음을 내어줌이다. 우리가 세상을 함께 살아가면서 어려움에 처한 이웃을 향해 먼저 손을 내밀 수 있는 것이 이웃사랑이다. 어려움에 처한 사람은 자신의 형편이 부끄러워서 상대에게 요청할 수 있는 용기가 없는 사람이 많다. 그런 사람을 향해 관심을 두고 바라보고 필요한 것을 공급해주는 것은 사랑의 실천에서 기본이다. 이웃을 관심 있게 지켜보지 않으면 이웃의 어려움이 보이지 않는다. 최근 뉴스에서 살기가 어려워 동반 자살하는 경우를 보면 아무도 그들이 어려움에 처해 있다는 것을 몰랐다고 한다. 가족이라고 하면서, 친구라고 하면서 전화 한 통 하지 않고 방치하고 있다면 그것이 가족이라고, 친구라고 말할 수 없을 것이다. 가까운 관계일수록 상대를 알려고 하는 관심이 필요하다. 관심을 두고 지켜봐야 상대를 알 수 있다. 이웃사랑은 관심이고 이웃의 환경에 들어가는 침투이다.

이웃이 처해 있는 삶의 자리로 들어가지 않으면 사랑하기는 어렵다. 관심을 두고 이웃을 지켜보고 이웃의 사정을 알게 되었을 때, 이웃이 있는 자리로 들어가는 것이 침투이다. 들어가서 곤경에 처한 상대를 부축하고 도와주어야 이웃사랑이 실천된다. 침투하는 것에는 두려움이 따른다. 좋은 의도라도 상대가 거절할까 봐 두려워서 상대가 있는 자리로 가는 것을 머뭇거리게 된다. 그럴 때 좋은 방법이 상대에게 질문하는 것이다. "내가 당신을 도와주어도 될까요?"라는 물음은 거절에 대한 두려움을 완화한다. 질문한다는 것은 상대의 의사에 대한 선택권을 미리 주는 것이므로 거절할 수 있다는 것을 준비하게 되는 중간과정이다. 상대가 있는 자리로 침투할 때 질문을 통해 상대나 자신의 마음을 준비하게 한다면 우리 마음 안에 있는 외부인에 대한 방어벽이 느슨해질 것이다. 도움받을 때 자세도 중요하지만 도움 줄 때의 자세는 더 중요하다. 잘못하면 상대의 자존심을 건드리거나 상대에게 무력한 사람이라는 인식을 줄 수 있기 때문이다. 도와줄 때 두 손으로 공손히 도와주어야 한다.

침투 후 상대를 도와주고 이웃의 자리를 휘젓는 것이 아니라 이웃의 자리를 지켜주기 위해 다시 자기 자리로 돌아가야 한다. 물이 제대로 공급되는 것을 확인하고 총총히 제 자리로 사라져간 인부의 태도처럼 이웃이 다시 자기 자리를 보존할 수 있게 해주는 것이다. 우리가 도와주면서 좋은 소리 못 듣는 경우를 종종 볼 수 있는데 도와주고 나서 공치사를 하면서 상대를 불편하게 하거나 상대의 자리를 보존해 주지 않아서이다. 도와주는 것에 대한 권리를 행사하고 싶은 것이 사람의 마음이다. 그래서 필요 이상으로 참견하게 되고 상대의 자율권을 침해하게 된다. 특히 부모들이 저지를 수 있는 가장 큰 실수이기도 하다. 자녀를 정성으로 키우고 돌보면서도 자녀들의 원망을 받는 경우도 많은데, 자녀의 자리를 지켜주지 못해서이다. 자녀의 인생 자리를 꿰차고 앉아서 사사건건 간섭하게 되면 그동안 키웠던 공이 오히려 수포가 되고 원망의 대상이 된다.

관심을 두고 지켜보지 않으면 어떻게 이웃의 고난을 볼 수 있을까? 자기 자리에서 움직이지 않고 상대에게 침투하지 않으면 어찌 사랑이 가능할까? 사랑하고 나서 대가를 바라거나 상대의 자리를 휘젓는다면 어찌 좋은 관계가 유지될 수 있을까? 이웃사랑은 관심이고 침투이고 다시 제자리로 돌아감이다. 오늘, 호스 연결을 도와준 시골 인부의 풋풋한 인간애를 보면서 감사와 함께 또 한 가지를 배우고 깨달아가는 하루이니 참으로 복된 날이다. 시골에서 살면서 도시에서 느낄 수 없는 많은 것들을 느끼니 시골살이가 참으로 축복이다.

> **"**
> 당신은 이웃이 곤경에 처해 있을 때
> 다가갑니까?
> **"**

03

마음이 모이는 가족 같은 미용실
열린 마음은 치유의 첫 단계

미용실에 갈 때마다 전에 살던 동네의 미용실 풍경이 생각난다. 시골의 작은 미용실이니 도시보다 모든 시설이 떨어진다. 그런데도 미용실은 항상 바글바글하다. 미용사는 40대 초반으로 보이는데 자녀 세 명을 돌보면서 일을 한다. 막내가 4살이고 그 위로 유치원, 초등학생의 자녀가 있다. 미용실 한구석에는 아이들이 들어가 놀 수 있는 작은 놀이 공간이 있다. 초등 2학년 정도 되는 큰아이는 가끔 엄마의 심부름을 곧잘 하면서 동생들과 같이 놀아주며 동생들을 돌본다. 유치원 다니는 둘째 아이는 막내에게 빼앗긴 엄마의 사랑을 되찾기 위해 쟁탈전을 한다. 말을 많이 하고 가끔 떼를 쓰면서 일하는 엄마에게 요구사항이 많다. 4살 막내 아이는 활동량이 많아서 문만 열면 차들이 다니는 도로로 뛰어나갈까 봐 미용사는 일하면서도 늘 촉각이 막내 아이에게 곤두서 있다. 이렇게 보기만 해도 정신이 없고 아이 돌보기에도 손이 많이 갈 시기인데도 부지런하게 아이들을 돌보며 꿋꿋하게 미용실을 운영한다.

시끄러운 것 싫어하고 시간 걸리는 것 싫어하는 내가 이곳에 가면 내 고유한 성격을 상실한다. 소란해도 괜찮아 보이고 아이들과 얘기하면서 기다리는 것도 괜찮아진다. 미용 서비스를 받다가 아이에게 일이 생기면 일손을 놓고 먼저 달려가는 미용사를 기꺼이 기다려주는 여유가 생긴다. 나만 그런 것 같지는 않다. 이 미용실을 드나드는 동네 사람들은 한결같이 미용사에게 관대하다. 손님들이 아이들과 놀아주기도 하고 먹을 것을 싸 와서 아이들 간식하라고 내미는 손님도 있다. 시골 미용실인데 미용비 외에 적은 금액이라도 팁을 주는 손님들이 꽤 있다. 어떤 손님은 비가 한두 방울 떨어진다고 미용실 옆에 널어놓은 가을 고추나 빨래를 손수 걷어 준다. 자신에게 비슷한 또래의 자녀가 있으면 데려가서 자기 자녀와 같이 놀게 하면서 미용실 아이를 돌봐주는 분도 있다. 이쯤 되면 온 동네가 협력해서 아이를 키우는 것이나 다름이 없다.

미용사의 열악한 환경이 사람들의 협동을 유도해 내는 것이다. 열악한 환경 가운데 열심히 사는 그 자세를 계속 지지해주고 싶고 격려해 주고 싶은 마음인가 보다. 그런 것을 보면 사람의 약함이 오히려 강함이 될 수 있다. 약할 때 협동함으로써 혼자 하는 것보다 더 좋은 성과를 낼 수 있다. 약한 사람을 보면 사람들은 돕고 싶은 마음이 자발적으로 생긴다. 역설이지만 가정에서도 가장 힘이 센 사람도 아기이다. 아기는 우는 것 외엔 할 수 있는 것이 별로 없는 약한 존재이지만 어떤 일보다도 아기의 울음은 우선순위가 높다. 타인의 손길이 없으면 살아갈 수 없으므로 아기는 모든 의사결정의 중심에 있게 된다. 신체 부위에서도 가장 중요한 부분은 아픈 부분이다. 아픈 신체 부위를 고려하고 온 신경이 저절로 아픈 부위에 간다. 이처럼 약한 사람이 먼저 배려받는 공동체가 좋은 공동체이다. 어린이의 의견을 먼저 듣고 장애인의 형편을 먼저 고려하고 사용자보다 노동자들의 근로 환경이 먼저 우선시 되고 육체의 힘이 약한 여성이 먼저 배려받는 사회가 좋은 사회이다.

아무리 열악한 환경에 있다고 해도 스스로 일하지 않고 구걸하는 사람을 향해 손을 내미는 사람은 많지 않다. 이 미용사처럼 스스로 삶을 개척하고 살아나가고자 애쓰고 수고할 때 사람들의 마음이 열려 도와주게 되고 협조하게 된다. 우리나라 속담에 하늘도 스스로 돕는 자를 돕는다고 했다. 누군가 해결해주기를 바라지 않고 자신이 삶의 주체가 되어 성실하게 노력할 때 하늘도 돕는다는 말이다.

얼마 전에 캄보디아 여행을 할 때 시골 마을에서 만난 아이가 생각난다. 후진국 여행을 할 때 아이들이 "원 달러! 원 달러!" 하면서 여행객의 주머니를 열게 하는 것은 보통인데 그 아이는 달랐다. 원 달러를 내미니 받지 않았다. 바구니에 들고 있는 과일을 사 달라는 것이다. 차림새는 원 달러를 구걸하는 가난한 다른 아이들에 비해 다를 것이 없었다. 나는 미소로 바라보며 마음에 없었던 과일을 샀다. 과일을 사 들고 돌아오는 길에 내내 그 아이의 초롱초롱한 눈빛이 그려지며 마음으로 잘 살아갈 수 있기를 기도했다. 이렇게 스스로 살아가려고 노력하는 사람에게 돕고 싶은 마음이 생긴다.

이 미용사는 어려울 때 스스로 노력하지만, 타인의 호의를 받을 수 있는 마음이 열려있었다. 열악한 환경에 있으면 오히려 자존심이 커져서 남의 도움을 사양하는 사람들이 많다. 그런데 이 미용사는 손님들에게 늘 "감사합니다. 미안합니다."를 달고 산다. 손님들이 호의를 베풀 때 적당히 괜찮다고 하지만 적극적 도움의 손길에는 늘 감사 표현을 한다. 그리고 머리를 손질하다 아이들로 인해 일하는 손을 멈추게 될 때나 아이들이 시끄럽게 해서 소란해질 때도 늘 미안하다고 말한다. 손님들에게 늘 미안함을 말하는 겸손함과 감사함을 표현하며 호의를 받아들이는 태도가 좋은 시설이 아님에도 오히려 손님들의 마음을 끌게 만드는 요인인 것 같다. 진정한 자존감이 있는 사람은 어려울 때 상대의 도움을 감사함으로 기꺼이 받는다. 자신의 열악한 처지를 부끄러워하지 않고 삶을 수용하며 상대의 도움에 대해 자존심 상해하지 않는다. 자존감이 약한 사람은 환경이 열악해지면 남들의 호의에 수치심을 느끼게 된다. 그래서 스스로 도움의 손길을 차단하게 된다.

이 미용사는 마음을 열어 자신의 삶 이야기를 나눈다. 그녀가 운영하는 미용실은 이야기와 치유가 있는 공간이다. 미용사 스스로 자기 삶을 오픈하니 손님들도 쉽게 자기들의 이야기를 두런두런 내놓을 수 있다. 서로 맞장구치는 말의 음색이 높아지고 아픔의 이야기 끝에 깔깔거리고 웃기도 한다. 참으로 치유의 환경이 제공되는 곳이다. 내가 상담할 때도 상담자인 내 삶에 대한 오픈은 내담자가 하기 어려운 이야기를 쉽게 내놓을 수 있게 만든다. 본인만 겪는 어려움이 아니라는 데서 일체감을 느낀다. 그리고 극복한 이야기를 통해 자신도 극복할 수 있다는 용기를 가진다. 그래서 상처가 많은 상담사가 회복되었을 때 타인의 상처를 만지는 것이 좀 더 쉬울 수 있다. 흔히 말하는 '상처 입은 치유자'가 되는 것이다.

서울의 미용실을 드나들면서 가끔 시골에 있는 그 미용실 생각이 나는 이유는 아마도 서로 필요에 의한 상거래에서도 끈끈한 인간애를 맛보고 싶은 내 마음일 것이다. 서울의 미용실에서는 가끔 부잣

집 마나님의 갑질하는 목소리가 들릴 때도 있고 마음에 안 들 때 미용사에게 호통을 치는 경우도 종종 보게 된다. 여자들에게 있어서 머리 모양이 매우 민감한 부분이라는 것을 이해해도 인격적으로 모독하는 것을 보면 눈살이 찌푸려질 때가 있다. 미용사에게 적정의 대금을 지급하고 자신의 머리 손질을 받는 것은 대등한 상거래이다. 서로 감사하는 마음으로 존중해 주어야 한다고 생각한다. 미용사뿐만 아니라 모든 서비스를 제공하는 감정 노동자들의 기분을 고려하며 그들에게도 기쁨을 느낄 수 있게 만들어 준다면 그 기쁨은 자신에게 돌아올 것이다.

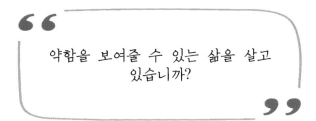

약함을 보여줄 수 있는 삶을 살고 있습니까?

04

6인실 병실 풍경
아픔을 공감하며 생기는 치유의 장

허리가 고장 나서 병원에 입원했다. 허리 병은 20대 이후로 달고 살았다. 허리 자체가 틀어져서 조금만 무리해도 일어나지 못할 정도로 아프다. 젊은 날에는 허리 아파 드러눕는 것이 예사였지만 나이가 들면서 오히려 드러눕는 것이 덜하다. 아마도 조심조심 사는 연습 덕에 몸이 아프다고 느껴지면 미리 일의 양을 줄이기 때문이리라. 그렇게 일상생활에서는 몸 돌보는 연습이 되어있어도 내 직업인 상담을 할 때는 몸을 사리지 않는다. 특히 내적 치유를 진행할 때는 내가 가진 에너지 전체를 투입해서 치료에 들어간다. 이번에도 주로 몸을 써야 하는 내적 치유를 진행하다 허리를 못 쓰게 되었다.

경제적인 이유도 있지만, 병실에서는 여러 사람이 대화를 할 수 있어 심심하지 않아서 6인용 병실을 택했다. 병원의 침상 숫자가 부족할 때는 선택의 여지없이 2인용 병실에 입원했다가 6인용 병실이 생기면 옮겨가는 경우가 허다하다. 그래서 입원하자마자 6인용 병실을 배정받는 것은 경제적으로 어려운 서민에게는 행운이다. 병실에는 대부분 환자 옆에 보호자가 같이 있었다. 시골의 정형외과 병동은 주로 나이 드신 분들이 많고 효심 지극한 자녀나 배우자가 환자 옆을 지킨다. 서울에서만 살다 지방으로 이사 와서 느낀 것은 아직도 부모를 모시고 사는 사람이 많이 있다는 것과 이웃 간의 나눔이 많다는 것이다. 내가 혼자 있는 것을 본 보호자들은 내가 움직일 때마다 도와주려고 한다. 앉아서 쉬다가도 벌떡 일어나서 나를 도와준다. 서울깍쟁이 인심이 몸에 밴 나는 누구를 선뜻 도와주는 것을 못하고 도움받는 것도 쑥스러워한다. 하지만 그들의 호의를 받고 있으면 마음이 새봄 맞는 개울의 얼음처럼 녹아내리고 모르는 사람에 대한 마음의 빗장이 슬며시 미끄러지면서 저절로 벗겨져 간다.

문병 온 손님들이 들고 온 음료나 과일을 자주 나누어 먹는다. 그 나눔에서 또 한 번 내 모습을 통찰하며 나 자신의 모습을 만난다. 입원할 때 나는 다른 사람들에게 알리지 않는다. 바쁜 세상이니 문병해야 한다는 부담도 줄여주고 나 자신부터 사람을 자주 만나는 일상에서 떠나 있고 싶기 때문이다. 그러니 같이 사는 남편 외에 내가 병원에 있는 것을 잘 모른다. 손님이 방문하지 않으니 먹을 음식이나 음료수가 많지 않아 일부러 사 오기 전엔 대접할 만한 것이 별로 없다. 병실에서 음식을 받아먹을 때마다 아무것도 줄 수 없는 상태에서 거저 받는 것을 불편해하는 나 자신을 만난다. 마음은 불편하지만, 의식적으로 감사로 받는 행동을 했다. 행동은 마음을 만들어 낼 수도 있다. 마음이 없으면 행동하지 못한다는 말도 맞지만, 마음에 없어도 행동함으로써 없던 마음이 생성되기도 한다. 기쁨으로 줄 수 있는 마음과 감사로 받을 수 있는 마음이 통합되어 주고받는 것이 자유로울 때 우리는 좀 더 행복한 삶을 살 수 있다.

어떤 사람들은 주는 것은 잘 주는데 받는 것을 절대로 못 받는 사람이 있다. 그것이 어쩌다 만나는 사람일 때는 괜찮지만 자주 만나는 사람에게 그런 태도를 지속해서 취하면 친밀함이 깊어지기가 어렵다. 준다는 것은 자신에게 있는 것을 내주는 것이지만 잘못하면 상대의 자존심을 다치게 할 수 있다. 주는 것은 자신이 가진 것이 많다는 우월행위에서 나올 수 있기 때문이다. 평생 주기만 하고 돌보기만 한 사람은 곧 '자기의'라는 수렁에 빠지기 쉽다. 자기는 의인이라는 착각이 도움받는 사람의 마음에 열등감을 불어 넣는다. 이렇게 지속된 관계는 고마움과 부담감이라는 양가감정을 갖게 된다. 그래서 좋은 관계로 지속되기가 어려워진다.

주기만 하는 사람과 달리 계속 받기만 하고 자기 것을 주는 데 인색한 사람이 있다. 나는 이것을 몸에 밴 거지 근성이라고 말하고 싶다. 주로 응석받이 막내로 자란 사람에게서 많이 나타나고 직업 때문에 대접을 자주 받는 사람이나 과보호로 받는 것만 익숙해진 사람들의 특성이기도 하다. 어떤 경우는 상대가 줄 수 있도록 은근히 말이나 행동으로 유도하여 상대방 스스로 내놓을 수 있도록 조종하는 예도 있다. 가진 것이 없다는 이유로 많이 가진 사람에게 당연히 내놓으라는 태도를 보이면 이것은 거지 근성을 넘어 강도 심보와 다름없는 것이다. 자기 것이 소중한 만큼 타인 것을 귀하게 여기고 지켜줄 수 있는 마음이 있어야 한다. 정당한 사유로 일하고 아껴서 부자가 된 사람의 재산을 지켜주어야 한다. 친한 친구들 사이에서도 부자인 사람에게 습관적으로 모임 경비를 부담하게 하거나 고마움 없이 부자의 것을 써도 좋다는 사고방식은 버렸으면 좋겠다. 부자를 마치 의롭지 못한 죄인처럼 생각하는 사회 풍조도 바뀌어야 한다.

물론 부자 중에 정당한 방법 이외로 돈을 축적한 사람도 있지만, 열심히 일하고 아껴서 부자가 된 사람도 있다. 부자의 것을 빼앗으려고 하지 말고 부자와 가난한 사람의 격차는 사회적으로 공적인 세금과 사회복지로 해결해야 한다. 대인관계에서 늘 받으려고만 하는 사람들은 친밀함이 깊어지기는 어렵다. 인간은 지속해서 자신의 것을 내어주는 이타적인 존재가 되지 못하기 때문이다.

6인실 병동에서 흔히 볼 수 있는 것은 서로 자신의 내밀한 곳을 보여주는 이야기를 하는 모습이다. 아프다는 공감대가 있어 자신들의 이야기를 누가 묻지 않아도 잘 감긴 실타래 풀 듯 술술 풀어낸다. 누군가 문병 왔다 가면 그 사람에게 은혜받은 것이나 자랑하고 싶은 자녀들 이야기와 그동안 서운하게 했던 뒷담화가 이어진다. 이야기가 구수하게 나오면 나도 그 수다에 한몫 끼어본다. 직업이 상담사이니 그들의 말에 맞장구치고 감탄사를 연발하며 그들의 삶을 칭송하는 것이 저절로 된다. 그러면 말했던 사람은 신이 나서 이야기를 지속한다. 그렇게 하면 아픈 것도 조금은 잊어버리는 것 같다. 맞장구를 치던 나도 내 이야기를 풀어낸다. 주로 내 이야기는 자랑거리보다 마음 아팠던 이야기이다. 일부러 타인의 얘기에서 부러움이 생기지 않게 하려는 의도도 있고 내 아픔을 통해 자신들의 아픔이 일반적이라는 것을 알게 함으로써 조금은 위로를 주고 싶은 직업 근성 때문이다.

물리치료를 받으러 자리를 이동했는데 이번에 만난 물리치료사는 인상적이다. 의사들과 달리 물리치료사와는 대면하는 시간이 길어서 좀 더 인간적으로 느껴진다. 치료를 해주면서 이런저런 치료방법에 관한 이야기와 병이 생기게 된 이유와 걸맞은 인생 이야기가 오간다. 내 몸을 타인에게 맡기는 것에 대한 수치감이 덜어진다. 이 치료사는 이 일을 정말 신명 나게 하는 느낌이 든다. 나에게 평생 해야 하는 운동 방법을 일러주고 평소에 몸을 돌보라는 잔소리도 한다. 나는 그때 이후 지금까지 허리만 아프면 그 치료사가 알려준 방법의 운동을 한다. 그럼 회복되는 속도가 빠르다. 평소에는 하려고 해도 잘 잊어버리지만, 조금이라도 아파서 운동하게 되면 여지없이 그 치료사가 내 머릿속에 나타난다. 일에 끌려다니지 않고 일을 이끌어 가는 그 치료사의 모습은 일에 대한 숭고함을 느끼게 한다. 그 물리치료사를 보면서 나도 병에 끌려다니지 말고 병을 이끌고 가야겠다는 생각을 했다.

> **"**
> 자신의 것을 내어줄 수 있고
> 감사함으로 받을 수 있습니까?
> **"**

05

기쁜 소식 전해주고 싶은 사람
기쁨을 공유한다는 것의 의미

자녀 결혼을 앞두고 제일 신경 쓰였던 것이 결혼을 알리고 청첩장 전달하는 것이었다. 우리나라 문화에서 청첩장과 축의금은 연결되어 있기 때문이다. 기쁨을 함께하려고 청첩장을 주는데 상대가 오히려 부담을 갖게 될까 봐 판단이 잘 서지 않았다. 알려서 부담될 수도 있고 안 알려서 서운할 수도 있다. 할 수 없이 단체로 아는 경우에는 공동체에 공개적으로 알리고 개인에게 청첩장을 주지 않기로 했다. 개인적으로 한 사람씩 아는 지인은 참으로 애매했다. 나는 친밀하다고 느끼는데 상대는 그렇지 않을 수 있고 나는 그다지 친밀하게 느끼지 않은데 상대는 나를 친밀하게 생각할 수도 있기 때문이다.

그중에서 꼭 알리고 싶은 분이 있었는데 연세가 90세 가까이 된, 25년 전에 함께 신앙생활 했던 어르신이었다. 우리 아이가 클 때 아기 때부터 청소년기까지 지켜보던 분이시다. 그래서 오시지 않아도 꼭 알려드리고 싶었는데 자주 연락하지 않았기에 혹시라도 부담이 될까 봐 염려되었다. 그런데 그분은 오랜만에라도 연락한 것을 너무

나 기뻐하시며 축하해주셨다. 통화하면서 함께하던 시절로 돌아가 이야기꽃을 피웠다. 그분과 이웃하고 지낼 때 나는 아무것도 잘 하는 것이 없었다. 그분은 내 숨은 재능을 알아보시고 내가 상담사의 길을 갈 수 있게 마중물 역할을 하셨다. 현재 나를 있게 해주신 분 중의 하나이다. 그래서 나를 알아봐 주시고 인정해 주신 일에 감사함을 표하며 지금의 나를 만들어 주신 분이라고 했더니 "천국 가서 자랑할 것 한 가지 있네!" 하시면서 웃으셨다. 그 말을 들으니 '그래! 나도 이 땅을 떠날 때는 자랑할 거 몇 가지 갖고 갈 삶을 살아야지.' 라고 생각했다. 나이 드신 어른들은 늘 나에게 깨우침을 준다.

나에게도 가끔 좋은 소식을 전해주는 사람들이 있다. 주로 내가 상담했던 사람들이다. 대부분 상담이 끝나면 다시 연락하지 않는다. 내담자들은 상담할 때 모든 아픔과 자신의 치부를 드러낸다. 그것을 알고 있는 사람이 상담자이기 때문에 치료 후에 다시 그 상황을 기억하고 싶지 않아 상담사에게 고마움을 느껴도 연락하지 않는다. 그런데도 가끔, "선생님! 저, 합격했어요." "선생님! 저 승진했어요." "선생님! 저 결혼해요."라고 연락이 온다. 그런 연락을 받으면 그날은 하루 종일 마음이 기뻐서 조금 들떠 있게 된다. 마치 사랑하는 연인을 설레며 기다리다 만났을 때의 기쁨처럼 온몸이 날아갈 것 같다. 내가 한 것이 아님에도 일에 대한 보람과 그 기쁜 일에 조금은 일조했다는 생각에 내 존재감이 상공을 향해 아지랑이처럼 피어오른다.

가장 기쁜 것은 부부 상담을 진행하고 나서 부부가 행복한 사진을 전송해 오는 경우이다. 그러면 한참 그 사진을 쳐다보며 나 자신이 행복해지는 것 같다. 부부 상담을 진행하다 결국 이혼하는 예도 있다. 상담을 받게 되면 자신을 지킬 힘이 생기고 자신이 할 수 있는 것과 할 수 없는 것을 구분하게 된다. 그래서 서로에게 가장 좋은 선택이 이혼이라고 합의해서 질질 끌던 불행한 결혼 생활의 종지부를 찍을 때가 있다. 그런 사람 중에서 새로 재혼해서 행복한 결혼 생활을 하는 예도 있다. 재혼에 성공한 사람들의 소식을 받으면 나는 마치 죗값을 치른 사람처럼 홀가분한 마음이 되기도 한다. 가능하면 이혼은 안된다는 내 가치관이 내 맘을 불편하게 하므로 이혼한 부부들에 대한 내 감정은 죄지은 것같이 해결되지 않은 숙제를 붙잡고 있다.

얼마 전에 사무실에 들어서면서 우편함에 있는 엽서 봉투를 보았다. 손편지 봉투라 궁금해져 얼른 뜯었다. 누군지 모르는데 감사하고 사랑한다는 내용과 내 눈물과 기도를 기억한다는 글과 함께 축복의 메시지가 쓰여 있었다. 아마도 어떤 워크숍에서 고마운 사람에게 편지쓰기 프로그램이 있었던 것 같다. 이름이 없어서 궁금했는데 누군지 모르지만, 그 글을 쓰는 사람의 마음과 모습을 잠시 묵상했다. 우리가 고마운 사람을 기억하고 기쁜 소식을 알려주고 안부 문자나 편지 한 장 쓰는 것이 서로의 삶을 풍요롭게 한다. 쓰는 사람이나 받는 사람 모두가 기뻐서 기쁨은 배가 되어 더욱 풍성해진다. 특히 모바일 카드나 엽서가 대부분이고 문자나 이메일을 통해 소식을 주고받는 요즘 시대에 손으로 정성 들여 쓴 카드나 편지는 마음을 훨씬 따뜻하게 만들어 준다.

너무 좋은 일이 생겼는데 그 좋은 일을 선뜻 누구에게 말할 수 있겠는가? 기껏해야 부모나 형제이다. 형제간에도 경쟁심 때문에 맘 놓고 좋은 일을 공유하기 어려울 수도 있다. 행여 자랑하는 것으로 여겨져서 누군가 상처받고 질투감을 느끼면 어쩔까 하는 두려움 때문에 좋은 소식을 알리지 않을 때도 있다. 이렇게 배려가 지나치면 서로의 친밀감이 떨어질 수 있다. 상대가 질투하고 부러워하는 것은 상대의 몫이다. 상대의 몫까지 책임지려고 하지 말고 진심으로 기쁜 소식을 나누었으면 좋겠다. 내 기쁨을 진심으로 축하해주는 사람이라는 믿음은 두려움을 쫓아버린다. 좋은 소식을 나눌 수 있는 사람이 많이 있는 것은 참으로 잘 살아온 인생일 수 있다.

타인이 기쁜 소식을 전할 때 진심으로 내 일처럼 기뻐하는 마음을 가지면 대인관계가 훨씬 부드러워진다. 언젠가 나를 이유 없이 싫어하고 배타적으로 대했던 사람이 있었다. 나중에 알았지만, 내 작은 키와 열정적인 모습이 그 사람이 싫어하는 엄마 모습을 닮아서 싫었다고 했다. 엄마의 상이 나에게 투사된 것이다. 나는 나를 미워하는 사람에게 미워하도록 그냥 둔다. 내가 특별히 잘못한 것이 없는 한, 그것은 상대의 문제이기 때문이다. 잘 보이려고 노력을 하거나 나도 같이 상대를 미워하지 않는다. 나를 미워하는 그대로 상대방을 수용하려고 한다. 어느 날, 그녀는 멋진 승용차를 새로 샀다고 자랑을 했다. 그때 나는 진심으로 그 승용차 산 것을 기뻐하고 축하해주었고 시승식에도 동참했다. 그녀는 내가 진심으로 기뻐하고 축하해 준 것을 마음으로 느꼈던 것 같다. 그 이후, 그녀는 나에게 배타적으로 대하거나 특별히 싫어하는 내색을 하지 않았다. 우리에게 좋은 일이 생길 때, 진심으로 기뻐하는 사람을 만나면 그는 마치 내 편처럼 느껴진다. 나와 동질감을 가짐으로써 친구가 되는 것이다. 타인의 좋은 일을 내 어려운 처지와 비교할 때 진심으로 기뻐하지 못한다. 하지만 사람마다 좋을 때가 있고 나쁜 상황일 때가 있다. 상대가 좋다고 내가 나빠지는 것은 아니다. 또한, 나에게 좋은 일이 생겼다고 상대가 나빠지는 것도 아니다. 다만 비교하는 마음이 우리를 우울하게 만들고 시샘하게 만든다. 내 기쁨을 키우지 못하고 타인의 기쁨을 도적질하려는 마음을 갖게 되는 것이다. 내 기쁨을 충만하게 채우면 타인의 기쁨에 시샘하지 않게 된다. 이웃의 행복은 곧 내 행복을 열게 되는 통로가 된다.

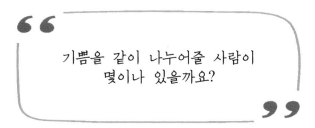

기쁨을 같이 나누어줄 사람이
몇이나 있을까요?

06

내 편 하나

착한 사람 콤플렉스 벗어나기

내 평생의 소원은 멘토가 한 명쯤 옆에 있는 것이었다. 그동안 살면서 어렵고 힘든 일이 생길 때마다 지혜로운 대처 방법을 알려주는 사람이 전혀 없다고 생각했다. 힘든 일을 혼자 해결할 때가 많았기 때문에 누군가에게 온전히 의지하고 싶어 하는 어린애 같은 마음이 생겨난 것이다. 하지만 돌이켜 보니 현재 나를 있게 한 많은 분이 있었고 그중 제일 기억나는 분이 20대 후반부터 15년 정도 함께한 교회 공동체의 목사님이시다. 여러 가지 형편 때문에 이사하면서 그분을 떠나왔지만, 마음은 늘 그리워하고 보고 싶어 했다. 해마다 새해가 되면 새해 인사를 드리러 가야겠다고 생각을 하면서 차일피일 미루다 인사도 제대로 못 하고 그분을 천국으로 보내드렸다. 내가 그 교회를 떠나온 지 3년쯤 되었을 때였다. 미국에 집회를 인도하러 가셨다가 싸늘한 시신으로 돌아오셨을 때 나는 충격 속에 휩싸였다. 그분이 나에게 얼마나 큰 지주이고 좋은 멘토였는지 그분이 돌아가셨을 때도 깨닫지 못했다. 나이가 들어가면서 자주 그분 생각이 나고 그분이 내게 해주셨던 말과 위로들이 생각나면서 나에게 그렇게 좋은 멘토가 곁에 있었다는 것을 깨달았다.

그분과 관련해 생각나는 것이 있다. 남편이 보증을 서서 경제적으로 파산 직전에 있을 때였다. 그 당시 나는 앞이 캄캄했다. 오로지 두 아이를 대학까지 보내고 제대로 키워야 한다는 생각밖에 없었다. 나는 오랫동안 직장에 다니다 아이를 낳고 키우기 위해서 직장을 그만두고 10년 동안을 전업주부로 살았다. 내가 했던 일은 아이를 열심히 키우고 틈틈이 책 읽고 신앙 생활하는 것이 전부였다. 교회에서 봉사하는 일도 많았을 때였다. 경제적으로 파산 위기에 처하자 나는 가족을 위해 경제적으로 힘을 보태야만 했다. 그래서 새롭게 일을 시작하려고 했고 어떤 허드렛일이라도 할 각오가 되어있었다. 전업주부가 30대 후반에 새로운 일을 찾기는 쉽지 않을 것이라는 생각도 했다.

새로운 직업을 갖기 위해 교회 봉사하는 일을 그만두려고 생각하자 교회가 걱정되어 목사님을 찾아갔다. 목사님은 내 이야기를 듣자마자 투박한 말씀을 던지셨다. "네가 지금 교회 일 걱정할 때냐?" 나는 그 말에 너무 놀라서 눈이 동그래지고 입이 다물어지지 않았다. 대부분 목사님은 교회 일을 먼저 하면 모든 것이 잘 될 거라는 추상적인 이야기를 하는 분들이 많다. 그런데 이분은 내가 봉사직을 중도하차하는 데서 오는 미안함으로 불편해하는 나에게 전혀 미안해할 것 없다는 투박한 표현을 하신 것이다. 경상도 출신으로 말을 곱게 하지는 않는데 교인을 생각하는 마음은 진실했던 분이시다. 교회 일 걱정할 때냐고 말씀하더니 나에게 질문을 하셨다.

"네가 할 수 있는 일이 뭐가 있나?"

"뭐든지, 험한 일도 할 수 있습니다."

"그럼 다 됐다." 하시며 축복 기도를 해주셨다. 짧은 상담이었지만 "그럼 다 됐다."라는 말은 이미 내가 처한 시련을 극복할 수 있다고 예고하신 것 같았다.

착한 사람 콤플렉스에 걸려있던 내가 남편에게 원망의 말 한마디 못하고 있을 때 그분은 날 위해 남편에게 분노하셨다. 위기를 극복하는 방법으로 남편은 이혼 수속으로 작은 집 한 채 있는 것을 지키라고 했다. 그 당시, IMF로 인해 파산된 가정의 위장 이혼이 많았을 때였다. 나는 그런 남편에게 쓴소리 한마디 못하고 가정을 지키고 아이들을 잘 키워야 한다는 생각밖에 못 했다. 그런데 위장 이혼은 내 방법이 아니라는 생각을 했다. 나는 평소 내 가치관대로 정직한 방법을 택하여 보증 서 주었던 거금을 배상하고 모자라는 것은 빚으로 남겨진 상태에서 차츰 갚아나가기로 작정했다. 실의에 빠진 남편을 먼저 살려야 한다는 생각에 내 분노는 뒷전이고 사고를 친 남편에게 아무 소리 못 하고 있었다. 그럴 때, 나를 대신해서 그분이 분노해 주셨던 것을 지금도 잊지 못한다. 그분의 태도는 후에 상담하는 일을 하는 나에게 많은 도움을 주었다. 분노해야 하는데 분노할 수 없는 내담자를 대신해서 상담자가 화를 내주면 내담자는 시원함을 느낀다. 그리고 자기편 하나 있다는 느낌을 받는다. 진정한 공감이라고 할 수 있다.

그분에 대해 기억나는 것이 또 하나 있다. 그 당시 나는 30살이 넘은 남동생을 데리고 살았다. 어머니 돌아가신 이후 8년 동안 동생과 함께 살았다. 친정 동생을 데리고 있는 것 때문에 마음이 많이 불편했는지 꿈속에서 자꾸만 돌아가신 어머니가 나타났다. 나는 시름 시름 앓기 시작했다. 내 사정을 알고 있던 교인이 나를 목사님께 데리고 갔다. 목사님은 내 이야기를 간단히 듣더니 한마디 던지셨다. "대체 30살이 넘는, 다 큰 동생을 뭣 때문에 끼고 있노? 누나가 동생 앞길 망친다." 나는 이 말을 듣고 망치로 머리를 얻어맞은 것 같았다. 그런 상황이면 대부분 착하게 잘 감당했으니 복 받을 거라고 말한다. 계속 그렇게 착하게 감당하는 삶을 살아가라고 칭찬과 권면을 한다. 이분의 말씀을 듣고 동생을 데리고 사는 것이 왜 동생을 망치고 있는 것인지 의문을 갖기 시작했고 뭔가 내가 잘못하고 있는 것 같았다. 그 후 내 패러다임의 전환이 일어났다. 내가 동생을 데리고 있는 것은 착한 일인지 모르지만, 동생은 의존성이 커지고 계속 누이 집에 얹혀있는 나쁜 사람이 되는 것이다. 그래서 일반적으로 극도로 착한 사람이 한 명 있으면 주위는 온통 나쁜 사람이 된다. 착한 사람의 토양 위에 자기 일도 감당 못 하는 사람이 자라나는 것이다. 착하므로 타인을 의존시키게 되고, 의존하는 사람은 자기 일을 스스로 처리하지 않으므로 그것을 대신 감당하는 착한 사람을 만들어내는 것이다. 어느 것이 먼저인지 몰라도 착한 사람과 나쁜 사람 관계는 순환 구조가 된다. 이 순환의 고리를 끊어낼 수 있었던 것은 그 목사님의 도움이었다.

그런데도 삶에서 착한 사람 콤플렉스를 벗어나는 데 오랜 시간이 걸렸다. 내가 상담을 공부하면서 5년 동안 나는 이기적이 되는 연습을 했다. 좋은 것이 있으면 내가 먼저 취했다. 양보하려고 하면 정직하게 내가 양보하고 싶은지 나에게 물어봤다. 타인이 내 것을 취하려고 하면 거절 훈련을 했다. 무엇인가 부탁하려고 하는 타인을 향해 못한다는 말을 하기 시작했다. 그 훈련은 참으로 어렵고 힘들었다. 어떤 때는 그냥 내가 양보하고 내가 지는 것이 훨씬 편했다. 하지만 마음속 밑바닥에 있는 내 욕구를 알아차리고 그 욕구를 채워주기 시작했다. 마음 밑바닥을 만나면 만날수록 나는 지극히 이기적인 인간이라는 것을 깨닫기 시작했다. 그때야 내가 의인이 아니라는 것을 실감했다. 착하지 않은 내가 착하게 살려고 애쓴 결과는 억울함과 분노뿐이었는데 오히려 이기적으로 사니까 진짜 착해지는 모습으로 변하기 시작했다. 참으로 인생은 역설투성이라고 느꼈다. 그분은 나도 몰랐던 내 고통의 소리를 마음으로 듣고 있었다. 진심으로 내 처지에서 내 행복을 생각했던 분이라는 것을 나중에 알았다.

삶에서 가장 힘들고 어려웠던 순간에 목사님의 조언은 이겨낼 수 있는 힘이었고 그 조언 속에 나는 다르게 사는 법을 천천히 배워나갔다. 말씀 읽는 법을 배웠고 소망하는 법을 배웠고 제대로 사랑하는 방법을 배웠고 정직하게 사는 법을 배웠다. 그렇게 사는 것을 몸소 모델이 되어 가르쳐 주셨던 분이시다. 그분이 있었기에 현재의 내 모습이 될 수 있었다.

> "
> 착하게 사는 행동 뒤에서 당신의
> 자아가 울고 있지는 않습니까?
> "

07

닮고 싶은 교수님
의도적인 실험을 통해 상처 극복하기

어린 시절의 상처로 인하여 현재 대인관계 문제가 생기는 경우가 있다. 아버지에게 상처를 받고 아버지와 관계가 편안하지 않은 사람은 어느 단체이든, 리더와 관계가 편안하지 않은 경우가 많다. 리더에게 자신의 아버지에 대한 감정을 투사하는 것이다. 아버지에게 억압된 감정이 리더에게 투사되면 리더가 큰 잘못을 하지 않았어도 사사건건 시비를 걸고 못마땅해한다. 아버지에게 하고 싶은 말이나 행동을 리더에게 공격하고 대항하는 것이다. 이런 경우, 리더가 아무리 잘하려고 해도 단기간에 해결되지 않는다. 공격하는 당사자가 자신의 내면에 있는 공격하고 싶은 원인을 알아차리고 자신의 부모 관계가 해결되면 리더와의 관계도 좋아진다. 또한, 리더가 장기간 모든 것을 인내하고 잘 품어줄 때 치료가 되는 예도 있다.

나도 리더를 대하는 것에 문제가 있었다. 무섭고 두려운 아버지에 대한 이미지는 나이 드신 분들과 교류할 때 문제가 생겼다. 그래서 속해 있는 집단마다 최고 자리에 있는 리더와 접촉을 거의 피했다.

혹시나 마주칠 상황이 있으면 일부러 먼 길로 돌아다녔다. 리더에게 지적당하면 작은 지적이라도 분노하며 리더의 단점을 찾으며 비판했다. 리더에게 두려움이 있어서 겉으로 아무 말도 못 하고 속으로 난도질을 했다. 리더를 피해서 다니니 리더의 눈에 들어 능력 인정이나 진로에 도움받을 수 있는 길을 스스로 차단한 것이다. 우리에게 어떤 상처가 있을 때 치유의 첫 번째 조건은 그 상처를 직면하고 인정해야 한다. 외면하고 합리화시키는 동안 상처는 마음속 깊은 곳에서 똬리를 틀고 있다가 부적절한 상황에서 불쑥불쑥 고개를 내민다.

상담의 기법 중 실험이란 것이 있다. 실험은 치유를 위해 안 해봤던 행동을 하는 것이다. 타인에게 가까이 가기 어렵다면 의도적으로 가까이 가보고, 사랑을 표현하는 것이 쑥스럽다면 의도적으로 그 표현을 해보고 스킨십이 어려운 사람이라면 작은 터치라도 용기를 내어 하나씩 실천해 보는 것이다. 실험이란 기법을 배우고 나서 내 문제를 해결하고 싶어서 그 수업을 하신 교수님께 용기를 내서 말씀드렸다.

"저에게는 아버지에 대해 풀리지 않은 문제가 있어요. 그래서 앞으로 실험을 통해 극복하고 싶어요. 교수님께서 그 상대가 되어주세요."

그 요청 자체가 용기였다. 그 말에 흔쾌히 승낙하신 교수님에게 실험 행동을 하기 시작했다. 다가가서 껌 하나를 건네 보고, 모르는 것이 있으면 다가가서 질문하면서 자꾸만 접촉을 시도했다. 급기야 나는 교수님의 부정적인 모습에 대해서도 솔직하게 의사 표현하기 시작했다. 교수님 잘못도 지적해 보고 흘러가는 마음에 대해서도 나누어 보고 교수님이 필요한 것이 있으면 선물도 했다. 나에게 기쁜 일이나 속상한 일이 생기면 교수님에게 말씀드렸다. 그것은 내 삶의 획기적 변화이고 용기였다. 참으로 오랫동안 그렇게 나누고 수용하고 받아주기를 하셨다. 그 덕에 나는 어른들과 말하는 것이 자유로워지고 함께 있어도 덜덜 떨지 않는 상황으로 발전했다. 물론 아버지에 대한 내적 치유 작업도 많이 했다. 이 글을 쓰는 지금은 어떤 어른과도 쉽게 대화할 수 있고 오히려 나이 드신 분들을 더 편하게 대한다.

교수님은 내 삶의 모델이었다. 내가 갖고 있지 않은 교수님의 부드러운 모습이 참으로 부러웠다. 온화하고 인자한 성품은 열정적이고 파워풀하고 모호함 없이 분명한 성격인 나로서는 꼭 닮고 싶은 모습이었다. 하루는 교수님께 부러운 마음을 표시했다. "교수님! 어찌 그리 온화하셔요? 참 부러워요." 그 말을 들은 교수님은 "백보남 씨 안에도 그 모습이 있습니다. 누구를 부러워한다는 것은 발현되지 않은 그 씨앗이 자기 안에 있는 것이지요."라고 말씀하셨다. 상담공부를 시작한 지 얼마 안 되었기 때문에 그 말뜻을 잘 알아듣지 못했다. 우리가 누군가를 싫어하거나 부러워하는 것은 자신의 내면과 관련되어 있을 경우가 많다. 자신의 무의식 속에서 갖고 싶은 것이나 하고 싶은 것을 타인이 갖거나 하고 있을 때 그 행동을 하는 사람을 부러워하거나 싫어한다. 자기 마음속에 없는 것은 타인에게서 찾기 어렵고 자신의 마음속에 있는 것을 보게 된다. 그 당시 교수님의 말씀은 나도 그런 모습을 갖추어 나가야겠다는 마음을 다지게 했다. 그 후, 교수님을 닮기 위해서 교수님의 행동들을 관찰하기 시작했다. 학생들을 대하는 태도, 자주 쓰는 언어, 삶의 가치관들을 관찰하고 따라 하기 시작했다. 교수님이 내 삶의 모델이었다. 무슨 일이 생기면 '교수님은 이것을 어떻게 하실까?'라는 생각을 했다.

모델링 하기 시작한 지 10년쯤 되었을 때 나에게도 변화가 일어나는 것을 보게 되었다. 집단 상담할 때에 그룹원이나 주위로부터 온화하다는 말을 듣기 시작했다. 그런데도 나는 교수님과 기질이 다르니 전적으로 똑같아질 수는 없었다. 똑같아질 필요도 없었다. 내 기질도 장점이 많으니 그 기질을 살려서 살아가면 그 모습 그대로 아름답게 사회를 위해 쓰일 수 있다. 상담자로서 가치관이나 현재 내가 이 자리에 오기까지 교수님이 나를 만들었다고 해도 과언이 아니다. 나는 지금도 겸손이라는 덕목을 교수님을 생각하면서 배워간다. 내가 모자람이 많고 지극히 작은 자이고 아는 것이 별로 없다는 사실을 나이가 들어가면서 깨닫는다. 교수님은 제자의 말에 귀 기울이시고 배우려고 하시고 제자들의 장점이 있으면 자신은 뒤로 물러가고 제자들에게 최고의 칭찬을 하신다. 자신을 나타내지 않고 상호 존중이 몸에 밴 분이다. 나는 지금도 가르치는 일을 할 때, 교수님의 태도를 머리에 새기고 가르친다. 언젠가 내가 어려운 질문을 한 적이 있다. 교수님은 "그것은 잘 모르겠네요."라고 말씀하시고 자신이 생각한 것들을 말씀하셨다. 나는 그 말도 잊지 않는다. 그래서 내 제자들이 어려운 질문을 할 때, 모르는 것을 아는 척하지 않고 잘 모르겠다는 말을 부끄러워하지 않고 말한다. 그리고 그 문제들을 제자들과 함께 탐색해 나간다.

교수님은 나에게 새로운 아버지상을 심어주신 분이시다. 마음속에 닮고 싶은 사람이 있는 것은 행운이고 즐거움이다. 닮고 싶은 사람을 만나게 되면 그분과 가까이 있는 시간을 늘리고 그분의 행동을 따라 하고 그분의 언어를 흉내 내어 보면 어느 사이엔가 그분과 닮아 있는 것을 스스로 볼 수 있을 것이다. 미래의 자기상에 대한 목표가 있고 그 목표를 향해 나아가면서 자기실현의 장으로 성큼 다가갈 수 있다. 그 당시 나를 닮고 싶어 하는 사람도 있었으면 좋겠다는 오만한 꿈을 꾸면서 진심으로 후배와 제자들을 대했는데 세월이 한참 지나서 그것이 현실이 되었다.

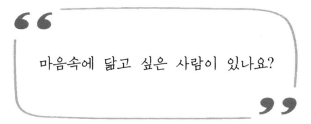

마음속에 닮고 싶은 사람이 있나요?

08

친구 집은 곧 내 집
타인에 대한 개방성 갖기

한겨울에 버스정류장 앞에서 얇은 스타킹을 신고 날씬한 다리를 드러내고 덜덜 떨면서 버스를 기다리고 있는 중학생 소녀를 보았다. 한창 멋을 내고 싶어 하는 그 모습이 귀여워서 미소 지으며 한참 동안 바라봤다. 나도 그런 시절이 있었다. 어머니는 춥다고 더 입으라고 야단을 치고 나는 안 춥다고 성질을 내며 입이 댓 발 나와 현관을 나섰던 시절이 있었다. 추위에 대한 두려움이나 어머니의 잔소리보다 내가 생각한 대로 행동하고 표현하는 것이 더 중요했다. 나이가 들면 꿈도 못 꿀 일을 이 시기엔 마음껏 할 수 있다. 자기 나이에 맞게 살고 어떤 압박 속에서도 자기 것을 찾으려는 그 모습이 참 아름답다는 생각을 하면서 내 머릿속은 이미 중학교와 여고 시절로 돌아가 있었다.

베이비붐 세대에 속하는 나는 콩나물시루 같은 학교에서 공부했다. 초등학교 때는 한 반에 100명 가까운 아이들이 있었고 교실이 모자라 2부제 수업도 했다. 중·고등학교에 들어서면서 한 교실에

70명이 넘는 학생들이 있었으니 지금의 교실과는 비교할 수 없었다. 키가 작은 나는 3번이었고 한 줄이 10명이었으니 내 옆자리는 13번 아이가 앉았다. 우리는 성향이 아주 다른데 옆자리에 앉아 있다 보니 자연스럽게 친구가 되었다. 그 친구는 몸이 여리고 약한 아이였지만 반에서 1등을 놓치지 않았고 손재주 또한 기가 막히게 좋았다. 반면 교우관계에서 친구들이 나보다 많지 않았다. 학교가 끝나면 집에 가는 방향이 같아서 같이 조잘거리며 집으로 갔다. 때때로 집에 가다가 그 친구 집에 들러서 놀고 가기도 했다. 나에게 친구 집은 참새 방앗간 같았다. 우리 집은 부모의 간섭이 많은 데 비해 친구의 부모님은 관대하셔서 자주 집에 드나드는 것을 싫어하지 않고 오히려 외로운 딸을 위해 좋게 여기셨다. 친구 부모님이 바쁘셔서 집을 자주 비우시다 보니 친구 집은 우리끼리 즐겁게 놀 수 있는 놀이터 같은 공간이었다.

고등학교에 들어가면서 우리는 서로 헤어졌지만 늘 친구가 보고 싶었다. 그래서 친구 따라 교회를 같이 다니게 되었다. 걸어서 한 시간이 넘었으니 꽤 먼 거리였다. 교회에 같이 다니면서 토요일과 일요일에 자연스럽게 친구 집에서 함께 있게 되었다. 그 당시, 우리 집은 끼니를 걱정하는 가난한 집이었다. 그 친구 집도 그리 부유한 편은 아니었는데 신앙심이 좋은 친구 부모님은 나에게 늘 밥을 먹을 수 있게 해 주셨다. 그리고 부모 없이 혼자 교회 다니는 것을 기특해 하면서 딸과 다름없이 대우해주셨다. 후에 생각하니 남의 집밥을 얻어먹는 것은 서로 어렵던 시절에 참으로 눈치도 없는 행동이었다. 나는 자연스럽게 친구 집을 내 집처럼 드나들면서 친구 아버님의 책을 빌리기도 했었다. 가난하고 현대 문화 수준이 떨어지는 우리 집보다 친구 부모님의 사고방식과 친구 집의 문화는 우리 집과는 아주 달랐다. 친구 집을 드나들면서 자연스럽게 우리 집과 다른 문화를 접하게 되고 그러한 환경은 내 의식 세계가 깨이는 데 많은 영향을 주었다. 서로 교류할 수 있는 타인에 대한 개방성은 우리의 사고와 인식을 넓히는 데 도움을 준다.

우리 집에 친구들을 데려온 적은 거의 없었다. 우리 집은 폐쇄적이었고 부모님의 대인관계 폭은 아주 좁았다. 오직 가족끼리 밀착되었기 때문에 다른 사람들이 어떻게 사는지 잘 알지 못했고 우물 안 개구리처럼 생각하는 폭이 넓어지지 못했다. 우리가 타인을 수용하고 받아들이려면 서로 다른 문화의 접촉이 일어나야 한다. 아예 접촉도 하지 않으면 다른 문화를 두려워하고 배척하게 된다. 그것은 한 개인과 한 가정의 문제가 아니라 어떠한 공동체도 마찬가지이다. 세계 역사를 통해서도 증명되었듯이 서로 다른 문화의 교류는 좀 더 창의적으로 발전되고 좀 더 넓은 세계를 제공한다. 어느 단체이든 새로운 것을 배척하는 단체는 발전하기 어렵다. 보수적인 사람이 현재 상황을 유지하려고 한다면 진보적인 사람은 현재를 발전시키게 만들어 준다. 그것은 학교에서도 마찬가지이다. 모범생들은 현재를 잘 유지하고 순응한다. 알지 못하는 미지의 세계를 두려워하고 변화에 대한 용기가 적다. 모범생들이 있어 현재 교육의 틀이 잘 유지된다면 문제를 일으키는 학생들 때문에 교육제도와 학습 방법을 연구하게 되고 발전하게 된다. 문제를 일으키는 학생들은 새로운 것을 시도하고 현재 있는 규칙들에 대해 의문을 제기하고 다른 사람들이 하지 않던 행동을 한다. 모범생과 문제를 일으키는 학생들의 관계는 상호 보완적으로 된다. 그래서 모범생이나 문제를 일으키는 학생들 모두 귀하고 소중한 것이다.

내가 자녀들을 키울 때, 나는 우리 집 대문을 열어 놓았다. 내 아이의 친구들이 언제 찾아와도 괜찮은 집으로 만들었다. 특히 우리 아이가 중학교 다닐 때는 우리 집이 아지트가 되었다. 문제를 일으키는 친구들로 뭉쳐 있어서 차라리 내가 관리할 수 있는 우리 집에 아이들이 오는 것이 나을 것 같다는 생각을 했다. 가능하면 집을 비우지 않고 있었지만, 아이들이 오면 자기네끼리 노는 것을 방해하지 않으려고 했다. 내 방에서 나가지 않고 방안에서 할 수 있는 일을 했다. 아이들에게 간식을 챙겨주는 것을 빌미로 아이들 일에 참견하고 감시하는 행동을 하지 않았다. 아이들이 필요한 것을 요청할 때만 도움을 주고 아이들 노는 것을 멀찍이서 지켜봤다. 그래도 크게 사고 난 적이 없었던 이유는 어른이 한 공간에서 다른 방에라도 있다는 것 자체가 아이들의 행동을 조심하게 하기 때문이다. 내가 이렇게 아이들에게 내 집 공간을 내어준 것은 친구 부모님께 받은 은혜 때문일 것이다. 내가 받은 것을 다음 세대를 위해 그대로 갚고 있었다. 우리는 보고 배우고 받은 그대로 행동하는 경우가 많다.

나는 지금도 눈을 감으면 40년 전의 내 친구 집이 머릿속에 훤하게 그려진다. 추운 겨울날, 친구의 작은 방에 이불을 깔아놓고 둘이 이불 속에 발을 묻고 끝도 없이 조잘대던 기억이 난다. 서로 자기 생각이 확고해서 의견 충돌이 있음에도 서로의 생각을 나누며 토론을 통해 생각의 폭을 넓혀갔던 작은방이 보인다. 모범생 친구가 외우기 위해 벽지에 적어놓은 금언의 말씀들이 군데군데 적혀 있었고 그때 같이 외우던 금언들이 지금도 기억난다. 놀다가 배가 고프면 같이 간단한 요리를 했던 부엌이 떠오른다. 그 부엌에서 우리는 부침개를 만들어 먹었다. 친구가 자기 어머니 흉내를 내며 초고추장을 만들면서 어머니가 만든 것처럼 안 된다고 툴툴거리는 것을 키득거리며 듣고 있던, 부엌 계단 앞에 쪼그리고 앉아있던 내 모습도 보인다. 대청마루에 앉아서 환하게 들어오는 햇살을 받고 있었던 모습, 친구가 외로움을 견디려고 화분에 심기 시작했다는 붉은 유도화 꽃이 보이기도 한다. 안방도 스스럼없이 드나들었는데 거기에 그 당시 새로운 학문에 관한 공부를 하셨던 친구 아버님의 책이 많았던 것을 부러워하기도 했다. 읽고 싶다고 빌려 달라고 말했던 당돌한 나에게 넉넉한 인심으로 책을 건네주시던 친구 아버지의 모습도 어른거린다. 대청마루를 낀 안방 맞은편은 동생 둘이 함께 쓰던 방이었는데 그 방에서 놀던 기억도 선명하다. 지금 우리는 40년이 넘게 친구로 지낸다. 그 친구는 아직 교직에 있고 나도 일을 하니 서로 바빠 자주 만나지 못하고 큰일이 있을 때나 보고 싶을 때 어쩌다 연락만 하지만 마음속에서 이 친구는 늘 나와 함께 있다. 친구 부모님은 현재의 내가 있게 하여준 분 중의 하나임은 틀림없다.

버스정류장 앞에서 덜덜 떨면서 서 있는 여학생을 보면서 미소 지을 수밖에 없는 것은 자기 정체감을 찾아가는 것에 대한 대가를 치르고 있는 것을 알기 때문이다. 그 모습이 사랑스럽게 느껴진다. 누군가 지시한 것을 받아들여야 하는 때가 있고 자기다움을 찾아 혼란스러울 때가 있고 자기 것을 고수하는 때도 있다. 이 학생은 자기다움을 찾아 혼란스러운 자신을 경험하고 있는 시기이다. 그렇게 자기 인생의 발달과제를 수용하고 해결해 가는 것이다. 우리가 자기 나이와 자기 모습을 있는 그대로 수용하는 것은 마음의 평화를 심는 지름길이다. 나는 50대인 나를 사랑한다. 10대나 20대, 그리고 30대와

40대의 지난날을 아쉬워하지 않고 아름다운 추억으로 미숙했던 내 모습도 받아들인다. 화려함과 열정은 줄어들었지만 어떤 일이 있어도 잔잔함을 누릴 수 있는 50대의 내 삶을 사랑한다.

> "
> 지난날 은혜 주었던 사람은
> 누구입니까?
> "

09

첫사랑 그리고 이별
융합 욕구와 자유 욕구의 균형 맞추기

전철 안에서 두 남녀가 스킨십을 하고 있다. 정면으로 바라보기가 조금 민망해서 옆 눈으로 바라보았다. 한창 젊을 때니 자신의 감정을 솔직하게 표현하고 장소를 가리기엔 이성보다 감정이 더 앞서는 때이다. 그렇게 열렬히 사랑할 수 있는 젊은 연인들이 예쁘게 보이는 것은 내가 나이가 들었다는 이야기이기도 하다. 사랑은 나이를 불문하고 언제든지 할 수 있지만, 나이가 들면 감정보다는 이성의 지배를 받는 경우가 더 많다. 그러니 나이 든 사람들이 서로 사랑한다고 공공장소에서 스킨십을 하는 경우는 거의 드물다. 어떻게 보면 무모해 보여도 사랑하는 사람들은 그 무모함이 아무것도 아닌 것이 된다. 사랑의 힘이 얼마나 큰지 사랑에 전념해 본 사람만이 알 수 있다. 진실한 사랑을 주고받을 때 한 사람의 일생이 달라지는 것을 주위를 통해서 많이 볼 수 있다.

고등학교를 졸업하고 나에게도 사랑이 찾아왔다. 그 당시 나는 자존감이 약하고 내 삶의 환경이 죽고 싶을 만큼 팍팍했다. 현재가 힘들어서 미래에 대한 꿈을 꾸기도 어려웠고 많은 상처 때문에 누군가를 사랑하기에는 여유가 없었다. 그런데도 찾아온 사랑은 나에게 한 줄기 삶의 빛을 비춰주었다. 그때까지 맛보지 못했던 행복감과 설렘, 그리고 미래의 꿈이 다가오기 시작했다. 상대의 단점은 보이지 않았다. 그냥 나를 좋아해 주는 것 자체가 나에게는 희망이고 빛이었다. 누군가 의지할 대상이 필요했던 터라 전적으로 상대방이 옳고, 나 자신은 없어지기 시작했다.

사랑하게 되면 자신의 자아는 상대방에게 융해되어 상대에게 모든 것을 맞게 된다. 자기 자신이 없어지는 줄도 모르고 자신이 곧 상대인 것으로 생각한다. 반면에 사랑받는 사람은 당당해지고 자신감이 넘쳐서 가장 자기다워진다. 그래서 사랑하는 사람에게 무의식에 쌓아두었던 안 좋은 감정과 투박한 본성을 그대로 나타내어 함부로 하는 예도 있다. 사랑받고 사랑하는 것 사이에서 융해되는 자기 자신과 당당해서 자기 마음대로 하고 싶어지는 자신의 경계를 조절하는 것은 어려운 일이다. 또한, 사랑하게 되면 서로가 융합하려는 욕구가 강렬해진다. 그래서 커플 반지를 끼고 커플 티를 입고 같은 것을 먹고 같은 영화를 보고 무엇이든지 같이하는 것을 지향해 간다. 하지만 시간이 어느 정도 지나서 정신을 차리고 보면 자기의 고유성을 찾고 싶어서 자유를 갈망하는 욕구가 강해진다. 융합 욕구와 자유 욕구의 균형을 맞추기도 쉽지 않은 일이다.

나는 사랑을 시작하면서 나 자신의 고유성을 완전히 잃었다. 상대방이 무조건 옳고 상대에게 순응적이었고 내 의견이 있을 수 없었다. 상대가 하자는 대로 다른 의견 없이 따라 했고 그것이 기쁨이었다. 1년의 세월이 흐를 때까지 나에게 자유 욕구는 생기지 않았다.

너무 어린 나이에 사랑에 빠진 결과일 수도 있고 지푸라기라도 붙잡고 싶은 환경에서 오는 전적 의존일 수도 있다. 연애하면서 나는 타인에 대한 자신감과 나를 존귀하게 여기는 자존감을 조금씩 회복했다. 삶이 살 만한 것으로 바뀌면서 세상이 아름답게 보였다.

이 연애 기간은 원기를 완전히 잃은 나에게 영양제 한 대를 맞는 것과 같았다. 영양제 한 대를 주고 상대는 이유 모르는 이별을 통보했다. 요즘 말로 하면 차인 것이다. 나는 그 이별 통보에 대해 따지거나 싸우지 않고 묵묵히 받아들이고 내가 할 수 있는 최선을 다했다. 아무리 이별의 이유를 찾으려 해도 찾을 수가 없었다. 그래서 나는 몇 년간 아픈 기다림을 했다. 마침표를 제대로 찍지 않은 이별은 항상 미련을 남기고 원래로 돌아갈 수 있다는 환상을 갖게 만든다. 그 환상은 자신의 인생에서 미해결과제가 되어 때로는 나이가 들어서 다른 사람을 통해 그 과제를 이루고자 하는 욕망이 생길 수도 있다. 중년이 넘어 첫사랑을 다시 찾는 경우나 환상적 사랑을 꿈꾸는 경우도 이런 이별의 결과일 수 있다.

내가 전적으로 의존했던 방식의 사랑은 아프게 이별하고 끝이 났지만 그렇게 온전히 사랑할 수 있었던 것은 행운이었다. 오래 참는 것, 온유한 것, 시기하지 않는 것, 상대의 기쁨을 온전히 내 것으로 기뻐하는 것, 내 것을 내어주는 것, 낮아지는 것, 무례하게 행하지 않는 것, 진심으로 기다릴 줄 아는 것 등 많은 것을 익히고 배울 수 있었다. 요즘 청년 중에 살아가기 힘들어서 연애도 포기한다는 말을 종종 듣는다. 그런 사람에게 사랑하다 상처를 받거나 힘든 일이 생겨도 과감하게 사랑하는 것에 뛰어들라고 말하고 싶다. 상처가 생길까 봐 아예 사랑하는 것을 포기한다면 인생은 밋밋하고 단조롭게 되어 삶의 에너지 생성이 어렵다. 사랑하는 것은 곧 삶의 에너지를 생성하는 일을 하는 것이다. 나는 첫사랑 만남을 통하여 정신적으로 어린아이에서 성인으로 훌쩍 성장했다. 너무나 감사한 일이다.

지금 돌이켜 생각하면 이별의 이유를 알 수 있을 것 같다. 전적으로 나를 포기하고 상대에게 의존하고 융해된 내 모습을 볼 때 상대는 부담스러웠을 것이다. 전적으로 의존하는 상대에 대한 책임감에 두려움이 생길 수도 있다. 자신에게 융해된 누군가를 책임져야 한다는 것은 어깨를 짓누르며 삶을 무겁게 만든다. 그래서 좋은 만남은 서로 자기 자신으로 서 있으면서 손잡고 갈 수 있어야 하는 만남이다. 서로 도와주기는 하되 의존하지 않는 것을 익히는 관계가 되어야 한다. 자기 자신을 책임질 수 있는 성숙한 개인 대 개인이 만났을 때 융합 욕구와 자유의 욕구 사이에서 균형을 찾을 수 있다.

이별의 이유 중 사랑으로 융해되어 내 모습이 없어져 버렸을 때는 처음 느꼈던 매력을 잃어버렸을 수도 있다. 처음 자기가 사랑했던 사람이 아닌 낯선 사람으로 느껴졌을지도 모른다. 아무튼, 나는 지금도 정확한 이별의 이유는 모른다. 그 진실은 상대만이 알 것이다. 처음에는 그 이유를 알고자 부단히 자기 물음을 지속했다. 하지만 삶에서 모호한 것을 견디는 것이야말로 단단한 자기를 만들어가는 좋은 방법이다. 모호한 것은 우리를 불안하게 만들기 때문에 사람들은 자꾸만 확실한 것을 추구하게 된다. 그러므로 모호한 것을 견디는 능력은 불안을 이겨낼 수 있는 능력이 되기도 한다.

에릭 프롬은 사랑의 기술이란 저서에서 사랑하는 방법을 제시하는데 지식, 존중, 보호, 책임의 4가지를 말한다. 지식은 상대를 제대로 아는 것을 의미한다. 상대를 모르면 자기 방식으로 사랑하게 된다. 우리가 사랑한다고 하면서 상대가 원하는 방법이 아닌 자신의 방법으로 사랑해서 어긋나는 것이 참으로 많다. 존중은 자기 맘대로 휘두르지 않고 상대를 있는 그대로 받아들이는 것을 의미한다. 우리는 사랑하면서 상대를 바꾸려고 하고 자기가 원하는 틀에 맞추려고 한다. 하지만 있는 그대로 상대를 받아들여야 사랑에 금이 가지 않게 된다. 상대의 어려움이나 아픔이 있을 때 보호하는 것은 사랑의 중요한 요소이다. 사랑한다고 하면서 방치하고 돌보지 않는다면 제대로 사랑하지 않는 것이다. 또한, 책임감을 느끼고 책임질 수 있는 것이 사랑의 기술이다.

상대가 자신과 맞지 않아 이별을 통보할 때도 예의가 있어야 한다. 요즘 청년 중에 그렇게 자주 만나고 서로를 나누었음에도 문자 한마디로 이별을 통보하는 사람들을 보았다. 상대가 이별할 준비가 되어있지 않을 때는 이별의 시간을 기다려주어야 한다. 어느 정도 상대에게 향했던 자기 에너지를 회수할 수 있는 시간적 여유를 주어야 한다. 단칼에 잘라 버리는 경우, 상대에게 향했던 자기 에너지를 회수할 수 없어 자기 자신의 일부가 허공에서 공중분해 된 느낌을 받는다. 이별할 때 정직하지 못하고 상대에게 변심을 뒤집어씌워 상대의 입에서 먼저 이별의 말을 유도하는 예도 있다. 변심으로 나쁜 사람이 되는 것까지 상대에게 씌우는 것이다. 사랑했던 연인이라면 이별도 아름답게 끝내야 한다. 그것은 상대를 위해서가 아니라 자기를 위한 길이기도 하다. 자기 자신 안에 있는 죄책감을 만들지 않는 것이기도 하다. 후에 불행한 일이 있을 때 과거에 잘못한 것을 떠올리는 사람도 많다. 그렇게 우리의 행동은 우리 스스로 죄책감이란 모습으로 우리 무의식 속에 저장되는 것이다. 좋은 이별은 새로 시작하는 좋은 만남을 가져다준다.

"
이별한 사람과 아름다운 마무리가
되어있나요?
"

10

다른 세계 생일잔치
우리 모두는 가치 있는 사람

오늘은 석가탄신일이다. 부처님의 생일을 축하하는 알록달록한 등이 길거리를 수놓고 여러 가지 행사들로 인해 거리에 사람들로 붐볐다. 연등 행사를 하는 도로를 지나야 하는 차량은 통제되어서 제 길로 못 가고 우회 길을 찾기에 바빴다. 부처님을 따르는 사람들은 2,500년의 세월을 뛰어넘어 부처님 탄생을 축하하는 기쁨을 나누고 있다. 나는 기독교인이라 석가탄신일에 특별한 행사에 참여하지는 않지만, 예수님이 탄생한 크리스마스가 되면 성탄 트리를 만들고 성탄 선물을 나누고 카드를 쓴다. 내 자녀들이 어렸을 때, 아이들과 같이 정성스럽게 성탄 트리를 만들던 생각이 났다. 한 사람이 이 땅에 온 것을 축하하는 생일은 참으로 기쁜 날이다. 생일 축하 잔치는 생일을 맞은 사람에게나 잔치에 참여하는 사람 모두에게 특별한 이벤트이다. 한 생명으로 이 땅에 온 것을 기쁨으로 맞이하는 것이다.

내가 초등 5학년 때 친구 생일 초대를 받았던 기억이 났다. 여러 친구가 몰려다니며 놀이터에서 놀고 특별한 날이 되면 함께 몰려가서 신나는 일을 꾸미기도 했다. 친구들끼리 놀고 싸우기도 하면서 어린 시절의 추억을 차곡차곡 쌓아갔다. 서로 다른 생각을 가졌다는 것도 놀이를 통해 알아갔다. 그렇게 몰려다니며 놀던 친구들이 함께 생일 초대에 갔을 때, 생일 맞은 친구는 예쁜 드레스를 입고 케이크를 자르고 피아노를 연주했다. 친구의 방은 매우 커서 여러 식구가 잠을 자는 우리 집 안방보다 훨씬 더 넓었다. 함께 간 친구들은 작은 선물을 준비해서 내놓기도 했지만 가난했던 나는 아무 선물도 준비하지 못했다. 친구 집의 거실은 한 번도 보지 못한 화려한 가구들로 장식되어 있었다. 양변기 화장실을 처음 보고 어떻게 사용해야 하는지 몰라서 당황했던 기억도 있다. 그 시대는 양변기 화장실을 쓰는 집이 별로 없었고 재래식 화장실이 대부분이었다. 그것도 가난한 동네에서는 공동으로 쓰는 화장실이 있었다.

그 친구 집에서의 생일잔치는 이전까지 갖고 있었던 내 생각을 완전히 바꾸어 놓는 계기가 되었다. 가난했던 우리 집에서는 상상할 수 없는 모습을 보며, 부자와 가난한 사람의 차이점을 확실히 아는 계기가 되었다. 나는 그때 최초로 인간에게 계급이 있다는 인식을 했다. 미역국 한 그릇이면 생일 축하가 전부인 우리 집과 화려한 생일잔치를 하는 친구 집과는 급이 다르다고 생각했다. 무엇 때문에 이렇게 차이가 나는 삶을 살아야 하는지 궁금했다. 최초로 빈부 격차의 심각성을 몸과 마음으로 생각했다. 우리 부모님도 열심히 일하는데 왜 가난하게 살아야 하는지 의문을 갖기 시작했다. 너무나 투박하고 거친 언어생활에 익숙했던 우리 집과 친구 어머니의 교양이 흐르는 모습이 자꾸만 비교되었다. 친구 엄마는 자식을 대할 때 사랑이 뚝뚝 흐르는 모습이었고 소리 지르고 야단치는 우리 엄마와 너무나 다른 것이 나에게 작지 않은 충격을 주었다. 늘 같이 놀던 친구가 마치 딴 세상 사람인 것처럼 느껴졌다. 그리고 내가 아는 세상이 전부가 아니라는 생각도 했던 것 같다. 친구의 생일잔치는 이렇게 나에게 새로운 인식을 하게 했으니 현재의 나를 만들어준 고마운 사람임에는 틀림이 없다. 최초로 사회 불평등에 대한 생각이 싹트면서 훗날, 청년이 되어 내가 사회 운동에 관심을 두게 만든 시초가 된 날이다.

나는 내 생일에 감사함을 느끼지 못했고 어른이 될 때까지 생일잔치를 했던 기억도 거의 없다. 그만큼 내 존재는 이 땅에 있으나 마나한 존재였고 생활고를 걱정하는 사람들에게 생일잔치는 사치였다. 늘 죽음을 생각했고 이 땅에서 사라져가기를 원하는 사람이 생일을 축하해야 할 이유가 없기 때문이다. 그러한 환경에서 자존감이 높을 수 없었다. 존재 자체로 사랑받았다는 느낌이 없었기 때문에 내가 사랑받을 수 있는 것은 행동과 쟁취를 통해서 얻어내는 것이 전부라고 생각했다. 그러니 삶이 고달팠고 내 생일을 감사로 맞이하는 것은 더더욱 어려웠을 것이다. 세월이 흘러 40세가 넘어서야 내 생일에 감사를 느꼈다. 돌아가신 부모님과 마음으로 온전한 화해가 이루어지고 타인들 덕으로 살 수 있었다는 것을 깨달으면서 생일날 스스로 감사할 수 있었다. 성경에 보면 부요함을 누리던 삶의 기반들을 하루아침에 잃어버리고 심한 고통을 받았던 욥이라는 사람이 등장한다. 갖가지 고통 가운데 자기를 낳은 날을 저주하다 하나님을 만나면서 우주 가운데 자신이 미미한 존재라는 것을 깨달으면서 감사로 돌아서게 된다. 자기 생일에 감사할 수 있는 것은 고통 가운데서도 자기 삶을 잘 받아들이게 되었다는 의미이기도 하다.

생일! 이 땅에 온 날이고 그것을 축하하기 위해 생일 축하 잔치를 한다. 성스러운 성인이든 부유한 사람이든 태어나서 타인의 도움만 받을 수밖에 없는 장애가 있는 사람이든 가난한 사람이든 감옥에 있는 사람이든 모두 다 생일 축하를 받을 권리가 있다. 그것은 이 땅에 태어난 인간은 단 하나밖에 없는 귀하고 귀한 존재이기 때문이다. 그리고 삶의 유한성 앞에 언젠가는 사라져갈 존재이기 때문이다. 잠시 이 땅에 온 것을 1년에 한 번, 생일잔치라는 의식을 통해 해마다 기념하고 축하하는 이유이기도 하다.

생일잔치는 가족과 친구로 맺어진 공동체를 더욱 탄탄하게 만들어 준다. 생일잔치 의식을 통하여 우리는 가족이고 친구이고 내가 너를 존중하고 너는 이 땅에서 필요한 존재라는 것을 확인시켜 준다. 서로의 확인을 통하여 친밀감은 점점 더 깊어진다. 어른의 생일잔치 못지않게 어린이의 생일도 축하해주어야 한다. 이 땅에 온 것 자체, 단 하나밖에 없는 소중한 존재라는 것은 그가 어떤 사람인 것을 논하기 전에 축하받기 마땅하다. 생일잔치에서 부자였던 친구와 가난했던 내가 만나 서로 다른 환경을 경험하고 다름에 대한 이유를 탐색했던 것은 내 사고의 폭을 넓혀주는 계기가 되었다.

요즘 어린아이들의 생일잔치를 집에서 하지 않고 일정 장소를 빌려서 하는 것을 보면 참으로 안타깝다. 부모들이 준비하는 것이 번거로워 그럴 수 있지만 그렇게 되면 서로 다른 가정의 문화를 경험할 기회가 차단된다. 맛있는 음식만 챙겨 먹고 끝내는 경우가 허다하다. 생일에 초대하지 않는 것으로 왕따를 시키기도 한다. 축복받고 나누고 다른 문화를 경험할 수 있는 생일잔치가 심리적 폭력의 경로가 되는 것이다. 생일잔치 할 때 음식 나눔뿐 아니라 생일인 사람의 출생과정이나 장·단점 등을 알려주고 자신을 맘껏 나타낼 기회를 얻게 하는 것도 좋은 일이다. 초대된 사람들이 각자 생각했던 축복의 말을 한마디씩 해줌으로써 생일 맞은 사람이 이 세상에서 얼마나 필요하고 가치 있는 사람이라는 것을 깨닫게 해주는 것도 생일 잔치의 좋은 모습일 것이다.

생일잔치!

우리는 모두 부처님을 맞는 것 같은 마음으로 생일을 축하받을 권리가 있다.

"
존재 자체로 생일 축하를 받을
권리가 있음을 아나요?
"

자연

신비로운 가르침

01

갈매기들의 이별식

사랑하는 사람 떠나보내기

철 지난 해수욕장을 지키고 있는 갈매기들이 하늘에 그림을 그리듯 춤을 추고 있다. 파도는 고운 모래밭을 만지고 갈 때마다 아름다운 곡선으로 자신의 자취를 남기고 있다. 나는 인적이 드문 바닷가를 좋아하는데 고요함과 파도 소리가 묘하게 조화되어 귀가 롤러코스터를 타면서 내 감각을 일깨운다.

지인과 함께 작은 조개들을 캐는 즐거움을 맛보고 있는데 멀지 않은 곳에서 갈매기들이 원을 그리며 돌고 있다. 그 모양이 흔히 볼 수 없는 광경이라서 가까이 가려고 발걸음을 옮기는데, 근처에 갈수록 갈매기들은 처절한 울음소리를 토해 낸다. 모래사장 위에서 파닥거리고 있는 갈매기 한 마리가 내 시야에 들어왔다. 무슨 연유인지 몰라도 갈매기는 심한 상처를 받고 쓰러져서 일어나려 발버둥 치고 있었다. 동료들의 지원을 받아 잠시 비틀거리고 일어나더니 이내 쓰러져 숨을 몰아쉰다. 더 가까이 가려고 발걸음을 옮겼더니 하늘을 돌며 비행하던 동료 갈매기들은 조심하라는 신호를 보내는 것같이 일제히 소리를 질러댄다.

서쪽 하늘이 붉게 물들고 태양은 서둘러 자취를 감추려고 할 때까지 오랫동안 갈매기들을 지켜보았다. 한참 후, 동료 갈매기들은 어디론가 서서히 날아서 제 갈 길로 가기 시작했다. 제일 먼저 날아가는 갈매기들, 그리고 좀 더 시간이 지난 뒤에 날아가는 갈매기들에 이어 결국 몇 마리만 남아서 하늘을 빙글빙글 돌더니 한 마리만 남기고 모두 사라져갔다. 한 마리는 땅에 착지해서 죽어가는 동료 가까이에 끝까지 남아있었다. 아마도 부부 사이인 것으로 보였다. 그렇게 최종적으로 남은 한 마리는 다친 갈매기의 생명이 꺼질 때까지 그 곁을 지켜주었다.

참으로 장엄한 이별이라는 느낌이 들었다. 마음속에서 작은 미물들에 대한 경외감까지 생기기 시작했다. 내가 본 수많은 이별 중에 가장 인상에 남는 이별 의식이다. 갈매기들의 이별을 보면서 얼마 전에 친구를 떠나보내던 밤이 생각났다. 그 친구와는 가까운 사이였지만 이사하는 바람에 거리가 멀어지면서 만나기가 쉽지 않았다. 그렇게 덤덤하게 지낼 때, 친구가 암에 걸려 생명이 6개월 남았다는 소식을 들었다. 마지막 남은 시간 안에 매주 보러 갈 거라고 마음먹었지만 마음과는 달리 그리 많이 가보지는 못했다. 내가 삶을 이끌지 못하고 삶에 내가 끌려가는 것이 참으로 마음 아프고 산다는 것에 대해 야속했던 시기였다.

직감은 아무런 증거 없이 삶의 여정을 미리 알아차릴 때가 많다. 친구가 떠나던 날도 그랬다. 먹을 것을 사 가지고 병실을 방문했을 때 친구는 나를 알아보지 못했다. 1주 전에 나를 알아보았으니 이런 저런 이야기들을 할 수 있을 것으로 생각하며 방문했었다. 하지만 친구는 숨 쉬는 것도 힘들어하고 있었다. 그런데도 친구의 남편이 내가 왔다고 아내의 귀에다 이야기해 주었다. 의식이 가물가물해져서 말을 하지 못해도 청각 기능이 가장 늦게 멈춘다는 말을 확인해 주듯 친구는 남편의 말을 알아듣는 것 같았다. 잠시 병문안하러 갔던 걸음이 임종을 지키게 되었다. 간호사들은 장례를 준비하라고 말했고 부산스럽게 수시로 죽음을 확인하러 왔다.

상담사인 나는 임종을 어떻게 해야 하는지 잘 알고 있었다. 죽음 준비 교육도 수십 차례 했기 때문에 좋은 이별을 어떻게 해야 하는지 그 방법이 머리에 차곡차곡 쌓여있었다. 하지만 아는 지식을 실제로 행하기에는 현실적 환경이 따라주지 못했다. 병원에서는 곧 임종할 사람에게도 생명과 관계된 수많은 선을 연결해 놓고 있었다. 링거액을 미처 받아들이지 못한 친구의 혈관이 제 기능을 못 하자 피부를 통해 계속해서 링거액을 이슬처럼 토해놓고 있었다. 방울방울 물이 맺히는 피부를 계속해서 닦아 주었다. 간호사에게 링거액이라도 빼달라고 이야기하기에 나는 아무 권한이 없었다. 친구 남편은 죽음의 순간에서도 기적이 일어나길 바라고 있었다. 병원 간호사들은 한 사람의 죽음을 존엄하게 보내야 한다는 의식이 없고 끝까지 매뉴얼에 따른 행동만 할 뿐이었다. 의사의 입으로 1시간 내 죽을 것이라고 예고 해 놓고도 링거를 계속 꽂게 하는 병원 측의 처신이 야속할 뿐이었다. 친구의 피부는 계속해서 물방울이 맺혔다.

병원 침대는 너무 좁아서 죽어가는 사람을 품에 안고 보내기는 어려웠다. 나는 의자를 침대 옆에 바짝 붙여 앉아서 친구의 몸과 내 몸 위치를 나란히 했다. 내 손으로 계속해서 친구의 헝클어진 머리를 쓸어주면서 그동안 있었던 일들을 이야기했다. 함께해서 즐거웠다고 말했다. 그리고 우리는 다시 만날 수 있을 거라고 말했다. 세 아들과 남편도 잘 살아갈 수 있으니 걱정하지 말고 평안히 가라고 말했다. 이 모든 말들을 친구는 알아듣는 느낌이었다. 침대 주위에 가족들과 친한 친구들이 모여 있었고 목사님도 있었다. 나는 내가 주관할 일이 아님에도 친구의 가족과 함께 가장 가까이서 친구와 이별 의식을 진행하면서 임종을 지켰다. 내 팔을 친구의 목 밑으로 넣었다. 내 상체를 친구의 상체 위에 바싹 붙였다. 마치 안고 있는 것처럼 몸을 붙이고 계속해서 하고 싶은 말을 했다. 그리고 각자 한 사람씩 마지막 말을 하면서 인사를 하게 했다. 옆에는 친구가 좋아하던 찬송가가 은은히 울려 퍼졌다. 임종 예배가 이어지는 동안에도 친구를 품에 안아주는 자세로 계속해서 이야기했다. 그리고 친구는 내 품에서 세상을 떠났다.

내가 할 수 있는 한에서 가장 아름다운 이별을 한 임종의 순간이었다. 그동안 수십 번이나 사람들과 죽음을 통해 이별했다. 살아있는 내가 죄인이 되어 살아남은 자의 슬픔을 마음에 안고 그들을 전송했다. 어머니의 죽음은 나 혼자 임종을 지켰는데 아무 말도 못 하고 울면서 내 몸만 어머니 옆에 있었다. 지금 생각하면 좋은 이별을 하는 것에 대해 아무것도 몰랐고 어머니를 보낼 준비조차 되어있지 않은 나이였다. 아버지와는 돌아가셨다는 연락을 받고서 시신이 된 상태에서 이별했다. 그리고 아침에 인사하고 저녁때 만나자던 동생은 만나자는 시간에 싸늘한 시신으로 나타났다. 나는 그 이후 모든 사람과 헤어짐의 인사를 할 때, 그 순간이 마지막이 될 수 있다는 생각을 한다. 내 나이 9살에 세상을 떠난 오빠는 죽음이란 것이 무엇인지 모르는 상태에서 이별했다. 그래도 내 무의식은 알고 있었는지

9살인 나는 하염없이 색종이를 접으면서 무엇인가 행동함으로 슬픔을 이겨냈다. 오빠의 죽음은 우리 집에서 말하면 안 되는 불문율이 되었다. 친한 친구들이 숱하게 많이, 먼저 나를 떠나갔다. 내 마음속에서는 남겨지는 것에 대한 두려움이 생겼다. 그래서 내가 누군가를 남겨놓고 가기를 소망하는 싹이 자라기 시작했다. 할 수만 있으면 내가 먼저 이 세상에서 도망가고 싶었다.

요즘엔 독고사가 많이 있다. 가끔 뉴스에서 사망한 뒤 한참 지나서 알게 되는 죽음도 있다. 그런 뉴스를 접하면 마음이 저리도록 아파진다. 죽은 사람이 누구이든 무엇을 했든지 상관없다. 인간의 탄생과 죽음의 순간은 대단히 중요한 것이다. 한 인간이 이 땅에 올 때 어떻게 탄생하였든 상관없이 환대받아야 한다. 가난해서 키울 수 없는 환경에서 태어난 것이든, 너무 어린 나이에 임신한 미혼모에게서 탄생했든, 어머니의 죽음을 딛고 탄생했든, 심지어 성폭력에 의해 탄생했든 이 땅에 온 자체로 축하받아야 한다. 한 생명의 탄생이 축하받아야 하는 것처럼 한 인간이 이 땅을 떠날 때도 좋은 전송을 받아야 할 권리가 있다. 그 사람이 가족이 있든 없든, 주위 사람들에게 걱정만 끼치던 사람이든, 오랜 병상에서 사람들을 지치게 했든, 아무것도 할 수 없어 주위의 도움만 의지해서 살았든, 심지어는 사형수의 죽음까지도 우리는 존엄하게 대해야 한다. 그 사람은 이제 다시는 이 땅에서 볼 수 없기 때문이다.

우리는 누구나 다 죽는다는 사실을 안다. 죽는다는 사실은 만인이 평등한, 동서고금을 막론한 진리이다. 이 땅의 것을 아무것도 가져갈 수 없다는 것과 그 길은 혼자 가야 한다는 것도 만인이 평등하다. 한 번도 가보지 못한 길을 혼자 가야 하는 두려움이 마지막 순간에 누구와 함께 있느냐로 새롭게 가는 저승길로 걸어갈 힘을 얻을 수 있을 것 같다. 태어날 때 많은 에너지가 필요한 것처럼 이승에서 저승으로 넘어가는 문턱에서도 많은 힘이 필요하다. 죽어가는 순간은 어쩌면 가장 고귀하고 위대한 순례의 길을 시작하는 것 같다.

한 생명이 이 땅의 사명을 다하는 순간에 저 갈매기처럼 내 갈 길을 잠시 내려놓고 함께 해주는 것은 참으로 아름다운 모습이다. 그동안 내가 임종을 지켰던 많은 사람의 모습이 스치고 지나가면서 내가 이 땅의 사명을 다하는 날에 누가 내 옆에서 같이 있어 줄 것인지를 생각해 보는 시간이었다. 이 땅을 이별하는 날에 사랑하는 사람의 품에 안겨 사랑하는 사람들의 환송을 받으며 떠나기를 소망한다.

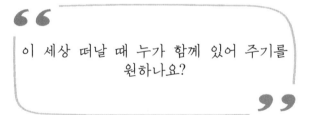

이 세상 떠날 때 누가 함께 있어 주기를 원하나요?

02

꽃샘추위

가는 이의 안녕과 오는 이의 예의

   우리 강아지 쪼꼬가 봄볕이 쬐고 싶었는지 내 얼굴 한번 보고 문을 보고 낑낑거리며 나가자고 조른다. 아직 추위가 느껴져서 옷을 단단히 입혀서 집을 나섰다. 동네를 한 바퀴 도는데 여기저기서 봄이 얼굴을 내미는 것같이 보인다. 쪼꼬는 지난겨울에 집에만 있었던 것이 지루했는지 신이 나서 여기저기 냄새를 맡으며 세상 전체가 호기심 천국으로 느껴지는 것 같다. 가끔 '여기는 내 땅'이라는 영역 표시를 하며 뛰어다니기 바빴다. 괜스레 지나가는 사람들에게 "멍멍" 짖어대며 목청을 뽐내보기도 한다.

   목련꽃 봉오리에 내 눈길이 머물렀다. 오랜 그리움의 기다림을 마치고 사랑하는 이를 만나는, 그런 마음을 느낄 수 있게 봉오리가 바람에 살랑거린다. 마른 줄 알았던 나뭇가지에서 연둣빛 물이 오른 모습은 세상에서 가장 아름다운 색깔을 만들어낸다. 모든 것을 가만히 품고 있던 대지도 문을 열고 새싹을 틔워낸다. 마른 땅을 뚫고 솟아오르는 새싹의 생명력에 감동을 뛰어넘어 환희를 느낀다. 우리 삶도 죽은 것 같고 말라버린 것 같을 때 새로운 반전이 일어나기도 한다. 우리의 희망과 삶의 의미와 인내는 이 반전을 향한 전령사이기도 하다. 죽은 것 같은 가지에서 물오른 나무처럼 때가 되면 삶의 정상을 향한 상승 길이 시작된다.

장시간 산책하기엔 바람이 너무 차가웠다. 두툼한 외투를 입은 쪼꼬는 외투 속에 감추어진 털이 보온 역할을 톡톡히 하는 것 같다. 내가 느끼는 추위를 덜 느끼는지, 연신 여기저기 기웃거리며 호기심을 나타낸다. 이미 온 천지는 새싹이 얼굴을 삐죽이 내밀고 있었고 얼었던 계곡물은 풀려서 졸졸거리는데 몸에 칼날 같은 추위를 느끼게 하는 꽃샘추위가 시작되었나 보다. 겨울은 봄에 그냥 자리를 내어주는 것이 싫어서 심통을 내면서 자신의 존재를 알려주고 떠나려는 것 같다. 마치 시어머니가 곳간 열쇠를 며느리에게 넘겨주는 것이 당연하다고 생각하지만 섭섭한 마음에 생트집 잡는 것과 같다. 그런데도 봄은 너그럽게 그 심통을 허용한다. 겨울을 밀어내고 들어가는 자리에 대한 최소한의 예의를 지키고 싶은 것이 봄의 마음인가 보다.

우리 삶에서 일어나고 있는 꽃샘추위에 대해 생각해 보았다. 내가 청년기에 접어들어 연애를 시작했을 때 우리 아버지는 대노했다. 아버지는 딸이 성장해서 때가 되어 남자친구를 만들어야 한다는 것을 알고 있었는데도 이유 없이 내 남자친구를 싫어하고 흠집을 찾아내기 바빴다. 장인이 사윗감을 밀어내듯이 어머니들이 아들을 장가보낼 때 며느리를 곱게 보지 않는다. 이런 마음도 아들에게 필요 없어진 존재가 된 서글픈 꽃샘추위에 해당하는 것이다. 직장에서 이미 물러나야 할 전임자가 모든 실권을 움켜쥔 채 후임에게 실권을 안 주려고 하는 모습도 꽃샘추위일 것이다. 특히 종교계에서 물러나야 할 원로 목사님이 일일이 간섭하여 후임 목사님의 일을 가로막는 것도 꽃샘추위에 포함이 된다, 기업에서도 새 시대의 물결에 따라가지 못하는 구시대 중역들이 자리를 움켜쥐고 있으려는 것도 꽃샘추위이다. 교육계에서 자기 자리를 유지하느라 제자의 논문을 훔치거나 제자의 싹을 자르려고 하는 모습도 일종의 꽃샘추위일 것이다.

겨울이 아무리 몸부림쳐도 봄은 슬금슬금 다가온다. 꽃샘추위가 매섭지만, 잠깐인 것을 기억하며 추위를 이겨내야 한다. 지혜로운 사람은 놓아야 할 것을 제때 놓아준다. 그뿐만 아니라 자신이 떠난 자리에 누군가 들어올 수 있는 기반을 마련해준다. 후진을 양성하는 것도 그러한 일이고 그렇게 함으로써 존경을 받게 된다. 하지만 천년만년 자신이 해야 한다고 생각하는 사람도 있다. 어떤 일이든 자신이 아니면 안 된다고 생각하는 것은 오만한 일이다. 이미 은퇴의 시기에도 자리를 차지하고 있으면 새로운 물결이 밀려오지 못하고 고인 물이 썩게 되어 그 단체는 도태되기 쉽다. 자신이 이룩한 것을 진심으로 사랑한다면, 떠날 때 떠나야 하고, 놓을 때 놓아야 하고, 참견하고 싶은 것도 침묵해야 한다. 꽃샘추위처럼 잠깐 심통을 부릴 수는 있지만 지속하지는 말아야 한다. 아무리 비켜주기 싫어도 새로운 시대는 올 수밖에 없다.

가는 겨울이 심술 맞게 자리를 안 내주려 해도 봄은 묵묵히 자기 일만 한다. 대지를 열고 싹을 틔울 준비를 한다. 때로는 너무 늦게 물러나는 겨울 심통에 여린 싹이 얼어 죽는 때도 있다. 그런데도 눈치를 살피며 참아내면서 자기 자리가 생길 때까지 자기 일을 묵묵히 하면서 그 자리를 견디고 지키면 자리를 차지하게 된다. 가는 사람을 너무 급작스럽게 몰아치지 않아도 오는 사람의 자리는 생기게 마련이다. 지난날, 직장에서 내 요청으로 내 일을 넘겨줘야 하는 인사이동이 있었다. 아직 자리도 빼기 전에 그날로 모든 체제를 바꾸는 후임자를 경험했다. 그것도 더 유능해서 금방 일을 파악했다면 인정할 수 있어서 속상하진 않았을 텐데 열정만 가지고 일의 전후 파악을 못 하면서 불도저처럼 내가 했던 일을 밀어대기 시작했다. 그냥 웃으면서 후임의 자리 안정을 위해 단호하게 그 일 근처에 얼씬하지 않았다. 오랫동안 그 일에 심혈을 기울인 터라 마음이 불편했지만 내 형편상, 일을 계속할 수 없어서 후임자에게 자리 넘겨주기를 원했던 것이라 '새 술은 새 부대'라는 말을 상기하면서 마음을 보듬었던 날이 있었다.

가는 사람은 심술부리지 말고 자리를 내주어야 하지만, 오는 사람은 가는 사람의 체제를 조금 기다려줘야 하는 여유가 있어야 할 것 같다. 삶이란 칼로 무 자르듯 그렇게 단칼에 바뀌는 것이 아니기 때문이다. 봄날에서 자리를 차지하는 과정의 지혜를 배우듯 조금 여유로운 마음으로 가는 사람의 마음을 배려해주었으면 좋겠다. 내가 모셨던 어떤 상사는 3개월 동안은 전임자의 체제를 그대로 유지하고 싶다는 말을 했다. 가는 사람에 대한 예의라고 생각했던 것 같다. 새로운 자리에 갔으니 하고 싶은 것도 많고 개혁하고 싶은 것도 있지만 전임자에게서 그 일을 배우고 익히는 과정은 필요하다. 그 일을 진행하던 사람은 나름대로 자기만의 방법을 터득했을 것이고 그것을 인정하고 배운다면 더욱 유능해질 것이다. 묵묵히 자기 일을 하면서 천천히 변경해도 조급하게 한 것보다 훨씬 안정적이기 때문이다.

이런 생각을 하고 있는데 멀리 놀이터에서 아이들의 웃음소리가 들려온다. 우리 강아지는 나를 쳐다보면서 그곳으로 데려다 달라고 졸라댄다. 내 얼굴에 가장 큰 미소를 짓게 한 봄의 풍경은 놀이터에 나온 아이들이 뛰어놀면서 내는 목소리이다. 겨우내 비워두었던 놀이터에 아직 추워서 방한 점퍼를 입은 아이들이 추운 줄 모르고 가는 겨울과 오는 봄날 사이에서 신나게 놀고 있다. 우리 강아지도 한몫 끼려고 반갑다며 연방 짖어댄다. 아이들의 목소리와 우리 강아지의 소리가 어우러진다. 사람이 어떤 꽃보다, 어떤 자연보다 아름답다는 것을 느끼는 순간이다. 아이들 모습을 한참 지켜보면서 가수 안치환의 '사람이 꽃보다 아름다워'라는 노래를 흥얼거려 본다.

집으로 돌아와서 보니 죽은 줄 알았던 화분의 나뭇가지에서 싹이 돋아난 것이 보였다. 작년 늦가을에 밖에 있는 화분을 안으로 들여놓았다. 아끼던 나무가 관리 소홀로 마른 것을 보며 혹시나 하는 마음으로 마른 나무를 버리지 않고 옮겼다. 가끔 물도 주면서 내 시선은 그 나무에 늘 머물렀다. 몇 달이 지나도 마른 채 있어서 버려야겠다는 생각을 했다. 그런데 외출에서 돌아온 사이에 작은 싹을 틔워냈다. 얼마나 기쁘던지 작은 싹을 바라보고 또 봤다. 내 마음속에 기쁨과 함께 활력이 넘쳐났다. 감사함이 넘치고 나무에 미안했던 맘이 해소되었다.

작은 생명이 나에게 새 생명을 주는 듯했다. 살아있음이 얼마나 감사한 일인지 새삼 느끼며 봄날이 신비스러웠다. 병이 들었거나 남보다 많이 뒤처져 있어도 살아있다는 사실만으로 그 존재는 이 땅에서 타인을 위해 할 일을 하는 것이다. 생명이 주는 생명력이다. 가끔 자신이 무익한 존재라고 생을 마감하고 싶어 하거나 돌봄을 받아야 할 수치가 너무 커서 차라리 없어지는 것이 낫다고 생각하는 때도 있다. 하지만 이 땅에 태어난 이상 자신의 몫을 다 살고 가야 할 의무가 있다. 그 의무는 생이 끝나는 순간까지 스스로 죽지 않고 살아 있는 것이다. 사라져야 할 때가 되기까지 꿋꿋이 버티고 있는 겨울의 꽃샘추위처럼 자기에게 주어진 생명이 다할 때까지 자신의 자리를 충분하게 지킨 후 사라져가야 할 것 같다.

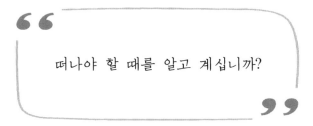

떠나야 할 때를 알고 계십니까?

03

봄꽃들의 합창

자기 모습 그대로를 피워내는 꽃처럼

봄의 정취를 충분히 누리려면 봄에 피어난 꽃을 보는 것이 최고이다. 봄이면 꽃들이 지천에 있는 국립수목원 가까이 살아서 각양각색의 봄꽃을 보는 즐거움이 컸다. 이사한 후 이 동네에도 수목원 같은 곳이 있기를 바랐는데 집 근처에 신구대학 식물원이 있는 것을 알았다. 카메라 하나 들고 가벼운 옷차림으로 식물원으로 향했다. 신구대학 식물원에는 온실도 있고, 산책로를 만들어 길 양옆에 꽃들이 심겨있어 산길을 따라 자연스럽게 피어나는 꽃과 나무를 만날 수 있어서 좋다. 구불구불 이어진 산책로도 꽤 길어서 운동 삼아 걷기도 아주 좋다.

식물원에는 꽃들이 오밀조밀 고개를 내밀고 있었다. 마치 나에게 말을 걸어오는 듯했다. 어쩜 그리도 형형색색 서로 다른 꽃을 피워내고 있는지 감탄할 뿐이다. 봄이 시작되는 시기라서 꽃들이 이제 막 피어나는 단계이다. 머지않아 만발할 모습이 될 것을 생각하니 마음은 벌써 온통 꽃 대궐에 파묻힌 듯하다. 이미 개나리와 진달래는 활짝 피어 산책길을 장식하고 있었다. 작지만 같은 꽃들이 모여 있는 모습은 더 아름다웠다. 각자 자신의 색으로 자신의 향기를 내는 서로 다른 모습이 신기하기만 했다.

먼저 온실을 향해 발걸음을 옮겼다. 온실 속에 피어난 동백꽃은 붉다 못해 짙은 검붉은 색을 띠고 있다. 마치 무엇인가 이루고 싶은 열정을 채 이루지 못한 슬픈 정열의 꽃처럼 느껴졌다. 온실 안은 마치 여름인 양 초록빛 잎들과 후텁지근한 공기가 내 피부를 간지럽혔다. 온실의 높은 온도와 공기의 답답함이 느껴져서 열정의 동백꽃을 뒤로하고 온실을 나오니 자연스럽게 부는 봄바람과 햇살이 내 얼굴을 어루만진다. 인위적으로 가꾸지 않아도 겨울을 헤치고 스스로 피워낸 올망졸망한 꽃들이 내 눈에 더 사랑스럽게 보였다.

마른 풀들 사이로 고개를 든 보랏빛 샤프란은 낮은 자리에서 향기로 내 발걸음을 사로잡는다. 난초 모양의 꽃들은 언제 봐도 고고한 아름다움을 내뿜고 향기 또한 품위가 있는 듯하다. 과연 사군자의 하나가 될 만하다. 슬픈 이별을 견디어낸 것 같은 할미꽃은 자기 모습을 나타내는 것이 부끄러워 고개 숙이고 있다. 아니면 삶에서 책임의 무게 때문에 허리가 구부러졌을지도 모른다. 어렸을 때 산소가에 핀 할미꽃을 보며 할머니의 허리를 닮았다고 생각했었다. 매발톱이란 꽃은 이름과 달리 청초한 아름다움이 눈길을 끈다. '왜 매발톱이란 이름을 가졌을까?' 생각해 보았다. '아마도 이렇게 아름다운 꽃에는 매발톱같이 날카로움이 있을 수 있다는 경고를 함으로써 자신을 보호하는 것은 아닐까?'라며 내 맘대로 생각했다. 내 시야는 은방울꽃으로 옮겨갔다. 은방울꽃에서는 금방이라도 청아한 방울 소리가 날 것 같다. 방울 소리를 마음으로 들었다. 산사에서 나는 풍경

소리와 함께 내 귓가를 흔들어대는 것 같았다. 눈을 돌려서 설란을 바라보았다. 설란의 자태는 사극에서 보는 은은하고 영특한 계집종의 자태와 같이 소박했는데 그 소박함에 내 사랑이 머무는 것 같았다. 화려한 것에 마음을 주는 사람도 있지만 소박함에 매력을 느끼는 사람들도 있다. 내 마음이 그 소박함에 머물러 있는 것을 보면 나와 닮은 꽃이라는 생각이 들었다. 돌단풍의 하얀 꽃은 단풍이란 말을 무색하게 만들고 앵초의 아기자기함은 힘없는 우리네 민초들이 옹기종기 모여 살아가고 있는 모습 같았다.

수많은 꽃과 하나하나 만났다. 그냥 지나치지 않고 눈길을 주고 마음을 주고 코끝을 갖다 대기도 했다. 산길을 오르다 보면 처음 보는 것 같은 이름 모를 꽃들이 피어있는 것을 볼 수 있다. 요즘은 꽃이름 알려주는 인터넷사이트가 있어 참 고맙다. '이름이 뭘까?' 하고 찾아보고 관심을 두는 사이에 모르는 꽃과 친숙해진다. 꽃은 비슷한데 잎사귀가 다른 꽃도 있다. 그래서 잎사귀에도 관심이 생겼다. 꽃말이 무엇인지 검색을 해보기도 한다. 이름 하나를 알게 되었을 때 모르는 것을 알게 되는 기쁨에 사로잡히기도 한다. 그러는 사이에 잘 몰랐던 꽃은 그 이름과 함께 나와의 만남이 시작된다.

사람도 그렇게 만난다. 서로 안면을 익히고 이름을 물어보고 좋아하고 싫어하는 것에 관심을 가지면서 친해진다. 유명한 사람, 금방 드러나는 사람도 있지만, 사람에 따라 한쪽 귀퉁이에서 있는 듯 없는 듯 있는 사람이 있다. 먼저 그에게 다가가 말도 건네고 특징도 살펴보고 이름도 물어보면서 만남이 시작된다. 꽃이 다양한 색깔과 모양이 있듯 우리도 각자 다른 향기가 있고 각각 다른 개성이 있다. 다른 향기와 개성을 무시하고 유행 따라가고 남의 것을 흉내 내면 자신의 고유성을 상실하기 쉽다. 자신의 정체감이 없을 때 남의 흉내를 냄으로써 상대방의 정체성을 자신의 것으로 착각한다. 세련되었다거나 촌스럽다는 이름 붙이기를 하면서 고유성을 상실하게 만든다. 도대체 무슨 기준으로 촌스럽다는 이름을 붙여 상대를 비하하고 세련되었다는 이름을 붙여가며 도도함을 부채질하는 것인지 알 수 없다. 자신의 있는 모습 그대로 예쁘게 볼 수 있는 것은 그야말로 아름다운 당당함이다. 타인의 모습을 있는 그대로 보는 것은 존중의 기본 매뉴얼이다.

주로 청소년기에 있는 아이들은 유명 인사나 스타들의 행동과 말, 외모뿐 아니라 의상까지도 따라 하는 경향이 있다. 청소년기에는 이렇게 자신이 좋아하는 사람들을 모델링함으로써 자신의 정체성을 찾아 나가는 과정이니 문제 될 것은 없을 것이다. 그 과정을 통하여 자기 것을 만들고 자기와 맞지 않는 것은 버리는 것이다. 하지만 어른이 되어서도 옆집과 비교하고 아파트 옆집 인테리어가 바뀌면 우르르 비슷한 집안 풍경을 만들어내는 것은 한 번쯤 생각해 볼 일이다. 심지어는 옆집 아저씨와 자기의 남편과 비교하고 옆집 아이들과 자기 자녀들을 비교함으로써 마음의 상처를 주기도 한다.

각각 서로 다른 사람의 본성과 기질을 잘 피어나게 해주는 것이 사랑이라고 생각한다. 우리는 사랑받게 되면 자존감이 상승하여 무슨 일이든 자신감 있게 한다. 사랑하는 사람은 잘 보이려 노력하고 상대의 마음에 들게 하려고 자기를 과장하거나 숨기고 상대를 위해 희생할 용기도 생기지만 사랑받게 되면 끊임없이 거칠고 투박한 본모습이 나오게 된다. 행위로 인해 사랑받는 것이 아니라 존재 자체로 사랑받는다는 것을 알기 때문이다. 때로는 그것이 너무 지나쳐 사랑하는 사람을 지치게 하기도 하고 상대를 배려하지 않아서 사랑의 종말을 고하기도 한다. 자녀가 부모 앞에서 뻔뻔한 요구를 자연스럽게 할 수 있는 것도 사랑받는 사람의 특권을 누리고 있는 모습이다.

꽃들은 자신의 모습을 비교하지 않고 남의 모습을 흉내 내지 않아도 사랑받는다. 혹여 사랑받지 않아도 자기의 모습 그대로 피워내는 데 주저함이 없는데 왜 사람은 자기 본연의 모습을 스스로 피워내는 데 어려움이 있을까? 사람은 사회적 동물이라 한 사람이 성장하는 데 주위에 있는 많은 사람의 도움이 필요하다. 혼자서 성장할 수 없는 것이 사람이라는 존재인가 보다. 따라서 외부와 단절된 채 혼자만 있으려고 하면 이미 병들어가는 증거일 수 있다. 사람을 통해 상처도 받지만, 사람을 통해 치유도 될 수 있다. 사람을 통해 슬픔도 느끼지만, 사람을 통해 기쁨을 느끼기도 한다. 그렇게 어우러져 우리는 더 멋진 모습으로 성숙해 간다. 꽃길을 걸으며 오감이 만족함을 누리고 이런저런 생각을 하면서 내려오는 산길 따라 봄은 촉촉하게 내 가슴에 스며들었다.

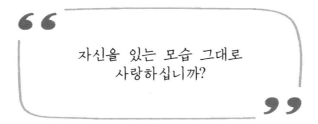

> 자신을 있는 모습 그대로
> 사랑하십니까?

04

장수하늘소야, 미안해!
사랑하기 위해 상대를 먼저 알기

며칠 전, 장수하늘소가 집으로 들어왔다. 어디로 들어왔는지 알 수가 없으나 꽤 덩치가 있는 놈이 거실을 기어 다녀서 놀라기도 했고 그대로 동거하기엔 내 집을 양보하고 싶지 않은 마음이 더 컸다. 산자락 밑에 있는 우리 집은 가끔 곤충이나 벌레들이 눈에 띈다. 과거에는 곤충이나 벌레를 무서워해서 보기만 해도 소리를 지르곤 했는데 지금은 그대로 보고 관찰할 때가 많다. 그들도 하나의 생명이라고 생각하니 별로 무섭지 않다. 나이가 들면서 호기심이 더 많아지는 것을 보면, 아마도 나이를 거꾸로 먹는 것 같다. 아니면 어릴 때는 삶이 팍팍해서 생존을 위해 살아야 했기 때문에 그 시절에 놓쳤던 호기심의 결핍을 지금 채우고 있는지도 모르겠다. 어린아이처럼 호기심이 많이 생기니 관찰하는 태도가 늘어나서 삶이 지루하지 않고 오히려 경이로울 때가 많다.

장수하늘소의 날개가 보이고 다리들이 보인다. 굵고 날카로운 톱니가 머리 옆으로 달려있어 만지지 말라는 신호를 보내는 것 같다.

너무 커서 손으로 잡을 수 없을 것 같은 생각이 들었다. 숲으로 돌려 보내 주려고 휴지를 두껍게 겹쳐서 잡으려 하는데 생명의 위기를 느꼈는지 자꾸만 도망간다. 곤충 하나도 제대로 잡는 것이 어렵다는 것을 느끼며 심혈을 기울여 결국 잡는 데 성공했다. 뒤 베란다의 창문을 열면 바로 숲이 보여서 날아가라고 힘껏 날려주었다. 그런데 이게 웬걸! 장수하늘소는 날지 못하고 땅으로 곤두박질치고 말았다. 땅에 널브러져 있는 곤충 한 마리가 내 시야에 들어왔다. 내 의도와 다른 상황이 생기면서 당황한 내 마음은 후회와 죄책감으로 출렁거렸다. 곱게 잡아서 숲속에 가서 놓아주어야 했는데 밖에 나가지 않고 조금 편하려고 한 짓이 한 생명을 죽게 했다.

　내 마음에 며칠 동안 장수하늘소가 머물러 있었다. 모기같이 아주 해로운 해충이 아니면 작은 곤충 하나라도 소중하게 느껴졌다. 내 집에 들어오면 고이 밖으로 내보내면서 살려 보내곤 한다. 그러나 살려 보내려던 내 마음과 달리 장수하늘소는 죽었다. 살리려는 방법이 잘못된 것이다. 어떻게 해야 하는지 인터넷 검색을 해 봤다. 장수하늘소를 연구하는 임종옥 연구사의 글을 읽었다. 곤충을 다치지 않게 하고 동시에 사람도 안전하기 위해 지퍼백을 활용하라고 한다. 장수하늘소는 천연기념물이라 사진을 찍은 뒤 발견 장소와 날짜, 시간 등을 메모해서 알려달라는 말도 있었다. 서식지 분포를 파악하는 데 도움이 될 것이라고 했다. 곤충을 연구하는 사람의 열정이 엿보인다. 장수하늘소와 다른 하늘소를 구분하는 것은 머리와 날개 사이에 있는 앞가슴 위에 노란 털 뭉치와 앞가슴 옆의 가시들을 확인해 달라고 했다. 그러고 보니 노란 털 뭉치가 있었는지 생각이 안 난다.

　살려 보내고 싶은 내 마음과 다르게 죽은 장수하늘소를 보면서 사람에 대해서도 생각해 봤다. 누군가를 위한 행동이 그 사람에게 오히려 해를 끼치게 되는 경우가 있다. 대표적인 것이 부모들의 과잉보호라고 생각한다. 부모들이 자녀를 키울 때 자녀에게 좋을 것으로 생각해서 실수하는 것이 참으로 많다. 사회에서 성공하라고 자녀가 극도로 싫어하는데도 과도하게 공부시키는 것, 새로운 경험을 할 때 실수할까 봐 못하게 막거나 대신하여 해주는 것, 어려운 일이 생길 때 힘들어할까 봐 고통을 미리 제거해 주는 것, 욕구가 생기기 전에 채워주어 자녀의 삶에 열정을 품지 못하게 만드는 것, 부모가 좋다고 생각하는 것을 자녀도 좋아할 것으로 생각하는 모든 오해 때문에 자녀는 심리적으로 병들어간다.

부부간에도 그런 실수를 범하기 쉽다. 부부가 되면 연합하고 싶은 욕구 때문에 자꾸만 자신과 같은 것을 지향하기 쉽다. 자기가 좋아하는 것을 상대도 좋아할 것이라고 착각하고 자기 기준으로 강요한다. 서로 다른 사람이라는 것을 잊기 쉬운 것이 부부간이다. 서로 잘 안다고 생각하지만 죽을 때까지 다 알 수 없는 것이 사람이다. 자기 자신도 자기를 잘 알지 못하는데 어찌 타인을 알고 있다고 생각하는지 모르겠다. 가끔 부부 상담을 할 때 내가 상대 배우자가 원하는 것에 대해 말해줄 때가 있다. 그러면 배우자가 원하는 것을 거의 몰랐다고 얘기한다. 그 말을 받아서 상대는 상담자가 한 말과 동일한 말을 수십 번도 더 넘게 해 주었다고 얘기하는 때가 있다. 우리가 상대를 알고 있다고 착각하는 순간 상대의 말이 들어오지 않는다. 상대를 모른다고 생각해야 상대에 대해 알려고 노력하고 그의 말에 귀를 기울이고 그의 몸짓 하나하나를 살펴보고 관심을 두게 된다.

에릭 프롬은 4가지 사랑의 기술을 말한다. 그중 하나가 앎, 즉 지식을 의미하는 것이다. 제대로 사랑하려면 상대의 외모를 잘 알아야 한다. 그래야 선물 하나라도 상대에게 맞는 것을 해줄 수 있다. 머리 모양은 어떠한지, 눈의 시력은 좋은지, 냄새를 잘 맡을 수 있는지, 등등 상대의 외모를 잘 알아야 한다. 나는 내적 치유 집회가 끝나고 그룹원들과 작별 허그를 한다. 작은 내 키에 맞추어 무릎을 구부리고 허그하는 사람을 만난 적 있다. 작은 키라는 것을 알고 있었기 때문에 무릎을 구부려 줄 수 있다. 배려가 느껴져서 마음이 좋았다. 외모뿐 아니라 그 사람의 취향도 알아야 한다. 음식 취향과 가치관과 싫어하는 것, 좋아하는 것을 알아야 한다. 그렇지 않으면 식사 한 끼를 같이 하더라도 상대방이 못 먹는 것을 권유하면 불편해지게 된다. 사랑하려면 그 사람의 성장 배경과 가족관계에 대해서도 알아야 한다. 그 사람의 원가족 관계는 현재 가족에 지대한 영향을 미치기 때문이다. 원가족에서 해결되지 못한 것을 끊임없이 해결하려고 현재 가족에서 문제가 나타나기도 한다. 원가족은 결혼 이전의 친정이나 본가의 가족을 말한다.

부끄러운 이야기 하나 하겠다. 지난날에 전철을 타고 가는데 7살쯤 된 여자아이가 인형을 갖고 있었다. 순간적으로 나도 모르게 그 인형을 빼앗아 달라고 남편에게 요구했다. 그 말이 사리에 맞는지 생각할 겨를도 없이 갖고 싶다는 무의식적 욕구가 그대로 표출된 것이다. 어린 시절의 욕구가 충족되지 못했던 내 성장 배경을 잘 알고 있던 남편은 내 말을 무지르지 않고 순순히 "그래!"라고 대답했다. 물론 남편은 인형을 빼앗아주지 않았지만 나는 인형을 마음으로 가졌다. 그리고 그 뒤엔 인형에 별로 관심을 두지 않았다. 유치하기 짝이 없던 내 말을 수용하던 남편의 "그래!"라는 한마디를 나는 잊지 못한다. 우리가 서로에 대해 알지 못했다면 그 상황은 개 짖는 소리처럼 들렸을 것이다. 하지만 개도 이유가 있어 짖어댄다. 다만 그 이유를 우리가 모를 뿐이다.

장수하늘소가 다시 나타난다면 어떻게 해야 하는지 이제는 안다. 조심스럽게 핀셋으로 집어서 지퍼백에 넣고 사진을 찍고 발견된 날짜와 장소를 관련 기관에 알려주고 숲으로 가져가서 조심스럽게 놓아주면 된다. 곤충을 사랑하는 방법을 실수를 통해 배운 것이다. 내 주위의 사람들도 계속 알려고 노력해야 할 것 같다. 가장 잘 안다고 생각했던 가족들부터 알아야겠다는 생각을 했다. 그렇게 하면 시간이 좀 더 흐른 후에 꼭 맞지는 않아도 비슷하게 그들에게 맞는 사랑을 실천하고 있을 것이다.

장수하늘소야! 미안해!

마음속으로 되뇌어 본다.

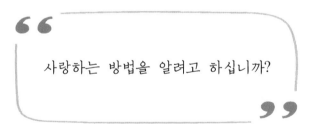

사랑하는 방법을 알려고 하십니까?

05

잘 살아라, 달팽이야!

자기 자신을 소중히 여기기

아침 식사 준비를 하려고 싱크대에 갔더니 달팽이 한 마리가 있었다. 어디서 나왔을까? 한참 동안 생각했다. 며칠 전, 김치 담을 때 달팽이 한 마리가 배추에 붙어 있어서 싱크대 개수구로 흘려보냈던 기억이 났다. "세상에나! 며칠이 되었는데 개수구 속에서 살아남았구나!" 뜨거운 물이 흘러 들어갈 수도 있었을 텐데 용케도 살아남아 자신의 존재를 나타내고 있었다. 나는 달팽이의 생명력에 감동되어서 달팽이를 그릇에 넣었다. 며칠째 영양공급을 못 받았을 것 같아서 배추를 넣어주었다. 어두운 곳과 축축한 곳을 좋아할 것 같아서 종이로 뚜껑을 덮고 물도 넣어주었다. 작은 달팽이가 살 수 있도록 만들어주어야 할 것 같았다. 그런데 그 마음은 애완용으로 키우고 싶은 욕심으로 바뀌었다.

다음날 일어나서 달팽이가 담긴 그릇을 살펴보니 구멍 난 배추와 초록빛 똥을 남겨두고 달팽이는 보이지 않았다. 그 느린 달팽이가 밤새 큰 그릇을 타고 올라와 종이 뚜껑을 밀어내고 식탁 한 귀퉁이

위에 있었다. 참으로 신기해서 달팽이를 만지면 얼른 자기 집으로 숨어 들어갔다. 달팽이를 다시 그릇에 넣고 이번에는 좀 더 두꺼운 종이 뚜껑을 만들었다. 그런데 그다음 날 보니 달팽이는 종이도 갈아 먹은 흔적이 있었다. 여기저기 구멍들이 나 있었다. 달팽이는 하얀 종이를 긁어 먹고 똥도 하얗게 싸 놓았다. 달팽이가 잡식성이라는 것을 이번에 달팽이를 키우면서 알았다. 이렇게 달팽이를 알아가면서 우리 집에서 한 달 가까이 동거했다. 날마다 뚜껑을 열어보며 달팽이를 확인했다. 내가 왜 그렇게 관심을 가지는지 생각해 보니 살려고 며칠을 개수구 관을 기어 올라왔을 달팽이의 생명력이 내 마음을 움직였기 때문이다.

요즘 자살하는 사람들이 너무 많다. 사회적으로 유명한 사람의 자살은 사람들의 마음을 더 많이 흔들어 놓는다. 그런 뉴스를 볼 때마다 가슴 한 귀퉁이를 콕콕 쑤셔대는 것같이 마음이 아프다. 내 가족 중에서도 자살한 사람이 있어서 더 예민하게 느끼는 것일 수도 있지만 소중한 생명이 스스로 사라져간다는 것은 누가 봐도 마음 아픈 일이다. 자살한 사람의 가족은 누가 뭐라고 하지 않아도 스스로 죄책감을 평생 짊어지고 살아가는 경우가 많다. 남겨진 가족은 자신이 다르게 행동했다면 자살하지 않을 수 있었다는 후회와 죽지 않았을 것이라는 환상을 갖는다. 자신이 통제할 수 있는 것을 못했다고 생각하기 때문에 죄책감과 무기력에 시달린다. 또한, 주위에서 자살한 사람을 보는 시선이 곱지 않기 때문에 가족이 자살하면 수치감으로 떳떳하게 이야기하지 못하는 경우가 수두룩하다.

자살하는 사람은 삶의 어려움에 처해있을 때, 하나의 해결방법으로 자살을 선택한다. 그 방법밖에 더 적절한 방법을 찾지 못해서이다. 주위에서 자살한 사람이 있으면 삶이 어렵고 힘들게 되면 쉽게 자살이라는 생각을 하게 된다. 자살도 모방하고 학습되기 때문이다. 그래서 자살하는 사람은 그 사람의 가계도와 많이 관련이 있다. 가계도를 그려보면 한 가족 중 자살한 사람이 여러 명 있게 되는 경우가 많다. 자살한 사람이 생긴 경우에 남겨진 가족들에게 더 많은 배려와 치유가 필요하다. 자살하는 사람에 비해 미물인 달팽이는 자기에게 주어진 삶을 최선을 다해 살아내고 있는 것이 감동으로 느껴졌다.

프로이트 말에 의하면 인간에게는 생의 욕구와 죽음의 욕구가 동시에 존재한다고 한다. 살아가고자 하는 생의 본능적 에너지는 성장, 발달, 창조성을 포함하는 성적 에너지이다. 죽음의 본능을 공격 욕구로 설명하는데 자신이나 타인을 죽이거나 해치려는 것을 말한다. 이 두 가지 본능 사이에서 생의 에너지가 더 많으면 삶을 유지하게 되고 죽음의 본능이 더 우세하면 삶을 포기하게 되는 것이다. 자살하는 사람은 살아갈 힘이 죽음의 힘보다 더 약하기 때문에 자살이 이루어지는 것이다. 살아야 할 확실한 이유가 있는 사람들은 자살하지 않는다. 자살하는 사람들을 일방적으로 매도하거나 종교적 율법의 명목으로 정죄해서는 안 될 것 같다. 자신의 생명을 스스로 포기하는 것이 정당화될 수는 없더라도 우리는 그 당사자의 극에 달한 고통과 어려움을 한 번쯤 생각해 봐야 한다.

인간이라는 존재가 얼마나 존귀한 존재인지 우리는 말하지 않아도 익히 안다. 우리가 이 땅에 올 때 수억 마리의 다른 정자를 물리치고 이 땅에 태어난다. 적어도 그렇게 승리해서 얻은 생명에 대한 책임감을 느껴야 할 것 같다. 우리의 생명은 그 수억 개를 대표하는 생명이다. 그러니 우리의 생이 자연스럽게 마감될 때까지 생명에 대한 책임과 의무를 다해야 한다. 이러한 존귀한 존재를 존귀한 만큼 인격적으로 대접하느냐고 질문해보면, 이 사회와 우리 자신은 너무나 무책임할 만큼 이웃을 방치하고 무관심 속에 산다.

과거에 내가 학생들을 가르칠 때 자신의 존재에 대한 존귀함에 대해 교육했다. 그랬더니 한 아이가 자신의 존재가 백억 원쯤 되느냐고 질문했다. 요즘 학생들은 억이라는 것이 얼마나 큰 숫자임을 잘 모른다. 뉴스에서 떠들어대는 소리를 보면 억이라는 숫자를 수도 없이 많이 발설하기 때문이다. 억대의 뇌물 수수, 억대의 부동산 투기, 집 한 채를 장만하려면 억대의 돈이 들어간다. 이런 문화 속에서 100억이면 자신의 가치가 되느냐는 질문은 어떻게 보면 그냥 큰 가치를 일컫는 말일 것이다. 나는 그 질문에 대한 대답으로 내 아들을 100억과 바꾸라면 나는 바꾸지 않는다고 말했다. 그리고 그 학생의 부모도 그러할 것이라고 말했다. 그러므로 질문하는 너의 가치는 100억보다 훨씬 커서 숫자로 가늠할 수 없는 것이라 말했다.

한 개인이 이 땅에서 사라져간 동시에 그는 지구상에서 절대로 볼 수 없는 존재가 된다. 모든 사물의 가치는 희귀성이 결정한다. 이 지구상에서 다시 볼 수 없는 개별적이고 유한한 존재는 가치 결정을 할 수 없을 만큼 존귀하다. 그 생명체는 완벽한 것, 부자인 것, 잘생긴 것, 훌륭한 것, 뛰어나게 머리 좋은 것과 관계없다. 그냥 존재 자체로 소중하고 존귀한 것이다. 무생물은 똑같은 것을 만들어 낼 수 있고 영원히 존재할 수 있지만 죽음으로 존재를 끝내는 유한한 생명체와는 질적으로 다른 것이다. 이런 의미에서 우리는 자신의 생명을 소중히 여겨야 한다. 존귀한 자신을 가장 존귀하게 여겨줄 사람도 자기 자신이다. 현재 자본주의 사회가 인간을 자꾸만 물건 취급하듯 여기고 인간이 돈의 가치로 계산되고 물화 되는 것은 비극 중의 비극이다. 사회가 그런데도 스스로 자기 자신을 물건 취급하는 일은 없어야 할 것이다.

달팽이에게서 생명을 지켜가는 것을 배웠으면 좋겠다. 어둠의 터널에서도 천천히 기어오르면서 살 수 있는 통로를 찾아야 한다. 주어진 조건에서 조금 더 자신을 지켜가고 자기를 피워내는 것을 배워야 할 것 같다. 그렇게 하면 누군가 구원의 손길이 다가오는 행운도 있을 수 있다. 어두울수록 빛 가운데로 나와야 한다. 사람을 만나야 하고 사람들에게 자신을 보여주어야 한다. 자신의 약함이 곧 도움의 손길을 불러오게도 한다. 도움받는 것을 수치로 여기지 말아야 한다. 도움을 주는 사람은 그 행위로 인해 존재감의 확인을 받은 것이니 도움 주는 사람의 자존감 형성에 기여한 것이다.

한 달간 달팽이를 가만히 지켜보면서 혼자 그릇 안에서 살아가는 달팽이가 안쓰러웠다. 그래서 달팽이를 방사하기로 했다. 물이 있는 축축한 땅이어야 하고 여러 식물이 있어서 먹잇감이 풍부해야 했다. 집 앞산에 계곡물이 흐르니 그곳이 좋다는 생각을 했다. 혹시 새로운 곳에서 먹이 찾는 것에 익숙하지 않을까 봐 배춧잎과 함께 달팽이를 놓아주었다. 그리고 마음으로 '네 생명을 지키기 위해 애쓴 만큼 좋은 환경에서 좋은 짝을 만나서 행복하게 살아라.'라고 축복했다.

달팽이야! 네 생명력을 보여주어서 고맙다.

잘 살아라! 달팽이야!

> 당신이 세상 어떤 것과도 바꿀 수 없는
> 존귀한 존재라는 것을 아십니까?

06

미세먼지 여과기
듣는 이와 말하는 이 모두에게 필요한 것

요즘 미세먼지에 대한 위기감을 많이 느낀다. 뉴스를 접할 때마다 곧 폐에 이상이 생길 것 같은 불안이 생긴다. 길거리의 모습은 마스크를 쓰고 다니는 사람들이 많아 마치 전염병이 도는 도시이거나 범죄의 나라에 있는 것 같은 착각을 하게 한다. 뉴스에서는 미세먼지 예보와 함께 마스크를 착용하라고 신신당부한다. 하지만 나는 마스크를 쓰면 당장 호흡의 불편함 때문에 가방 안에서만 뒹구는 마스크를 만지작거리며 쓸까 말까 고민하고 있을 뿐이다. 거리에서는 오히려 젊은 층들이 나이 든 사람보다 마스크 착용률이 더 높아 보인다. 공기로 인한 건강의 심각성을 더 많이 느끼는가 보다. 하늘은 뿌옇다 못해 잿빛처럼 보인다.

내가 어렸을 때, 공기가 맑아서 심각성을 체감하지 못했는데 이런 날을 이미 예고했던 영화를 본 기억이 있다. 영화에서는 가게에서 물을 사 먹고 공기를 사 먹는 시대가 도래해 있었다. 그 당시에는 저런 일이 설마 일어날 것인지 의심했는데 영화에서 미리 선보인 것은 시간이 지나면 현실이 되는 경우가 많다. 이미 물을 사 먹는 시대가 된 지 꽤 오래되었고 얼마 안 있으면 공기도 사 먹어야 할 것 같다. 영화를 만드는 사람이나 예술을 하는 사람들은 직관이 발달하여 미래의 세계를 예측할 수 있는 능력이 있는 것 같다. 아니면 영화를 통해 미리 주입됨으로써 자연스럽게 그런 일이 생기도록 만들어갈지도 모른다는 생각을 했다. 미리 예상할 수 있는 생각을 하는 인간의 창의력은 참으로 대단하다. 문제가 생길 때마다 그 문제를 해결하는 능력이 생긴다. 이런 창의력은 아마도 인간 내부에 이미 심겨있는 칩 같다는 생각이 들었다.

미세먼지의 위험은 밖에 있을 때만 해당하지 않고 실내에서도 문제가 된다. 문을 열어 놓으면 금방 뽀얀 먼지가 쌓인다. 문을 닫고 있어도 작은 틈 사이로 들어오고 문을 여닫을 때마다 먼지가 안 들어 올 수 없다. 그래서 가전업계에서는 앞다투어 새로 만들어낸 공기청정기를 선보인다. 먼지를 여과해 주는 공기청정기의 기능을 살펴볼 때 살아가기 힘든 세상에서도 그것을 극복하려는 인간의 머리도 발달하는 것을 또 느꼈다. 몇 년 전 지금 우리의 모습이 중국의 모습이었다. 중국에서는 대도시에 공기정화 대형 탑을 설치해서 도시의 공기를 조금이라도 맑게 하려고 애쓰는 모습이 보였다. 미세먼지 위기를 심각하게 느껴서 국가에서 여러 가지 정책으로 공기정화에 힘써서 조금 양호해졌다고 한다. 우리나라는 한발 늦은 감이 있다.

나도 공기청정기를 사려고 미세먼지 여과기능에 대해 살펴보았다. 문득 '사람 관계에서의 미세먼지는 무엇이 있을까?'라는 생각을 하게 되었다. 사람의 입과 귀에도 여과 장치가 있었으면 좋겠다. 그래서 사람이 말할 때 상처 되는 말이 여과되어 좋은 말만 전달되는 기능이 있는 제품이 나왔으면 좋겠다는 생각을 했다. 그런 제품이 아직 나오지 않았으니 우리 스스로 말을 할 때 여과를 잘 해서 좋은 말로 전달하도록 해야 할 것 같다. 말이 비수가 될 때 신체적 폭력보다 더 오랫동안 듣는 사람의 마음을 후벼 파고 두고두고 상처를 낸다. 내가 내적 치유를 진행할 때 부모의 습관적인 말, 친구의 무심코 뱉은 말, 선생님의 수치감을 불러일으키는 지적하는 말 한마디로 인해 그 사람의 인생이 바뀌는 경우를 수도 없이 많이 보았다. 결국, 상담하는 것은 마음속에 있던 나쁜 말들을 정화하고 그 자리에 좋은 말을 채우는 공기청정기 같은 기능일 수 있다.

듣는 사람의 귀에도 여과 장치가 있었으면 좋겠다. 여과를 잘 해서 메떡같이 말해도 찰떡같이 알아들으면 좋을 것 같다. 상처가 많은 사람일수록 말을 있는 그대로 듣지 못하고 자신의 건강하지 못한 생각을 덧붙여서 듣는다. 또한, 99개의 좋은 말은 잊어버리고 한마디 단점을 지적하는 말에만 초점을 두어 내내 불쾌한 감정과 함께 앙심을 품는 예도 있다. 말의 맥락을 생각하지 않고 말꼬리 잡는 경우도 수두룩하다. 결국, 전한 사람의 말을 왜곡하여 듣게 되어 미세먼지를 스스로 만들어내는 귀가 된다. 있는 그대로 들으면 좋은데 오히려 추측이나 예측을 덧붙이고 상대의 의도를 잘못 파악해서 스스로를 불행하게 만든다. 인간관계는 자꾸 틀어지고 분쟁의 씨앗이 되어 상처 위에 다시 상처가 쌓이게 된다.

어린 나이에 왕이 된 솔로몬에게 하나님이 "무엇을 선물해 줄까?" 라고 물었다. 그때 솔로몬은 자신은 어려서 백성들을 잘 다스릴 수 없으니 듣는 마음을 달라고 했다. 그 말을 들은 하나님은 지혜를 주셨다. 잘 들을 수 있는 마음은 곧 지혜라는 의미이다. 그리고 귀로 듣기보다 마음으로 들어야 한다는 것이다. 마음으로 듣는 것은 상대의 상황과 환경까지 살피면 상대가 왜 그런 말을 했는지 이해하게 되고 그 말을 한 의도가 무엇인지 알아차릴 수 있게 된다. 마음까지 살펴 들을 수는 없더라도 있는 그대로 듣는 훈련만 되어도 오해가 덜 생긴다. 있는 그대로 들을 수 있으려면 순수한 마음일 때 가능하다. 듣는 사람의 마음이 자기 생각에 빠져 있으면 모든 것을 자신이 생각한 것으로 듣게 된다. 주로 어린이들은 있는 그대로 듣는데 어린이에게서 듣는 것을 배워야 할 것 같다.

우리 문화는 말의 이중 메시지가 많다. 이중 메시지는 TV 광고에서도 나온다. 광고에서 아들이 용돈을 주려고 하면 괜찮다 하면서 이미 용돈을 주머니에 넣고 있는 장면이 있다. 이렇게 말과 마음이 다른 이중 메시지는 사람을 혼란스럽게 한다. 내가 어렸을 때 기억 중에 어머니가 동생을 꾸짖으면서 나에게 회초리를 가져오라고 시켰다. 나는 그 상황이 두렵고 무서워서 어머니가 시키는 대로 회초리를 갖다 드렸다. 어머니는 "가져오라고 했다고 정말 가져오느냐!"라고 하면서 나에게 "미련 곰통이!"라고 말씀하셨다. 어린 나는 이해하기 힘들었고 미련하다고 한 말만 내 마음에 오랫동안 남았다. 한참 후에 똑같은 상황이 생겼다. 동생을 야단칠 때 회초리를 가져오라고 해서서 가져다드리지 않았더니 "왜 이렇게 말을 안 듣냐?"라고 하면서 민첩하지 못하다고 야단을 치셨다. 나는 어느 장단에 춤을 추어야 할지 정말로 난감했고 내 마음이 혼란했다. 이렇게 이중 메시지는 사람을 혼란하게 만들고 단점을 단정 짓는 언어는 어린아이의 자아상에 커다란 영향을 미친다.

미세먼지가 중국에서 시작해서 바람을 타고 들어오는 것을 막을 도리가 없다. 아무리 똑똑한 인간이라도 광대한 자연을 거스르기에 인간은 한계가 있는 존재이다. 하지만 나름대로 공기 정화기를 만들어서 거친 환경을 거역하지 못해도 그 가운데서 삶의 기반을 만들어 나간다. 사람의 입과 귀에 여과 장치를 달지 못해도 자신이 하는 말을 여과하는 것을 배우고 훈련해서 자신을 제어해야 한다. 말을 할 때는 상대의 입장을 고려해서 존중하는 자세로 말해야 하고 말을 들을 때는 상대가 하는 말을 제어할 수 없지만, 상처 되는 말을 받아들이고 안 받아들이고는 자신의 선택이다. 자신에게 상처 되는 말을 받아들이고 말하는 사람을 내내 원망하는 것은 참으로 미련한 일이다. 말을 받아들일 때 자신에게 유익이 되도록 좋게 받아들이면서 자신에게 유리한 선택을 하는 것은 자신을 사랑하는 하나의 방법이기도 하다.

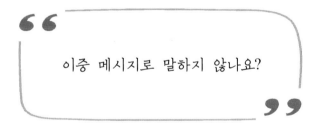

이중 메시지로 말하지 않나요?

07

산행 길에 만난 버섯
숲에서 배우는 삶의 지혜

아침에 산에 오르면 정신이 상쾌해지고 몸에 생기가 돋는다. 내 몸이 무리하지 않는 곳까지만 강아지와 함께 산에 오른다. 산에 올라갈 때마다 느끼는 것은 나무와 풀들의 강한 생명력이다. 그리고 자연의 이치 앞에 머리를 숙이게 되는 경우가 많다. 남편은 등산을 좋아하는데 나는 산을 좋아한다. 등산을 좋아하는 남편은 묵묵히 오르고 또 오르는 것을 원한다. 나는 산에 있는 풀과 나무와 벌레와 흐르는 계곡물과 스치는 바람 소리와 나무 사이로 보이는 하늘을 좋아한다. 그러니 산에 오르다 자꾸만 딴짓하는 경우가 많아 남편과는 속도가 맞지 않는다. 그래서 남편과 같이 가기보다 강아지와 함께 산에 올라가는 경우가 더 많다. 강아지 또한 이런저런 모습으로 자연과 속삭이면서 걸어가고 무엇인가 원하는 것이 있으면 나를 잡아이끈다. 강아지는 나를 가만히 기다려주고 나 역시 강아지의 호기심에 같은 관심을 두고 기다려준다. 함께 산에 오르면서 강아지가 풀을 뜯어 먹는다는 사실도 알았고 아무 풀이나 먹는 것이 아니라 자기가 좋아하는 풀이 있다는 것도 알았다.

나무 계단을 올라가는데 사람이 밟지 않는 계단 세로축에 버섯이 피어오르고 있다. 많은 사람이 오가는 나무 계단을 양분 삼아 습기가 있는 곳을 비집고 자신을 드러내고 있다. 그 놀라운 생명력에 감탄하며 생명의 아름다움과 경이로움을 노래하게 된다. 계단 사이사이로 이름 모를 풀들이 자리를 잡고 있다. 원래 그들의 터전을 우리 인간이 계단을 만들어 침범한 것이리라. 그러나 그 침범을 허용하면서 자리를 내주고 한 귀퉁이에 피어나는 풀과 꽃들의 유연성을 마음에 담았다. 식물들은 때로는 자신이 기대기도 하고 다른 식물이 기대는 것을 허락하기도 한다. 돌이 있으면 휘어져 자라나고 작은 틈이 있으면 그곳에서도 싹을 틔워 자신의 존재를 나타낸다.

식물들은 이렇게 함께 어우러져 자리를 내어주기도 하고 자기가 살아갈 자리를 만들기도 하는데 동물들은 함께 어우러지는 것을 못한다. 자신의 영역에 누군가 들어오면 사납게 공격하며 죽고 죽이는 것을 반복한다. 그래서 지구상에는 공격적인 동물보다 유연한 식물이 훨씬 더 많다고 생각했다. 사람들이 사는 모습도 같다는 생각을 했다. 내 것을 지키려고 타인을 받아들이지 않는 사람이나 사회는 지속해서 발전하는 데 한계가 있다. 자기 것을 다져가면서 타인 것을 받아들이는 사람은 계속해서 발전한다. 오늘 만난 버섯과 풀들에서 유연성을 배우며 나와 다른 것을 받아들이는 것을 배운다.

조금 더 산길을 오르니 커다란 나무에 버섯이 빽빽하게 자라고 있는 것이 눈에 띄었다. 고개를 들어 저 높은 나무 끝을 보니 죽은 나무였다. 죽은 나무가 아직 꼿꼿하게 서 있는 것을 이상하게 여기며 나무가 너무 커서일 수도 있고 죽은 지 얼마 안 되어서 아직 서 있을 힘이 있는 것일 수 있다는 생각을 했다. 그 나무에서 빽빽이 들어선 버섯의 생명력에 또 한 번 감탄했지만, 한낱 껍데기인 죽은 나무의 몸이 이렇게 많은 생명을 키울 수 있음이 더 놀라웠다. 우리 영혼이 육신의 장막을 벗을 때 육신은 영혼이 깃들어 있는 껍데기에 지나지 않는다. 그 껍데기가 다른 한 생명을 위해 유익하게 쓰인다면 기꺼이 빈 껍데기를 내줄 수 있다는 생각을 했다. 장기 기증이나 신체 기증은 우리의 빈 껍데기를 내어주어 다른 생명을 살리는 것이 될 것이다. 죽어가는 몸을 다른 사람을 위해 줄 수 있다면 이 또한 거룩하고 성스러운 일일 것이다. 많은 사람이 이 일에 동참하면 좋겠다.

우리가 이 세상을 떠나 육신의 장막을 벗을 때, 우리의 자녀나 후배, 제자들은 우리에게서 어떤 영양분을 공급받을 수 있을까? 지금 우리의 행동이 그들에게 좋은 양분을 공급해 주는 통로가 되기를 바라는 마음을 가졌다. 죽어서도 섬기고 헌신하는 나무를 바라보며 살아 있을 때 조금이라도 더 타인에게 유익을 주는 삶은 어떤 것이 있을지 생각해 보게 되었다. 우리가 가진 지식도 부지런히 나누어 주어야 한다. 그 지식을 문서화 해 놓으면 더 좋을 것 같다. 그리고 우리가 가진 재산도 나누어야 한다. 살아 있을 때 자신의 재산을 전부 자신이 쓰고 갈 수 있기를 바란다. 마음껏 향유하며 누리고 남들에게 나누어주고 통장 잔고를 제로로 만들고 가는 것이 좋을 것 같다. 부모의 유산 때문에 형제간에 싸우는 경우도 수두룩하고 평생 아낀 재산을 한 푼도 못 쓰고 가는 사람들도 있다. 자녀들의 삶은 자녀들의 몫이다. 자녀들이 우리보다 더 잘살 수 있다고 믿는 것이 유산을 물려주는 것보다 더 좋은 부모의 모습일 것이다. 덕담과 사랑으로 사람을 보듬을 줄 아는 행동을 한다면 우리의 후세들은 그것을 양분 삼아 그들도 아름다운 꽃을 피워낼 것이다. 이런 생각을 하는데 큰 나무를 타고 올라가는 작은 덩굴들을 보았다. 넉넉히 제 몸을 내어 주고 있는 큰 나무의 아량이 내 눈에 들어오면서 헌신에 대한 내 생각들을 굳혀 주었다.

계곡의 물소리가 청아하게 들린다. 어떤 음악 소리보다 시원하고 아름다운 소리이다. 비가 온 지 얼마 안 되어 그런지 계곡물이 더 많아졌다. 잠시, 강아지도 나도 계곡 바위에 앉아 발을 담근다. 시원함이 발끝을 통해 모세관 현상처럼 천천히 몸 위로 올라온다. 강아지도 첨벙첨벙 물 위를 걸으며 즐거워한다. 비가 올 때 땅이나 나무들은 빗물을 다 먹지 않고 저장한다. 제 몸속에 충분한 빗물이 고였으면 나머지는 천천히 흘려보내고 가물었을 때 조금씩 내뿜어 작은 물줄기라도 유지하게 한다. 계곡물에 발을 담그면서 흘려보내는 것과 저장하는 것에 대해 생각해 본다. 가물 때 흘려보낼 수 있도록 적당히 저장하는 것처럼 현재를 사는 우리도 적절하게 저장하는 것은 필요한 일이다. 현재를 충실히 향유하지만 미래를 대비하는 것은 지혜이다. 사람마다 현재와 미래를 위해 자신의 에너지를 쓰는 비율은 다를 수 있어도 미래를 위해 대비하지 않는 것은 미련한 일이다. 사람들은 대비하지는 않고 미래에 대한 걱정과 염려로 현재를 즐기지 못한다. 대비는 하되 걱정과 염려를 하지 않는 삶이 지혜로운 삶일 것이다.

가까운 지인이 했던 말이 기억난다. 그분은 어려운 경제 형편 때문에 늘 대출이자를 낸다고 했는데 자주 적금이 만기 되었다는 이야기도 했다. 나는 적금 들지 않고 대출이나 갚으면 될 것을 왜 저축과

빚을 같이 가졌는지 몰랐다. 내가 그분을 이해하는 데는 나이가 한참 더 들어서였고 나도 어려운 경제를 꾸려 나가야 할 때였다. 어려워서 빚을 쓰는 가운데서도 그분은 미래를 위해 저축하며 꿈을 꾸었던 것이다. "힘들 때 뭔가 꿈을 꾸는 게 있어야 살맛이 나지!" 그 말은 내 경제 관리를 하는 데 큰 영향을 주었다. 계곡과 그 주위의 식물들은 그런 지혜를 이미 알고 있었던 것이다.

산길을 오를 때마다 생명을 느끼고 아름다움을 느끼고 자연의 섭리를 느끼고 그 가운데서 내가 살아가야 하는 지혜를 배운다.

> **"**
>
> 당신이 타인에게 내어줄 것은
> 무엇이 있나요?
>
> **"**

08

고구마밭에서 보물찾기

여백이 주는 풍요로움

농사일을 모르는 나 같은 사람이 텃밭을 경작하려면 가장 성공하기 쉬운 것이 고구마 농사이다. 봄에 고구마 씨가 되는 줄기를 심고 1주일만 관리를 하면 추수 때까지 크게 돌보지 않아도 땅속에서 주렁주렁 달린 고구마를 캘 수 있다. 고구마를 캐기 전에 고구마 줄거리를 솎아주어야 하는데 이 고구마 줄기도 우리 밥상에 훌륭한 나물로 변신할 수 있다. 고구마 줄거리는 데쳐서 볶아 먹는 것인 줄만 알았는데 시골로 이사 와서 고구마 줄거리로 김치를 만들 수 있다는 것도 알았다. 아삭한 것이 김치로서 아주 별미이다.

봄이 되면 농부들은 땅을 갈아엎는다. 같은 밭이라도 땅을 갈아엎음으로써 새로운 흙에서 많은 양분을 섭취할 수 있게 하기 위해서이다. 나는 땅을 갈아엎는 것이 힘에 부쳐서 대충 하다 보니 텃밭을 하는 다른 사람보다 적게 수확한다. 농사일이 얼마나 많은 땀방울을 흘려야 하는지 체험해 보지 않았을 때는 몰랐다. 작은 텃밭 하나를 경작하는 데도 엄청난 에너지와 정성이 들어간다. 땅을 갈아엎은 뒤에 둔덕과 골을 만들어 주는데 고구마를 수확할 때에서야 왜 둔덕을 만들어 심는지 이유를 알았다. 고구마 캐는 것이 훨씬 수월하고 장마 때 물 빠짐이 용이하기 때문이다. 뿌리가 살짝 돋은 줄기를 두 뼘쯤 되는 간격으로 심었다. 그 뒤에 며칠간 물을 주면 신기하게도 줄기에서 뿌리가 내려 새싹이 움트고 하루가 다르게 자라는 것을 볼 수 있다.

갈아엎은 땅을 보면서 우리의 삶도 비슷하다는 생각을 했다. 익숙한 것이 좋아서 갈아엎는 수고를 하지 않으면 수확한 것은 적을 수밖에 없다. 생각을 갈아엎어 보고 행동도 갈아엎을 필요가 있다. 익숙한 것과 작별을 고할 때 우리 삶은 새로운 열매들로 가득 찰 수 있다. 사람들과 관계할 때도 계속 동일한 방식으로 대응하며 동일하게 실망하는 때가 있다. 특히 부부지간에 똑같은 문제를 갖고 똑같은 방식으로 대처하면서 평생 싸우는 경우를 종종 본다. 그럴 때 상대를 탓하면 해결책은 나오지 않는다. 자기 자신이 다른 방법으로 대처해야 한다. 그동안 대처했는데 효과가 없는 방식은 과감히 버려야 하고 효과가 있는 방법을 자꾸 개발해야 한다. 삶이 행복하지 않고 실패하는 데도 계속 동일한 방식으로 살아간다면 자신에게 질문을 던질 필요가 있다. 지금 내가 행동하는 방식이 내가 원하는 것을 얻을 수 있는 방식인가?

촘촘히 심은 고구마 잎은 햇빛 보는 양이 적어서 튼실하게 자라지 못한다. 어느 정도 간격을 띄워주어야 잘 자라는 것처럼 우리 삶도 간격과 여백이 필요하다. 열심히 일하다 쉬어야 할 때 쉬어야 몸이 튼튼해진다. 이미 몸에서 신호를 보내는데도 알아차리지 못하고 어느 날 쓰러지는 것을 주위에서 수도 없이 보았다. 쉴 수 없는 형편이라고 말하는 사람도 있다. 하지만 지금 우리가 죽는다 해도 세상은 아무 일 없이 잘 돌아가는 것을 기억할 필요가 있다. 그러니 자신이 없으면 안 된다는 생각부터 여백을 가질 필요가 있다. 생각의 여백 이 있어야 타인의 생각을 나에게 넣을 수 있다. 나이가 들면서 고집 스러워져 젊은 사람들과 자꾸 충돌하고 잔소리가 많아지는 노인들 이 있는데 그들은 그동안 살아온 생각과 가치관이 여백 없이 꽉 채 워져 유연성이 없기 때문이다.

올해는 심을 때보다 더 힘들게 고구마를 수확했다. 날씨가 많이 가물어서 고구마가 땅속 깊이 묻혀있었다. 다른 때는 둔덕만 헤집으 면 고구마를 캘 수 있었는데 비가 오지 않고 가물어서 고구마는 깊 이깊이 물을 찾아 내려간 것 같다. 살아남기 위해 뿌리를 땅속 더 깊 이 뻗어 수분을 흡수하려고 한 고구마의 생존 방식을 알게 되었다. 텃밭을 가꾸면서 식물이 참으로 대단하다고 느꼈다. 자신의 환경을 수용하면서 거기 적응해서 나름대로 방법을 찾아 살아간다. 비가 오 지 않고 가뭄이 계속되면 자기 잎을 아래쪽부터 떨구어 수분 증발을 막기도 한다.

고구마를 캘 때 땅속 깊이 묻힌 고구마를 찾는 것이 마치 보물찾 기하는 것 같았다. 보물은 너무 깊이 숨어있어 호미질로 캘 수 있는 것만 캐고 깊이 들어간 것은 포기했다. 할 수 없이 얕게 묻혀있는 고 구마만 캤다. 보물이 너무 깊숙이 있으면 찾기 어려워서 보물 찾는 것은 특별한 노력이 필요한 것 같다. 비가 안 와서 목마른 고통을 해 소하기 위해 고구마는 땅속 깊이깊이 들어가는 고통을 감수했다. 우 리 인생도 고통을 견딘 사람이 더 깊이 있는 사람이 된다. 깊이 들어 간 고구마가 사람의 손길을 피할 수 있는 것처럼 고통으로 깊어진 사람은 흔들리는 환경에서도 자신을 보존할 수 있는 능력이 생긴다. 그러므로 삶의 고통스러운 환경은 오히려 보물이 될 기회이고 선물이다. 주어진 환경의 고통 속에서 묵묵히 자기 일을 감당할 때 그 고통이 오히려 축복이 된다. 힘든 위기를 기회로 만들 수 있는 사람이 되는 것이다.

농사짓는데 이렇게 애쓰고 수고하다 보니 작은 것 하나라도 버리기 아까워 자잘한 고구마를 남김없이 캐서 담았다. 날이 가물어서 다른 해에 비해 수고가 더 많았던 농사라서 더 애착이 생겼다. 그래서 작은 것 하나도 버리지 못하는 마음이었는지도 모르겠다. 작은 고구마까지 담는 것을 본, 옆에 있던 남편이 작은 것은 그냥 두라고 한마디 한다. 땅속 동물들도 먹고살게 남겨두라 한다. 순간, 내 인격을 들켜버린 것 같은 느낌이 들었다. 정말 마음의 여백이 없는 사람이 나 자신이라는 것을 깨닫는다. 남편의 말이 귀에 뱅뱅 돌아다닌다. 그 말은 내 생각과 마음마저 사로잡는다. 부끄러운 마음이 들었지만 속으로 반발심에 '고구마 키우는 수고도 안 했으니 그런 말을 쉽게 하지'라고 반박하고 있었다. 참으로 인간은 자기를 보존하기 위해 방어하려고 어떤 말도 끌어다 붙일 수 있다는 생각을 하며 나 자신의 마음을 훔쳐보면서 빙그레 웃었다.

언젠가, 감나무 높은 끝에 몇 개 달린 감을 본 것이 생각난다. 선조들은 그 감을 까치밥이라고 했다. 까치들을 위해 전부 따지 않고 남겨 놓는 여유가 있는 선조들을 떠올려 보며 내가 참 욕심 많은 사람이란 것을 자각한다. 고구마 상자에서 자잘한 것을 꺼내어 밭에 던졌다. 두더지도 먹을 것이고 고라니도 먹을 것이다. 그리고 내가 모르는 벌레들의 밥이 될 것이다. 상자에 있는 큰 고구마들이 숨 쉴 수 있는 여백이 늘어났다. 여백에 대해 배우고 깨달으며 마음이 풍요로 충만해진 느낌이다. 비우면 충만해진다는 것도 알게 된 날이다.

부부 상담을 받는 사람 중 머리 나쁜 커플은 거의 보지 못했다. 다 맞는 말을 하는데 왜 싸울까? 너무 머리가 좋아서 각자 자기 생각과 삶의 방식이 꽉 차 있다. 자기 생각과 방식으로 꽉 차 있으면 타인의 것을 받아들이기 힘들다. 내 생각에도 내 방식에도 여백이 필요하다. 이 여백이 있어야 상대방의 생각을 받아들일 수 있다. 이것이 바로 심령이 가난한 자일 것이다.

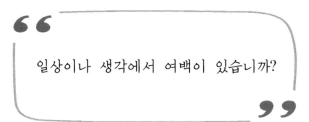

일상이나 생각에서 여백이 있습니까?

09

도축 소의 공격

진정으로 슬퍼하고 존중하는 애도의 자세

도축하려는 소가 사람을 들이받아 한 명이 숨지고 한 명이 다쳤다는 뉴스를 봤다. 사람을 해친 소는 1킬로미터를 도망쳐 인근 야산에서 붙잡혔다고 한다. 인사사고가 난 것은 안타깝지만 도축장으로 끌려가던 소의 처지에서 생각하면서 소에 대한 생각이 머릿속에 떠나지 않고 남아 있다. 소들도 감정이 있고 자신이 죽으려 가는 것을 알기 때문에 죽음 앞에서의 생존 본능이 순한 소를 야수로 변하게 했다. 죽음을 피하려고 1킬로미터를 달려갈 때 소는 살아야 한다는 생존 본능밖에 없었을 것이다. 얼마나 살고 싶었으면 그렇게 혼신의 힘을 다해 생의 마지막 몸부림을 쳤을까?

내가 소띠라서 그런지 자연스럽게 소에 대한 생각을 종종 한다. 소의 눈이 아름답다 못해 빨려 들어갈 것 같은 느낌이 들 때가 많았다. 눈이 큰 소가 가끔 눈물을 흘리는 것을 보면 나도 슬퍼졌다. 눈물을 흘리는 영혼은 아름다워질 거라는 생각과 함께 사람도 눈물을 많이 흘리면 순할 거라는 생각을 하곤 했다. 후에 알았지만 실제로 눈물은 영혼의 정화수이기도 하다. 눈물을 통해 카텍콜아민이라는 스트레스 호르몬이 배출되어 우리 스스로 치유하게 한다. 우리가 가까운 사람의 죽음으로 상실을 당할 때, 할 수 있는 가장 손쉬운 치유법이 많이 울게 해주는 것이다. 때로는 종교적인 이유로 우는 것을 금지하는 때도 있지만 이것은 좋지 않은 방법이다. 이 땅에서 이별하는 것은 분명 슬픈 일이기 때문이다.

평생 농부의 손에 이끌려 일을 도와주던 소를 보면서 어떻게 저렇게 잘 순종할 수 있는지 부럽기까지 했다. 내 내면세계는 늘 현실에 대한 반동과 불순종으로 들끓었기 때문에 단순하지 못하고 생각이 너무 많았다. 순종하는 태도를 보이는 사람은 인생의 깨달음이 있어서 순종해도 자신을 잃지 않을 자신이 있기 때문이다. 따라서 자발적 순종은 성숙한 사람이 할 수 있다. 순응하는 소를 보면서 소에게는 특별한 무엇이 있다고 생각했다. 내 인생에 일복이 많은 것도 소띠라서 그럴 거라는 터무니없는 생각도 하면서 마음속에 들끓는 반항을 잠재우며 가능하면 소와 같이 주어진 삶에 순응하려고 노력했다.

도축 소의 뉴스를 보면서 제목은 잊었지만 언젠가 봤던 영화 속의 영상이 떠올랐다. 오래전 봤던 영상이 아직도 생생한 것을 보면 영화가 내 감성과 마음을 흔들어 놓았을 것이다. 영화 속 주인공은 정성스럽게 돼지를 키워 성장한 돼지를 도축해서 고기를 팔아 생계를 유지한다. 돼지와 놀기도 하고 가족같이 지내다가 돈이 필요하면 돼지를 도축한다. 돼지를 죽일 때 영상이 아직도 생생한데, 돼지가 죽는 것을 미리 눈치채지 못하게 죽인다. 돼지와 같이 신나게 놀다가 돼지를 품에 안고 주인과 교감이 될 때, 최고 행복한 순간에 가장 빨리 죽을 수 있는 급소를 재빠르게 찔러 도축한다. 주인공은 돼지를 죽이고 아주 슬퍼하며 고기를 정육점에 넘긴다. 돼지를 키우면서 나누었던 정을 최소한 그런 방식으로 흘려보내며 아주 슬프게 애도한 뒤 자신의 일상으로 돌아온다.

비록 인간을 위해 몸을 내주는 동물이라도 죽어가는 과정을 덜 두렵게 할 수는 없을까? 우리 인간이 생존을 위해 동물들을 먹이로 사용하지만, 그들과 함께한 시간을 감사하고 죽어가는 순간까지 소중히 다루어 줄 수는 없을까? 동물이지만 분명 사람과 교감하고 키우면서 정이 들고 함께한 시간이 있다. 그런 동물들을 우리 인간을 위해 희생시킬 때 최소한 생명에 대한 예의를 갖추어야 한다는 생각이 들었다. 인간이 다른 생명을 함부로 여길 권리가 있는지 한 번쯤 생각해 봐야 한다. 최소한 인간의 생존을 이어가게 할 수 있는 정도의 희생만 있어야 한다.

내가 어렸을 때, 개고기를 먹는 것은 일반적 문화로 자리 잡고 있었다. 복날이 되면 집에서 키우던 누렁이를 잡았다. 그때는 동네에서 개를 잡는 모습을 흔히 볼 수 있었다. 가끔 들판에서 연기가 피어오르고 누린 냄새가 진동하면 개를 잡아 털을 제거하느라 불에 그슬리는 것을 누가 알려주지 않아도 알았다. 나는 복날이 되면 학교에서 집으로 곧장 가지 않고 다른 곳을 배회하며 집으로 늦게 들어갔다. 전날까지 함께 살았던 누렁이를 생각하며 울었고 아버지 밥상에 고기로 변한 누렁이가 올라가는 것이 보기 싫었고 그 누릿한 보신탕 냄새에 구역질이 났다. 오랫동안 누렁이 생각에 마음을 잡지 못했다. 부모님은 누렁이를 키울 때 단순한 가축으로만 생각했을까? 이름을 부르면 달려오고 주인과 교감했던 생명체인데 그런 누렁이를 죽이면서 아무렇지도 않다는 것이 이상했다. 하지만 그 당시, 많은 어른이 우리 부모님과 비슷했으니 우리 부모님이 특별히 잔인했던 것은 아니었다.

도망친 소는 그렇게 살고 싶어 하던 몸부림이 수포가 되고 결국 사살되었다. 이런 뉴스를 보고 마음 아파하고 있는데 우리 집 강아지가 밖에 나가자고 자꾸 내 무릎을 긁는다. 할 수 없이 강아지 요청에 이끌려 밖으로 나갔다. 요즘, 나처럼 애완동물을 키우는 사람들이 많아 밖에 나가면 자연스럽게 말을 붙이고 강아지 키우는 얘기들을 늘어놓게 된다. 애완동물이 반려동물이라고 명칭도 바뀌었다. 강아지 때문에 쉽게 타인들과 말을 트게 된다. 개를 키우는 같은 공감대 하나 있는 것이 친밀감을 더해 준다. 하지만 강아지를 산책시킬 때 자주 눈에 띄는 것이 개를 싫어하는 사람들과 반려동물을 키우는 사람과의 마찰이다. 개를 무서워하는 사람들이 있는데 그들은 길에서 목줄이 있는 강아지를 봐도 기겁하여 소리치고 도망가서 강아지들을 흥분시킨다. 흥분한 강아지는 달려가는 곳을 뒤쫓아 같이 뛰어간다. 때로는 동물과 관련되어 소송이 진행되기도 한다. 그런 그 소송의 결과는 개를 단순히 물건으로 취급하는 어처구니없는 경우가 종종 있다. 반려동물과 관련된 법규가 새로 만들어져야 할 필요가 있다.

때로는 동물 사랑이 지나쳐 사람보다 동물을 더 귀하게 여기는 사람들도 있다. 가끔 동물 때문에 사람을 비하하고 사람을 동물만도 못하게 말하는 사람들도 있다. 사람을 사랑하는 것에는 두려움이 있어 사람들과 교감은 못 하고 동물하고만 교감하는 사람들도 있다. 하지만 어떤 경우라도 사람이 동물보다 못한 취급을 받아서는 안 된다고 생각한다. 사람은 누가 뭐래도 이 지구상에서 만물의 영장으로 가장 존귀한 존재임은 틀림없다. 하지만 동물이 사람보다 더 소중할 수 없어도 함께 사는 동안 그들도 이 지구상에 없으면 안 될 인간과 같은 소중한 생명체라는 것을 인식했으면 좋겠다.

길거리에는 키우다가 내다 버린 동물들이 허다하여 유기견과 유기묘가 포화 상태에 이른다. 동물을 좋아해서 키우다가 키우기 힘들게 될 때 가차 없이 버리기 때문이다. 특히 휴가철에 심하다고 한다. 유기된 동물은 한 달간 보호소에 있다가 입양처나 주인이 나타나지 않으면 안락사시킨다. 동물이 단순히 사람에게 소속한 물건 같은 것인지, 공장에서 찍어낸 상품과 같은 것인지, 우리 인간의 먹이이니 단순히 먹잇감으로 대해야 하는지, 여러 가지 면에서 논의가 필요하다. 죽어서 몸을 우리에게 내어주는 먹잇감이라도 살아있는 동안은 귀한 생명체로 여겨주어야 하고 죽어가는 순간에도 무섭지 않게 만들어주는 배려가 있어야 할 것 같다.

> **"**
>
> 동물도 함께 살아가는 귀한 생명체라고
> 생각하십니까?
>
> **"**

10

가을 산책길의 사색
겉치레 벗고 자기 보여주기

전에 내가 살던 곳은 사계절이 아름답지만, 특히 가을에 단풍이 들면 마음을 싱숭생숭하게 만들 정도로 아름답다. 가을날의 풍경은 한 폭의 수채화 같아 나는 수채화를 눈에 담고 마음에 기억하려고 자주 산책을 한다. 가을 햇살을 온몸에 받으면 마음속 작은 찌꺼기 같은 우울감도 날아가는 것을 느낀다. 왕숙천이 유유히 흘러가고 물이 맑아 개천 밑이 훤히 내려다보인다. 손가락 크기만 한 고기떼가 노는 모습이 즐겁게 보여 한참 내려다보면 시간 가는 줄 모른다. 물고기 떼의 움직임은 마치 음악이 흘러가는 것 같아 내 마음속에 노래가 울려 퍼진다. 개천 가장자리 습지엔 갈대밭이 한껏 가을 정취를 뽐내며 하늘거리고 있고 갈대밭 속에서 작은 동물들과 오리 떼가 숨바꼭질하며 놀고 있다.

천천히 걸음을 옮겨 개천 길을 지나면 국립수목원(구 광릉수목원) 가는 길이 이어진다. 그 길에 몇백 년 묵은 아름드리 거목들이 빽빽이 들어서 있어 지나가면서 맡는 솔향과 피톤치드는 머리를 맑게 해주어 심신을 생기 있게 만들어준다. 광릉은 조선 시대 세조임금이 잠들어 있는 곳이다. 그는 죽어서도 이렇게 아름다운 길을 통치하고 있는 듯하다. 어린 조카뿐 아니라 수많은 사람의 피를 흘리게 하고 왕이 된 후에 그는 얼마나 많은 죄책감에 시달렸을까? 그렇게 해서 얻은 13년의 통치자 삶은 그리 행복하지는 않았을 것 같다. 자신의 식솔들이 일찍 단명했을 때에도 아마도 죗값을 치른다고 생각했을 것이다. 어떤 권력이나 명예를 얻어도 결국 한 줌 흙으로 돌아가는 인생이라는 생각이 저절로 났다.

걸어서 국립수목원까지 산책하기는 조금 무리가 되어 길 초입에 이어지는 봉선사 길로 방향을 돌렸다. 노랗게 물든 은행나무들이 길 양쪽으로 늘어서 있고 그 길을 지나가면서 맞는 가을 햇살이 슬프도록 찬란해서 눈물이 난다. 아름다움에 압도되면 어떤 표현도 못 하고 눈물이 나는 것 같다. 참으로 인간의 감정은 오묘하고 설명하기가 힘들다. 봉선사는 세조가 죽고 그의 아내가 왕의 묘를 수호하기 위해 만들어 1468년에 세워졌으니 500년이 넘는 역사적인 절이다. 봉선사 안에는 세조의 명복을 비는 글이 새겨져 있는 종이 있다. 집에 있으면 가끔 들리는 종소리가 이것인지는 모르겠으나 은은하게 울려 퍼지는 종소리는 듣는 사람의 신체 곳곳에 스며드는 듯하다.

봉선사 연못에는 수없이 많은 연꽃이 자라고 있다. 해마다 연꽃이 피면 많은 사람이 연꽃을 보기 위해 이곳을 들른다. 그런 사람들을 위해 연꽃 축제를 여는데 봉선사에서 해마다 진행하는 행사이다. 행사가 진행될 때면 유명 가수들이 오기도 한다. 근처의 마을 사람들은 깊은 산속에서 축제를 즐긴다. 가을이라 연꽃을 볼 수는 없어도 연못 주변을 산책하는 것도 특별한 즐거움을 준다. 걷기 좋게 나무로 연못 주변의 둘레 길을 조성해 놓았다. 사찰 안으로 들어가면서 기와지붕의 아름다움을 감상하면서 예스러운 정취에 취해볼 수 있다. 나는 기독교인이지만 사찰의 풍경을 좋아한다. 그래서 절 주변을 산책하고 오래전 사람들이 살던 모습을 더듬어보는 것에 종교적으로 별다른 의미를 두지 않는다. 대부분 절이 아름다운 산과 계곡을 끼고 있어서 종교적 의미보다 아름다운 풍경에 의미를 둔다.

이제 얼마 안 있으면 이렇게 고운 단풍이 하나둘 떨어지며 서둘러 제 길을 가고 앙상한 가지만 남을 것이다. 나무가 모진 겨울을 이겨내려면 적절한 수분과 양분을 꼭 필요한 데만 쓰기 위해 스스로 제 잎을 떨어뜨린다. 잎이 떨어지고 앙상한 가지를 드러낸 나무는 오히려 나무의 본 모습을 더 잘 보여준다. 사람도 그럴 것 같다. 거친 세상 살아나기 위해 적절히 잊어버릴 것은 잊어버리고 적절히 놓아버리고, 적절히 겉치레를 벗어야 할 것 같다. 자기의 본 모습에 가깝게 살수록 우리의 상처는 보듬어지고 자기다움에서 오는 충족감을 누리게 될 것이다. 며칠간 내가 우울했던 이유는 아마도 나만의 독특성을 잃어버린 겉치레가 주는 이중성 때문이었다는 것을 통찰했다. 내가 좀 더 벗어버려야 할 것이 무엇인지 떠올랐다. 이렇게 통찰이 되자 마음속에서 에너지가 솟구쳐 올라와서 집으로 돌아가는 발걸음은 올 때보다 빨라진 것을 느꼈다.

집에 돌아오니 여러 날 돌보지 못한 화분이 눈에 들어왔다. 마음이 침체되어 있으니 집안의 화초들이 눈에 들어오지 않고 나에게 집중되어 주위를 돌볼 여력이 없었다. 움직이는 강아지는 내 마음이 아무리 침체되어 있어도 기본적인 것을 챙길 수밖에 없는데 조용히 그 자리에 있는 화초는 미처 신경을 못 쓴다. 잎이 많은 화분의 이파리가 축 늘어져 있다. 얼른 물을 주고 조금 지나니 늘어진 잎이 다시 생기를 찾는다. 이렇게 자기를 표현하는 식물이나 동물은 금방 대처가 가능한데 자기표현이 늦은 식물은 오랫동안 돌보지 않게 되고 어느 날인가 죽어있다.

　사람도 마찬가지이다. 아프면 아프다고 말해야 주위에서 자신의 상태를 알아차린다. 평소에 자신이 싫어하는 것도 남에게 말해야 배려를 받을 수 있다. 자신이 아픈 것을 알리지 않으면 분노나 상한 마음이 쌓여서 내면이 돌밭과 가시밭이 된다. 그래서 타인에게 자신도 모르게 공격적으로 된다. 특히 내성적인 사람들이 화가 나면 외향적인 사람보다 그 폭발력은 대단하다. 내성적인 사람들은 적절히 자기표현을 연습하고 외향적인 사람들은 내성적인 사람들에게 먼저 말할 기회를 주어야 관계가 좀 더 부드러워진다. 내성적인 사람들은 외향적인 사람들이 나댄다고 싫어하고 기피하려 하고 외향적인 사람들은 내성적인 사람들을 향해 속을 알 수 없다고 하며 답답해한다. 그것은 자기 내면에 있는 반대성향을 개발하지 못해서이다. 서로 배려하면서 자기 모습과 다른 상대의 모습을 조금만 본받으려 노력해도 자기 성향과 반대 모습이 개발된다. 자기 내면의 반대성향이 개발되면 반대성향의 사람을 비난했던 모습이 사라지게 된다. 반대성향의 사람들을 향해 투사했던 비난이 사라지면 예쁜 가을 풍경과 같이 서로의 다양함이 어우러지는 모습이 될 것이다.

"
자신을 타인에게 알려주고 있습니까?
"

CHAPTER 4

일터

존재감의 도장 찍기

01

멋진 간호사
자기 자신을 제대로 알기

건강검진을 받을 때나 몸이 아파 병원을 찾을 때마다 좁은 혈관 때문에 곤욕을 치른다. 간호사가 약한 혈관을 찾느라 여러 번 찔러 대고 검사할 때마다 혈관이 터져서 시퍼렇게 멍이 든다. 늘 있는 일이라 익숙해진 것 같아도 검사할 때마다, 나뿐 아니라 간호사도 긴장한다. 전에는 혈관이 터질 때마다 화가 났었는데 이제는 내 신체가 일반인들과 다른 것을 미리 알고 있으니 간호사에게 미안한 마음으로 혈관이 약하다고 미리 알려준다.

이번 검사에서도 간호사에게 내 혈관에 대해 미리 알려주었는데 간호사는 주사기로 여러 번 찌르다가 결국 혈관을 찾지 못하고 누군가에게 전화했다. 전화를 받고 달려온 다른 간호사가 와서 내 손등을 만지더니 단번에 혈관을 찾았다. 처음 있는 일이었다. 신기하기도 했고 간호사의 능력을 보면서 존경하는 마음마저 들었다. 그 간호사는 얼마나 많은 사람의 혈관을 손의 감촉으로 찾아냈을까? 수도 없이 많은 사람의 혈관을 만져봤을 것이다. 이렇게 실력이 있기까지 수많은 실수를 용납하며 또 시도하고 미세한 혈관의 흐름을 감각적으로 익혔을 것이다.

프로가 되는 것은 수없이 많은 반복 훈련이 필요하다. 자신이 잘하는 것보다 못하는 부분을 알아야 하고 그것을 타인에게 노출시켜 조언을 듣고 도움을 받아야 실력이 생길 수 있다. 자신의 잘못을 드러내는 용기가 없으면 좋은 프로로 성공하기는 어렵다. 잘 못 하는 것은 반복 훈련을 통하여 숙달시켜야 한다. 또한, 자신이 부족하다는 것을 늘 인지하고 있어야 부족한 부분의 실수를 덜 할 수 있다. 익숙해진 후에도 계속 연구하고 관찰하고 새로운 방법을 찾아내야 한다. 매너리즘에 빠져있으면 지속해서 프로가 될 수 없다.

우리 모두 좋은 삶의 프로가 되었으면 좋겠다는 생각을 했다. 삶의 프로가 되려면 자신을 먼저 관찰하고 내면에서 무슨 일이 일어나는지 잘 알아야 한다. 자신이 무엇을 원하고 있는지, 어떤 감정이 생기고 있는지 알아야 한다. 일에서 자신의 부족한 부분을 알아야 프로가 될 수 있듯이 나 자신의 약한 부분이 무엇인지 알아야 좋은 삶을 살 수 있다. 신체에서 약한 부분, 화가 나는 상황, 경제적 행동 패턴, 타인을 대하는 가치관, 자신이 싫어하는 것과 좋아하는 것, 자신의 한계점 등, 자신과 관련된 것을 잘 알아야 할 뿐 아니라 관련된 타인도 잘 알아야 삶의 프로가 될 수 있다.

자신의 신체를 잘 알아야 일의 양을 조절할 수 있다. 육체적 한계를 뛰어넘으려다 과부하 되어 쓰러지는 사람들이 수두룩하다. 나는 젊은 날에 몸살을 자주 앓았다. 많은 양의 일을 하고 늘 앓아눕는 것은 내 육체의 한계를 잘 몰랐기 때문이다. 열정이 있으나 절제할 수 있는 능력이 없어서 툭하면 몸살을 앓았다. 할 수 있는 만큼만 해야 일의 능률도 더 오른다. 열정적으로 많은 일을 한 것 같지만 며칠을 앓아누우면 결국 천천히 일하는 것과 동일한 결과가 된다.

자신의 감정인 분노, 두려움, 수치감, 죄책감, 우울감 등은 어떤 때 생기는지 관찰해야 한다. 감정은 우리의 삶을 풍요롭게 만들기도 하고 잘 다스리지 못하면 우리의 삶을 망가뜨리기도 한다. 그러한 감정들을 어떻게 제어하고 해결해 가야 하는지 스스로 알아야 한다. 사람마다 성향이 다르므로 자기감정을 다스리는 방법도 각각 다르다.

자신의 경제 패턴에 대해서도 알아야 한다. 물질 만능의 세상에서 돈에 대해 어떤 가치관을 따르고 있는지 알아야 한다. 대인관계에서 돈으로 인해 타인에게 치사해지기 쉬울 수 있고 돈에 대해 과도한 욕심이 있는 경우 돈으로 인해 패망할 수 있기 때문이다. 물질 사용이 잘 못 되면 타인과 관계가 끊어질 수 있고 물질 사용이 지혜로우면 타인의 존경을 받을 수도 있다.

또한, 명예나 권력에 대해 어떤 가치관을 따르고 있는지 스스로 점검해 봐야 한다. 명예나 권력에 취약해서 판단이 흐려질 수 있고 인정받기 위하여 거짓된 행동으로 거짓 자기가 형성될 수 있기 때문이다. 외로움이나 의존성이 있는지도 관찰해야 한다. 외로움이나 의존성이 있으면 타인과 친해지기 위해 자신의 고유한 많은 부분을 잃을 수 있다. 이렇게 자신을 잘 알아가고 약한 부분을 보강하려면 어떻게 해야 하는지 자신만의 방법을 스스로 찾아내야 한다.

내 삶에서도 취약한 것이 많았고, 상담사로 일할 때도 잘하지 못하는 것이 많았다. 내가 처음 상담사의 일을 시작할 때 세상이 온통 먹구름에 덮여있는 것으로 느껴졌다. 대부분 상담실을 찾는 사람들은 삶에서 어려움을 해결하지 못해 마음의 병이 생긴 상태이다. 세상에서 벌어지는 폭행의 문제, 외도의 문제, 성과 관련된 문제 등 한 번도 경험하지 못한 드라마 같은 일들을 상담하면서 세상을 새롭게 알게 된다. 이론적으로 알고 있어도 실제로 그런 일을 만나게 되면 놀라다 못해 충격을 받아서 내 삶이 우울해지기도 했다. 일하는 부분과 내 삶을 분리하기 어려웠다. 많은 훈련을 받고 지금은 일과 개인의 삶을 분리할 수 있지만 그래도 상담할 때는 여전히 마음이 매우 아프고 힘들 때가 많다.

상담의 기술로 공감과 직면이라는 두 가지 측면이 있다. 공감은 어떤 일이든 판단하지 않고 그 사람의 상황을 그대로 느끼고 그 사람 처지에서 생각하고 말해주는 것이다. 직면은 그 사람이 겪은 일 속에서 상담자가 알아차리고 내담자는 미처 깨닫지 못한 것을 그대로 말해주는 것이다. 공감이 따뜻한 가슴의 언어라면 직면은 이성적이고 차가운 머리의 언어이다. 상담자가 공감해 줄 때는 내담자의 마음에 안식이 생기지만 직면을 하게 되면 내담자의 잘못된 부분이 건드려지기 때문에 아픔을 겪는다. 아픔을 겪고 자신을 돌아보면서 성장하게 된다. 이러한 두 가지 기술이 잘 조화되어야 좋은 상담이 되어 치료가 잘 된다. 상담자가 공감만 잘하면 내담자의 마음은 편안하기는 한데 답이 없는 것 같아 시원하지 않고 답답하다. 직면만 잘하면 해결책은 얻을 수 있는데 내담자의 마음을 다칠 수가 있다. 그래서 상담자는 공감을 먼저 해서 내담자가 직면을 받아들일 힘이 생길 때까지 직면하지 않는다. 상담자에 따라 공감에 능한 사람도 있고 직면에 더 능한 사람도 있다.

나는 직면보다 공감하는 능력이 떨어지는 사람이다. 그래서 공감 훈련을 수없이 반복했다. 이제는 공감이 저절로 되지만 그래도 상담에 임할 때, 내가 공감이 잘 안 되는 사람이라는 것을 인식하고 시작한다. 그러면 만족할 만한 상담이 되지만 공감을 못 한다는 것을 나에게 상기시키지 않으면 여지없이 공감해야 할 부분을 놓치게 된다. 미리 인식하지 않으면 내 기질적 한계가 여지없이 드러난다. 참으로 프로가 되는 것은 자신의 약한 부분을 끝없이 인식하고 고치려는 노력이 있어야 가능하다. 오늘 만난 간호사를 보면서 다른 사람들은 여러 번 시도해도 못하는 것을 단 한 번에 할 수 있는 능력을 갖춘 모습이 너무나 멋져 보였다. TV에서 본 생활의 달인들의 멋진 모습이 하나씩 스쳐 지나갔다.

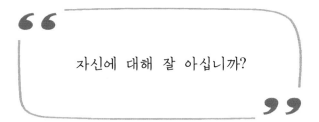

자신에 대해 잘 아십니까?

02

내 마음에 숲 하나 갖기
마음의 신호에 귀 기울이기

집단 상담을 진행하려고 여러 가지 준비를 하는데 조금 일찍 도착한 그룹원이 한마디 한다. "선생님! 여기 올 때는 꼭 포레스트에 가는 느낌이 들어요."

"그렇군요!" 대답하며 잠시 그 사람의 마음을 느껴본다. 그 사람에게는 집단 상담 장소가 곧 마음의 숲인 것이다. 마음의 숲이라는 단어를 접하면서 얼마 전, 후배에게서 전송되어 온 사진 하나가 떠올랐다. 방갈로같이 생긴 작고 예쁜 숲속의 집이었다. 사진과 함께 '언니가 하고 싶은 것 해보라고 해서 6평짜리 내 방 하나 샀어.'라는 문구가 있었다. 지난번 만났을 때 그 후배가 우울하다는 얘기를 했다. 내가 보기에 모든 것 갖춘 환경 속에 살고 있고 특별한 문제가 없는데도 우울하다고 했다. 직업의식이 발동한 나는 "네가 정말로 하고 싶은 것이 무엇인지 찾아봐! 그리고 그것을 시도해 봐!"라고 권한 적이 있었다. 내 말을 듣고 바로 실행에 옮긴 그녀의 행동력에 감탄했다.

우리는 너무 많은 타인 속에 산다. 타인과 맞추어 살고 타인들 마음을 헤아리다 보면 정작 가장 가까워야 할 나 자신과 너무 멀어져 있다. 내가 무엇을 좋아하는지, 무엇을 싫어하는지, 하고 싶은 것은 무엇인지, 무엇을 보면 감동하는지, 어떤 때 행복한지 등등, 이런 것들을 놓쳐버리고 주변만 의식하면서 산다. 주변 사람에 길든 우리는 정작 자기 자신을 잃어버려서 공허감을 느낄 때가 많다. 우리가 가야 하는 인생길에서 가장 오랫동안 함께할 사람은 주위 사람이 아닌 정작 나 자신이다. 그리고 그다음이 배우자나 부모, 자녀일 것이다. 가족이나 친구, 동역자, 그리고 지인들은 내 삶의 일정 기간 동안 함께하다 헤어지게 된다. 오직 나 자신만이 내가 죽을 때까지 함께하는 사람이다.

모두의 인생길은 처음에 혼자 와서 죽을 때도 혼자 가야 하는 길이다. 불평등한 이 세상에서 이것은 모든 인간이 공평하다. 태어나서 죽기까지 사는 동안에 만나는 모든 이들은 전부 자신의 인생을 수놓기 위한 손님들이다. 매일 손님치레에 분주하다 보면 내 내면을 등한시한 채 나와의 귀중한 시간을 갖지 못한다. 우울하다는 말은 어쩌면 나 자신과 만나달라는 내 내면의 신호일 수 있다. 나만이 기거할 수 있는 작은 방, 꼭 그런 공간을 따로 장만해야 하는 것은 아니다. 짧은 시간이라도 나 혼자 있을 수 있는 곳에서 나 자신을 만나줄 수 있는 곳이 내 방이 될 수 있다. 그곳은 혼자 있는 부엌이 될 수도 있고 동료가 퇴근한 사무실일 수도 있고 즐겨 가는 공원일 수도 있다. 잠시 핸드폰이나 대중매체를 꺼놓고 내 내면에 귀 기울일 때 마음속 깊은 곳에서 자그마한 행복이 솟아나는 것을 느낄 수 있다. 이런 곳이 마음의 방이다.

이렇게 나만의 방에서 나와의 시간이 필요하듯 마음의 숲도 필요하다. 마음의 숲은 여럿이 함께 있으면서 나를 잘 돌보아주고 나 자신을 돌아보게 해 줄 수 있는 곳이다. 마음의 숲에 있으면 온전히 발가벗겨져도 창피하지 않다. 솔직하게 자신을 드러내고 자신을 직면할 수 있게 용기를 주는 사람으로 둘러싸여 있다. 상대에게 솔직하게 말해도 곡해하거나 오해하지 않는 곳이다. 욕을 해도 괜찮고 소리를 지르거나 울어도 괜찮은 곳이다. 서로 모르는 사람이 만나도 편안할 수 있고 부끄럽지 않게 내 결점을 이야기할 수 있는 공간이다. 같이 아파하고 같이 기뻐할 수 있는 곳이다. 맘껏 자랑질해도 질투 받지 않는 곳이다.

상처가 많은 사람은 친밀감을 두려워해서 마음의 숲을 갖기 어렵다. 상처받을까 봐 사람 만나는 것이 어렵고 그동안 만났던 사람들 때문에 만신창이가 되어서 사람을 피하게 된다. 자기 자신과도 대면하지 않으며 상처의 원인을 전부 타인 탓으로 돌린다. 친밀감 느끼는 것을 스스로 거부하기 때문에 진정성 없이 껍데기 만남만 지속한다. 사람을 만나도, 스마트폰으로 SNS를 해도, 여러 사람과 함께 있어도 속 이야기를 못 하고 가볍게 노닥거리는 것에 열중할 뿐이다. 너무나 외로워서 겉으로만 많은 사람을 만나거나 가상의 공간에서 친구가 수천 명이 되어도 말 한마디, 글 한 줄도 진솔함 없는 겉치레의 삶이 이어진다. 그래서 많은 사람을 만나도 오히려 공허감에 시달리며 깔깔거리는 웃음 뒤엔 씁쓸하고 텅 빈 것 같은 마음만 남겨진다. 그야말로 군중 속에서 홀로 있는 것을 느끼는 외로움이다.

그러한 마음을 피하고 싶어 중독에 빠지기도 한다. 무엇엔가 몰두하면 몰두하는 동안이라도 외로움과 공허감을 느끼지 않을 수 있어서이다. 중독에 빠지면 잠시의 달콤함 때문에 삶은 점점 피폐해지고 헤쳐 나오기가 쉽지 않다. 주위에서 흔히 보는 알코올 중독이나 커

피 중독, 담배 중독, 게임 중독, 성 중독 등 삶에서 안 좋다고 알고 있는 중독도 있지만, 겉으로 긍정적으로 보이기 때문에 간과하기 쉬운 중독도 있다. 일중독은 사회생활에서 어느 정도 성과를 내고 기여하는 바가 있지만, 가정생활에서 부부간의 마찰을 가져오고 자녀들을 방치하게 만드는 요인이기도 하다. 일하는 목적이 풍요로운 생활을 하기 위한 것이 아니라 일을 위해 주위의 많은 것을 희생시킨다. 일 자체가 수단이 아닌 목적이 된다. 또한, 종교 중독도 있는데 종교적인 의존성 때문에 현실의 삶을 피하고 비합리적으로 되어 가족관계에서 마찰을 가져온다. 종교가 인간에게 주는 긍정적인 요인이 많지만 잘못하면 삶의 다른 요소들을 파괴하기도 한다. 요즘 학생 중에는 공부중독인 아이들도 있다. 부모들은 좋아할지 모르지만, 공부 외에는 할 줄 아는 것이 없고 자라면서 삶에서 배워야 할 다른 것을 하나도 배우지 못하게 된다. 공부중독은 성인이 되어 아무것도 할 수 없는 상황과 부딪히면서 문제의 심각성을 알게 된다.

삶에서 우리 자신의 성장을 위해 자신이 보고 싶지 않은 모습을 피하지 않고 직면하려면 혼자 사색하고 깊이 있게 자신의 내면을 통찰해야 한다. 그러기 위해 자신만의 방이 필요하다. 또한, 나 자신이 나를 모를 때, 타인이 알고 있는 나에 대해 피드백을 들어서 좀 더 잘 알 수 있다. 여러 사람이 함께 있어 나에 대해 좋은 거울 역할을 해 줄 수 있는 공간이 필요하다. 마음의 숲을 갖고 자신을 부지런히 발견해 갈 때 우리는 좀 더 성장할 수 있어 자아실현에 한층 가까이 다가갈 것이다.

후배가 마련한 숲속에 있는 작은 방을 빌려 잠시 머무는 내 모습을 상상해 본다. 마음속에서 행복감이 아지랑이처럼 올라오는 것을 느낀다.

> **마음의 방과 숲이 있습니까?**

03

도깨비방망이

억압된 욕구 알아차리기

얼마 전 시각 장애인이 많은 곳에서 강의했다. 강의하기 전에 그들에게 먼저 질문을 던졌다.

"지금 도깨비방망이가 있어서 한 번 칠 때 소원을 들어준다고 한다면 무슨 소원을 말하겠습니까?" 1초의 망설임도 없이 "시각이요!"라는 대답이 나왔다. 강의가 끝나고 집에 오는 내내 "시각이요."라는 그들의 한 마디가 귓전에 맴돌며 그들의 아픔이 내게 전해져 왔다. 열망이 얼마나 크면 1초의 망설임 없이 자신의 소원을 말할 수 있는 것인가? 일반 사람들이 너무나 당연하게 누리는 것이 그들에게는 간절한 염원이다. 내가 당연하다고 여기던 것들은 그것이 사라질 때 그 귀중함을 깨닫는다. 그러니 현재의 행복을 느끼려면 당연한 것을 당연한 것으로 여기지 않는 데서 출발한다고 볼 수 있다.

장애가 없는 집단에서 강의 시작할 때도 똑같은 질문을 던지면 대부분 망설이고 한 가지 소원에 대한 답이 금방 나오지 않는다. 강의가 끝나도록 한 가지 소원을 못 찾는 사람들도 있다. 그러면 나는 적어도 3가지 정도의 소원은 누가 물어봐도 금방 대답할 수 있게 준비하고 그 소원을 늘 생각하라고 말한다. 자신이 원하는 것에 대한 간절함이 있어야 그것이 목표가 되고 이루고자 노력한다. 그 목표는 삶의 활력을 가져다주고 삶의 의미가 되기도 한다. 그것은 기도가 되고 기도를 하는 한 그것은 이루어질 가능성이 커진다. 가끔 왜 사는지 모른다고 말하는 사람을 볼 수 있는데 그들은 자신을 향한 목표나 삶의 의미를 찾지 못해서이다.

나는 어렸을 때 욕심이 많고 하고 싶은 것도 많았다. 하지만 그 욕구와 하고 싶은 것들을 채워주기에는 환경이 녹록하지 않았다. 환경적 기초가 튼튼하지 않았기 때문에 어린 내가 스스로 이루어야 했고, 그만큼 삶은 전투적으로 되어 노력하지 않으면 안 되었다. 그렇다고 비정상적 방법이나 신데렐라가 되는 꿈을 꾸어 본 적도 없었다. 내가 할 수 있는 것은 주어진 삶에서 최선을 다해 노력하는 것밖에 없었다. 그렇게 노력하면서 가당하지 않은 꿈들은 포기하고 이룰 수 있다고 생각한 것은 긴 시간이 걸려도 이루려고 노력했다. 가끔 욕심에 대해 경계하는 목소리를 들을 때가 있어 욕심 많은 나를 야단친 적도 있는데 욕심 많은 것이 뭐가 문제가 되는지 모르겠다. 욕심이 많아도 그것을 갖기 위해 정당한 방법으로 노력한다면 문제 될 것이 없을 것 같다. 욕심은 삶의 열정으로 이어질 수 있으니 긍정 작용도 할 수 있다고 본다. 나이가 들면서 욕심이 생기지 않으니 삶의 열정도 떨어지는 것을 느낀다.

자신이 원하는 것을 포기해야 할 때 우리에게는 방어기제가 작동한다. 방어기제 중 많이 사용하는 것이 억압인데 억압은 마치 욕구가 없었고 원하지도 않았던 것처럼 욕구를 무의식으로 밀어 넣어서

의식하지 않도록 만드는 것이다. 이렇게 억압된 것들은 비슷하게 보이는 것만 있으면 우리의 감정을 통하여 밖으로 튀어나오려고 한다. 자신이 원하는 것을 가진 사람이 까닭 없이 미울 수도 있고 자신이 원하는 것을 가지려고 노력하는 사람들에게 이유 없이 도와주고 동정을 베풀고 싶기도 하다. 그래서 자신에게 일어나는 감정들을 잘 살펴보면 자신의 무의식을 알 수 있는 좋은 방법이 된다.

나는 고등학교를 졸업하고 대학의 꿈을 포기하고 직장생활에 뛰어들었다. 공부하고 싶었던 열망을 포기하고 그냥저냥 직장에 적응하며 살았다. 그런데 대학을 가고 싶었던 바람은 학벌에 대한 콤플렉스로 나타났다. 나와 아무 상관이 없는데도 학벌 높은 사람을 보면 주눅 들고 그런 사람들과 마주하면 가슴이 조마조마했다. 그뿐만 아니라 청소년 학생 중에 경제적 형편이 어려워 공부를 못하는 사람이 있으면 나와 전혀 관계없는 사람이라도 적극적으로 돕고 싶은 마음이 들었다. 이렇게 내가 원하는 것을 억압시키고 나서 그 마음을 알아차린 것은 서른 살이 넘어서였다. 그 후, 내 방어기제가 억압에서 억제로 바뀌었다. 억제라는 방어기제는 무조건 원하지 않는 것처럼 살아가는 것이 아니라 '그래! 지금은 형편상 할 수 없으니 기회가 되면 이루어 줄게!'하고 자기 자신을 달래주며 원하는 것을 가질 수 있는 환경이 될 때까지 미루는 것이다. 원하는 것을 잊지 않고 있으므로 그 소원은 기회가 오면 붙잡을 힘이 된다. 대학을 가겠다는 열망은 내 나이 40이 넘어서 이루어졌다. 그 이전까지는 대학 공부를 할 수 있는 여력이 없어서 그냥 환경에 순응해서 살아야 했다.

심리학자 아들러는 열등감에 노력이 더해지면 폭발적인 에너지가 된다고 말한다. 그 말은 나에게 그대로 실현되었다. 내가 원하는 바를 이루지 못하면서 열등감으로 작용했고 그 열등감은 극복하려는 의지로 변환되어 후에 박사학위까지 갔던 것 같다. 40세 이후에 실로 15년 이상 공부를 했고 현재도 늘 공부하는 자세로 살아간다. 이렇게 억제라는 방어기제는 자신에게 '기다려줘!'라는 명령을 내림으로써 기회를 탐색하다 적기가 되면 그 소망을 현실로 만들어낸다. 반면에 환경이 따라주지 않을 때 무리하게 자신의 소원을 이루려고 하면 현재 해야 할 일을 놓쳐버릴 수 있어서 그 부작용이 미래에 나타날 수도 있다. 예를 들어 아이를 낳고 키워야 하는데 자신의 욕구 때문에 아이 출산을 미루면 노후가 힘들어질 수 있고 아이 양육을 타인에게 맡기면 아이의 애착 문제가 사춘기 이후에 나타날 수도 있다. 삶에서 잘못된 선택의 결과가 바로 나타나지 않는다. 그래서 한 사람에 대한 평가는 그 사람의 관 뚜껑 닫을 때나 제대로 평가할 수 있다. 우리는 모두 전부 완료형이 아닌 진행형이기 때문이다.

지금 나에게 '금 나와라, 뚝딱'하는 도깨비방망이가 옆에 있어서 한 번 칠 기회가 주어진다면 나는 무엇을 말해야 할까? 그동안 억압시켜온 무의식이 감정을 통하여 나타나고 있는 것들은 무엇일까? 그리고 억제되었던 소원은 무엇일까? 이런 생각을 하면서 나는 신비에 둘러싸인 60대와 70대의 꿈을 꾼다. 내가 앞으로 맞이해야 할 노년은 무척 흥미로울 것이다. 어쩌면 평생 받아보지 못한 지극한 돌봄을 받을 수도 있고 여유로운 시간 속에서 천천히, 느리게 사는 삶의 매력에 빠져들 수도 있고 지는 황혼을 하염없이 바라보면서도 조급하지 않게 그 아름다움에 푹 젖어 들 수도 있을 것이고 내 주장이 하나도 없는 삶이 될 수도 있을 것이다. 경험해 보지 않은 것들을 새롭게 경험하는 것은 무엇이든 흥미로울 것이다. 나는 이 미래의 삶을 호기심으로 꿈꾼다.

"

한 가지 소원은 무엇인가요?

"

04

일하는 기쁨

치유의 과정에 함께하는 보람

아침 일찍 출근길에 나섰다. 복잡한 출근 시간대에 길이 많이 막히는 이유로 러시아워 이전에 출근한다. 내가 다니는 길은 47번 국도인데 이른 시간에 승용차보다 화물 트럭이 줄을 지어 달린다. 소형차를 운전하다 보면 화물 트럭이 옆에 있거나 앞에 있을 때 위압감이 느껴진다. 그래서 가능하면 트럭과 멀리 떨어져서 운전하고 싶은데 이른 시간에 트럭이 많아서 그것도 여의치 않다. 애써 위압감에서 벗어나려고 새벽부터 트럭 운전하는 사람들의 모습을 상상해본다. 대부분 한 가정을 책임지는 가장이 많을 것이다. 자신의 자녀를 위해, 아내를 위해, 또는 부모님을 위해 생계의 현장에서 아침 일찍 일하는 가장의 모습은 아름답고 거룩해 보이기까지 했다. 그들의 노력과 분투, 성취와 고통, 그리고 책임감으로 무장된 그들이 큰 용사같이 생각되었다.

일하러 가는 나 자신도 훌륭하다는 자찬을 하면서 내 얼굴에 미소가 번지는 것을 느낄 수 있었다. 나는 내 직업을 좋아하다 못해 사랑하는 것 같다. 내가 내 일을 좋아하는 가장 큰 이유는 일에 대한 성취감과 보람이다. 그리고 다양한 사람들을 만나면서 내 세계가 넓어지는 것 같은 느낌을 받는다. 처음 내담자를 만날 때, 아무리 상담 경험이 많아도 늘 조심스럽다. 심각한 정신병리가 있는 사람을 만나면 과연 치료될 수 있을지 암담함이 느껴질 때도 있지만 일단 치료될 수 있다고 나 자신에게 먼저 확신시키고 일을 시작한다. 상담 회기가 거듭되면서 차츰차츰 변화가 일어나고 처음 만날 때와 다른 모습이 되어가는 것을 눈으로 보게 되면 맘 졸이며 시작했던 초기 상담 때와는 달리 내 마음 안에 기쁨과 감사가 연기처럼 피어 올라온다. 그 보람은 어떤 것과 바꿀 수 없고 그 기쁨은 뭐라 형용하기가 어렵다.

얼마 전, 상담했던 사람에게서 전화가 왔다. "그동안 인도해 주셔서 대학원에 입학했어요. 감사드려요." 50대 나이에 대학원에 입학한 것이다. 그분은 내가 처음 치료를 시작할 때 초등학교 학력이 전부였다. 우울과 상실 치료가 끝나고 나는 그분 안에 있는 열등감을 해결해서 치유를 넘어 성장 상담으로 진행해야 한다고 생각했다. 학력이 낮은데도 지적 능력은 다른 사람들에 비해 오히려 커 보였다. 그래서 그분 안에 있는 열망과 열등감을 해결하기 위해 공부하기를 권했는데 중등 과정과 고등학교 과정을 검정고시로 끝내고 대학에 들어가더니 대학원에 진학했다는 것이다. 공부하기를 권할 때 그분은 시작하기를 두려워했지만 여러 번, 잘 할 수 있다고 격려했다. 나이가 있으니 일단 시작하고, 못하겠으면 그만두면 된다고 실패에 대처하는 방법도 얘기했다.

우리가 무엇을 시작할 때, 꼭 성공해야 한다고 규정지으면 실패에 대한 두려움으로 시작도 못 하게 되는 경우가 종종 있다. 하지만 생각을 조금 다르게 하면 시작하고 그만둔 것과 시작도 안 한 것과는 많은 차이가 있다. 시작하고 그만둔 것은 최선을 다한 자신에 대해 아쉬움과 후회가 남지 않고 원하던 것을 포기할 힘이 생긴다. 하지만 시작도 안 하면 그것을 해결하고 싶은 마음을 죽을 때까지 갖게 된다. 그래서 나는 원하는 것은 가능하면 그 일을 시도할 수 있도록 권한다. 이렇게 해서 자신이 원하는 것을 이루게 되면 그 이후의 삶은 완전히 전환되기도 한다. 우리 안에 있는 열망을 알아차리지 못하면 정신적으로 병이 들 수 있다. 특히 우울증은 자신을 알아달라는 신호이고 자신이 원하는 것을 이루어 달라는 신호일 수 있다.

상담자로 가장 안타까운 마음이 들 때는 과거에 상담했던 사람이 재발하거나 중도에 상담을 포기하여 한참 후, 그 증상이 더 나빠져서 나타날 때이다. 특히 성인이 되기 전에 학교에서 문제가 있어서 상담하는 경우에 그런 일이 많이 일어난다. 대부분 학교에서 일어나는 문제나 청소년기 문제들을 가볍게 지나가는 감기로 생각하는데 그것은 청소년기 문제일 수도 있고 그 이전에 어렸을 때부터 숨어있던 문제가 돌출되는 경우일 수도 있다. 어린 시절의 문제가 돌출되는 것이라면 그 시절에 겪었던 깊이 숨어있는 무의식 상처까지 치료가 되어야 하는데 대부분 시간과 금전적인 이유로 적당히 위기만 모면하고 상담이 중도에 종료된다.

상담자는 거의 이후에 문제가 일어날 수 있다는 예견을 하지만 그렇게 안 되기를 바랄 뿐이다. 그런데 예견했던 대로 문제가 커져서 나타나면 치료하는데 시간이 훨씬 더 걸리기 때문에 마음이 안타깝기 그지없다. 우리나라 부모들은 아직도 정신적인 문제에 비중을 두지 않는 편이다. 공부하거나 외적인 면에 돈을 들이는 것은 당연하게 생각하는데 가장 중요한 정신적인 문제를 등한시하는 경우가 많다. 정신적으로 건강하면 성인이 되어서도 살아가는 데 문제가 별로 없으므로 마음의 문제를 더 비중 있게 봐야 한다. 많은 지식과 돈을 물려주어도 마음이 건강하지 못하면 하루아침에 그것들이 물거품처럼 사라질 수 있다. 하지만 마음이 건강하면 지식을 삶에서 사용할 수 있게 되고 가난해도 헤쳐 나갈 능력을 갖추게 된다. 나는 상담 일을 하면서 다시 태어나도 이 일을 하고 싶을 만큼 자부심과 기쁨을 느낀다.

새벽에 만나는 트럭 운전사나 삶의 현장 곳곳에서 자기 일을 하는 사람들이 저마다 일에 대해 생각하는 것은 다를 수 있다. 마지못해 일하는 사람도 있고, 그만둘 때만 기다리면서 일하는 사람도 있고, 적당히 시간만 보내는 사람도 있고, 열정적으로 일하는 사람도 있고, 창의적으로 일하는 사람도 있다. 하지만 일하는 그 자체만으로도 충분히 칭송받을 수 있다고 생각한다. 경제를 유지하기 위해 일을 하고, 그 일이 기쁨과 활력이 되고 일에서 성취감을 느낀다면 우리의 삶은 반쯤은 성공한 것이다. 프로이트는 사람의 정신건강을 일할 수 있는 능력과 사랑할 수 있는 능력으로 보았다. 그만큼 일을 중요하게 생각한 것이다. 나는 적어도 일하는 것은 성공했다고 생각하니 반쯤은 성공한 인생이다.

"

기쁨과 보람을 느낄 수 있는
일은 무엇입니까?

"

05

모든 일의 해결사가 될 수는 없는 법

구세주 신드롬에서 벗어나기

내적 치유를 진행할 때 많은 사람의 억울함과 분노와 슬픔을 보게 된다. 내적 치유 그룹의 구성원들은 대부분 마음속에 한이 있어 살아가기 힘들어하지만, 타인에게는 악한 짓을 하지 못하는 착한 사람들이다. 그들의 행동 패턴을 살펴보면 어렸을 때부터 삶의 과정에서 같은 행동을 함으로써 생긴 구세주 신드롬이 있다. 힘들고 어려운 일은 자신이 해야만 하고 자신이 아니면 아무도 할 수 없다는 가치관이 그들 내부에 잠재되어 있는데 그들 자신은 미처 깨닫지 못한다. 구세주 신드롬은 자신이 이 땅에서 구세주처럼 주위에 일어나는 모든 문제를 해결하려고 하는 것을 말한다. 그러니 자기 스스로 자신에게 많은 짐을 지게 행동하는 것이 패턴화되어있다. 어린 시절에 가족관계에서 해결사 역할을 하던 사람들이 자신도 모르게 모든 일을 자신이 해결하려는 태도가 몸에 밴 것이다. 대부분 문제를 일으키는 가족이 있고 가족 중에서 그것을 해결할 능력이 있는 사람이 없을 때 스스로 나서서 그 일을 해결하는 일부터 시작이 된다. 부모가 부모 역할을 못 할 때 주로 발생한다.

이들은 주위에 선한 영향력을 미치고 대부분 성실하고 충실한 삶을 산다. 타인으로부터 주로 착한 사람이라는 평가를 받는다. 주위 사람들은 은연중에 그 사람이 문제를 처리할 것을 알아차려 자기의 할 일을 떠넘기고 많은 짐을 지게 한다. 부탁하기 어려운 일이나 힘든 일은 이들이 하도록 은근히 조종하기도 한다. 이들은 대부분 거절을 못 하므로 일이 아닌 경제적 부분에서 손해를 보기도 하고 빌려준 돈을 받지 못하는 경우도 허다하게 발생한다. 이러한 일이 평생에 걸쳐 반복되면서 결국 선한 이들은 지치게 된다. 장기간 이렇게 살면 분노가 쌓이고 우울증의 근원이 된다. 이들 주위에는 온통 나쁜 사람들로 포진해 있다. 뭔가 이상하지 않은가? 왜 이들 주위에만 유독 나쁜 사람들이 많은 것인가?

사람은 상대적 관계에 따라 선한 사람이 될 수도 있고 악한 사람이 될 수도 있다. 이들은 자신이 선한 일을 하는 동안 타인을 나쁜 사람으로 만들고 있다는 것을 미처 생각하지 못한다. 타인을 잘 돕고 타인의 일을 자신이 대신 하는 동안, 그와 관련된 상대방은 자립하지 못하고 의존하게 되면서 나쁜 사람이 된다. 가정에서 어머니가 이런 역할을 하면 자녀들은 과보호되기 쉽다. 이들은 대부분 일을 잘하고 일을 효율적으로 할 수 있는 것이 몸에 배어있어서 타인들이 일할 때 기다려주지 못하고 답답해한다. 주위 사람들은 일을 스스로 처리할 기회가 박탈되고 점점 더 의존적으로 된다. 어떤 일이든지 새로운 것을 배우고 해결하는 과정에 고통이 동반되는데 이때, 이들은 고통받고 있는 상대들을 그냥 두고 보지 못한다. 그런 사람이 옆에 있으면 상대방은 고통을 피해갈 수 있는 안락함을 누리고 그 안

락함을 유지하고 싶어서 본인이 해결하지 않고 점점 더 자신의 과제를 떠넘기게 된다. 지속해서 이런 일이 반복되면 결국 착한사람은 상대방을 무력하게 만들고 무력해진 상대방은 이 착한 사람들을 원망한다. "그래! 너 잘났어!", "고마워, 그런데 네가 나를 망쳤어.", "감사하긴 한데 편하지 않아."라는 말들을 뱉어 낸다.

이들은 심리적으로 타인이 나보다 열등하다는 우월감과 선한 일을 했다는 도덕적 만족감이 있다. 이 우월감이 이들이 착한 일을 계속하도록 만드는 동력이기도 한데 이들은 스스로 자신의 내면을 알아차리지 못한다. 자신은 착한 일을 했는데 좋은 소리도 못 듣는 것이 억울하고 주위 사람들은 자신을 괴롭히는 나쁜 사람이라고 생각한다. 점점 더 자신은 타인보다 착하다는 도덕적 우월감이 쌓이게 된다. 겉으로 착한 일을 하는 동안 내면은 점점 더 억울함과 분노가 쌓인다. 본인이 한 것만큼 타인이 해주기 바라는 심리도 작용하여 은근히 상대에 대한 보상적인 기대치를 높인다. 기다려도 기대치가 충족되지 못하고 많은 양의 일로 지칠 대로 지치면 관계의 단절을 가져오기도 한다. 모든 관심이 타인에게 있으므로 자신의 내면에 무엇이 있는지, 자신이 왜 고통을 겪는지 알아차리지 못한다. 자신의 내면보다 행동에 초점을 두고 자신의 필요보다 타인의 필요에 촉수가 발달해 있어서 자신의 행동 이면을 통찰하기는 쉽지 않다. 이들은 사람들이 마땅히 해야 하는 도리를 중요시하는데 타인에게 친절한 만큼 자신에게는 친절하지 않고 가혹하다. 이들의 내면에 인정욕구나 타인을 지배하고 싶은 통제 욕구가 있는 경우가 많은데 스스로 그러한 것들을 통찰하지 못한다.

이들의 혜택을 받는 사람들은 지독한 양가감정에 시달린다. 도움을 받았기 때문에 고마움을 느끼지만, 자립심과 능력 발휘할 기회가 사전에 차단되기 때문에 오히려 분노가 생기고 원망하는 마음을 갖는다. 그러니 이들과의 관계는 자꾸만 틀어지고 진실한 관계를 만들어가기는 쉽지 않다. 이들은 가끔 접하는 타인과는 좋은 관계를 유지할 수 있고 칭찬이나 찬탄을 받을 때가 있지만 매일 보는 가족이나 자주 만나는 가까운 관계에서는 좋은 관계를 유지하기 어렵다.

내적 치유를 진행할 때 이 사람들을 위로하고 맘껏 울게 해주고 맘껏 비난하고 분노하게 해주면 마음속에 뭉쳐있던 억울한 감정들이 많이 날아간다. 그리고 상대의 마음을 알아차릴 수 있게 대역으로 상대의 목소리를 들려주면 자신의 문제가 무엇인지 통찰하기 시작한다. 하지만 통찰을 했어도 삶의 현장에서 자신의 습성을 바꾸는 데 오랜 시간이 걸린다. 날마다 자신의 행동을 알아차리면서 습관적으로 했던 행동을 중지시키고 타인의 삶에 먼저 들어가지 않는 연습을 하면서 자신의 마음을 관찰해야 한다. 그렇게 훈련할 때 새로운 상황이 불편하고 다시 예전으로 돌아가고 싶어진다. 하지만 불편한 마음을 견뎌내고 과거로 돌아가고 싶은 마음을 이겨내야 삶이 바뀐다. 그래서 치유의 길은 험난하고 힘들지만 일단 어느 정도 바뀌어가면 불행하고 우울했던 삶이 행복하고 충만한 삶으로 전환된다.

나 역시 지독한 구세주 신드롬이 있었다. 내가 초등교육을 받을 때 선생님들은 권선징악을 강조했고 착함은 추구해야 할 가치로 말씀하셨다. 교육받은 것에 순종적이었던 나는 모든 선택 기준을 착한 것에 두었고 그러한 가치관은 가족과 있을 때 가장 심하게 나타났다. 여러 형제 중에 주로 내가 짐을 지고 가정 문제의 해결사가 되었다. 그러다 보니 내 욕구는 늘 무시하고 가족의 필요에 의한 삶을 살았다. 20대까지 키가 작아서 리틀 엔젤이라는 별명으로 불리기도 했다. 어머니도 착하다는 이유로 내게 많은 짐을 지게 하셨고 딸로서 누려야 할 권리는 없었다. 문제를 일으키는 자식에게는 관심을 집중하지만, 조용히 제 할 일을 하고 다루기 쉬운 자식은 방치하게 마련이다. 오랫동안 그렇게 살다 보니 내 속에 분노가 생겼고 서서히 우울증이 생겼는데 착해야 했기 때문에 겉으로 표시도 못 했다.

내 삶의 무게가 너무 무겁고 지쳐있을 때 만난 심리학과 내적 치유는 내 삶의 곳곳을 치료하고 싸매고 새살이 돋아나게 만들어 주었다. 내 내면을 보게 되면서 착한 사람 콤플렉스에서 벗어나려고 발버둥 쳤다. 몇 년간 의식적으로 '나쁜 사람 되기'를 연습하며 조금씩 이기주의자가 되어보는 훈련을 했다. 습관적으로 하던 방법을 변화시키는 것은 참으로 어렵고 날마다 의식하지 않으면 금방 원래 모습으로 돌아간다. 지속적인 연습으로 변화된 열매는 너무 달고 탐스럽게 아름답다. 내면의 분노와 우울의 들끓음이 없어졌을 뿐 아니라 억울함은 사라져 갔다. 착한 사람 소리를 듣던 때보다 이기적으로 행동하는 내 내면을 들여다보며 오히려 더 겸손을 향해 나아가게 된다. 이제는 선한 행동을 할 때 내 내면을 먼저 확인하고 조심스럽게 행동한다. 그러다 보니 착한 행동을 하는 사람이 아니라 본질 자체가 착한 사람이 되어가는 것을 느낄 수 있었다. 나를 지키면서 타인을 존중할 수 있는 사람이 되어갔다.

나 자신을 치유하기 위해 애쓰던 내가 내 안에 있던 문제를 해결하고 타인을 치유할 수 있는 상담자가 되었다. 내 내면에 있었던 것이 무엇인지 알기 때문에 그들을 진심으로 세세한 것까지 이해할 수 있었고 내가 치유되었기 때문에 그들도 치유될 수 있다는 확신을 한다. 그리고 나 자신이 한 발자국 먼저 걸어온 경험 덕에 어떻게 해야 변화할 수 있는지 알 수 있다. 그래서 상담할 때 좋은 치유가 일어난다. 내 과거의 고통이 치유할 수 있는 기초를 제공하고 있다. 이것이 헨리 나우웬이 말한 상처 입은 치유자이다. 내적 치유 장에서 만난 많은 사람의 변화는 내가 상담과 치유의 길을 계속 힘차게 걸어갈 수 있는 에너지를 제공한다. 그래서 나는 이 내담자들에게 참으로 감사하다.

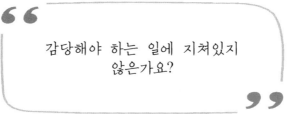

감당해야 하는 일에 지쳐있지
않은가요?

06

정신세계를 가꾸기
행복을 위한 정신세계 만들기

몇 년 전, 상담했던 청소년이 있었는데 그 학생에게서 오랜만에 전화가 왔다.

"선생님! 뵙고 싶어요."

목소리의 에너지로 그냥 감사 인사인지, 다시 상담을 시작하겠다는 얘기를 할 것인지 금방 알 수 있다. 상담 스케줄을 잡고 과거에 있었던 일을 떠올리거나 자료를 찾아보면서 만감이 교차하는 것을 느꼈다. 그 당시에 종료하면 안 되는 상황이어서 후에 문제 상황이 나타날 것을 예견했는데도 부모가 공부해야 한다는 이유로 일방적 종료를 통보했다.

병리 현상의 원인은 여러 가지 있지만 잘못된 인지체계에서 오는 경우가 많고 이 인지체계의 변화는 혼자서 바꾸기 어렵다. 특히 사고방식이 신념화된 것은 죽을 때까지 그 틀 안에 자신이나 타인을 가둠으로써 문제가 발생한다. 청소년기에 왕따의 문제로 사회성을 측정할 수 있는데 왕따를 당하면 단순하게 그냥 넘기지 말아야 한다. 삶의 문제들을 과도하게 염려하고 걱정을 해서도 안 되지만 지나치게 낙천적으로 '괜찮겠지!' 생각해서도 안 된다. 너무 낙천적으로 생각하다 현실을 등한시해서 호미로 막을 수 있는 것을 가래로 막는 상황이 생긴다. 청소년기에 발생하는 여러 가지 문제는 지나가는 소나기처럼 사춘기가 끝나면 가라앉는 때도 있지만 어린 시절 상처받았던 근원적 문제일 경우에 적극적으로 도움을 받아 치료해야 한다. 사춘기 문제들은 그동안 상처받았던 것을 치유해 달라는 외침이기도 하다. 사춘기 때 잘 치료하면 어린 시절의 근원적인 문제들이 해결되기도 한다. 오랫동안 형성된 인지 방식의 변화는 치료 기간도 길다. 사고 체계를 바꾸는 것과 동시에 잘못 인식하는 것으로 인해 발생한 현재의 문제를 탐색하고 행동으로 나아가기까지 시간을 요한다. 일단 사고방식과 행동하는 방법이 바뀌면 삶이 건강하게 변화한다.

상담사들은 내담자들의 가치관을 보고 미래에 생길 수 있는 어려움을 예측할 수 있다. 상담의 현장에 있으면 사람들이 얼마나 자신의 정신세계를 위해 투자하지 않는지 안타까울 때가 많다. 정신세계를 위해 시간이나 에너지, 물질이나 배움에 대한 열정을 써야 하는데 간과한다. 행복이 저절로 만들어진다고 생각하고 행복하게 사는 방법을 배울 생각조차 하지 않는다. 외국어나 기술을 습득하는 데는 많은 에너지를 쓰면서 자신의 인생이 더 행복하기 위해 노력하지 않는다. 결국, 외국어나 기술을 익히고 돈을 벌려고 애쓰는 사람들에게 왜 그렇게 열심히 하느냐고 물어보면 행복하기 위해서라고 말한다. 눈에 보이는 것을 쫓다 보니 눈에 보이지 않는 정신세계는 항상 뒷전으로 밀린다. 행복하기 위해 일시적 쾌락에 탐닉하는 예도 허다하다. 아무리 기술을 습득하고 많은 물질을 보유하더라도 행복하지 않은 사람들은 도처에 있다.

상담실을 찾아오는 사람들은 대부분 행복해지기 위해 오기보다 문제가 심각해질 대로 심각해져서 오는 경우가 대다수이다. 그래도 문제가 처음 생길 때 상담실을 찾으면 괜찮다. 문제 상황이 지속되고 마음이 다칠 대로 다치면 정신적으로 병들게 되어있는데 정신적으로 병들었다는 의미는 정상 활동이 안 된다는 얘기이다. 심하면 문밖출입을 못 하게 되고 더 심해지면 어린아이같이 누군가 옆에서 돌봐주지 않으면 살아갈 수 없는 사람이 된다. 병이 생기려고 할 때 치료하면 치료가 금방 되지만 너무 깊어지면 치료하는 데 오랜 시간이 걸린다. 내 경험에 의하면 정신분열이나 강박 장애는 고치기 어려운 병인데 초기에 그러한 조짐이 있을 때 잘 치료하면 완치하여 얼마든지 행복한 삶을 살 수 있다.

요즘에는 상담에 대해 새로운 인식이 생기기 시작해서 예방 차원으로 오는 경우도 종종 찾아볼 수 있다. 결혼을 앞둔 예비부부가 결혼 예비 학교에 가고 커플 상담을 요청해 온다. 임신 기간에 자녀에 대한 마음가짐을 위해 출산 전 부모교육을 받는 사람도 있다. 건강한 삶의 종말을 위해 죽음 준비 교육이나 부부간에 건강한 이별을 위해 이혼 전 상담을 요청하는 예도 있다. 우리의 삶은 한 번도 경험해 보지 않는 인생길을 걸어가야 하고 발달 단계마다 발달해야 하는 과제가 다르다. 그래서 새로운 발달 단계로 접어들 때 혼란을 느끼고 우왕좌왕하게 되기 쉽다. 경험해 보지 않은 인생길이기도 하지만 다시 돌아갈 수 없는 인생길이기도 하다. 그래서 당연히 살면서 실수할 수 있다고 여겨도, 되돌릴 수도 없는 결정적인 실수는 트라우마가 생겨서 평생 상처와 한으로 남기도 한다.

　나 역시 자녀교육이나 대인관계에서 커다란 구멍을 냈다. 자녀가 사춘기 때, 아이가 왜 그렇게 격렬했는지 그 당시에는 몰랐는데 지나고 나서 자녀를 잘 키우겠다고 했던 행동들이 얼마나 잘못된 점이 많았는지 알 수 있었다. 한 박자 늦게 깨닫는 동안 내 아이들은 힘들고 혹독한 어린 시절을 감당해냈어야 했다. 그런데도 변명을 하자면 일부러 그런 것이 아니고 그것이 자녀를 위한 행동인 줄 알았다는 것이다. 이 땅에 많은 부모가 나와 같은 실수를 했고 또 젊은 부모들 역시 실수할 것이다. 부모로서뿐 아니라 자기 자신의 삶에서도 숱한 실수를 한다. 그 실수를 조금이라도 줄이기 위해 예방 차원으로 할 수 있는 공부를 미리 해 보고 자신의 마음과 사고방식이 자신을 행복하게 만드는 것인지 탐구하라고 권하고 싶다. 눈에 보이지 않는 정신세계를 아름답고 건강하게 만들어야 우리에게 행복이 온다.

　또한, 정신이 건강한 사회로 발전해 가야 한다. 지나친 경쟁과 순위 매김과 최고가 아니면 안 된다는 사고를 조장하는 사회에서 각 개인이 건강해지기는 어렵다. 모든 것을 돈의 가치로 평가하고 인간 자체를 물건과 같이 취급하는 사회 문화 속에서 건강한 정신이 깃들기 어렵다. 정신세계에서는 어른보다 어린이가 오히려 건강하다. 어린이 스스로 치유능력과 자정 능력이 있다. 어른들은 누적된 상처로 인하여 방어적이며 상처에 더 민감하다. 그런데 최근에 상담실을 찾는 연령대가 상당히 낮아진 것을 체감한다. 주로 십 대 후반에 나타나기 시작하는 강박 장애나 공황장애가 초등학교에서 나타나는 경우도 쉽게 눈에 띈다. 그만큼 사회가 건강하지 못한 정신을 만들어낸다는 생각이 든다. 사회 환경이 정신적으로 건강하게 성장할 수 있도록 만들어야 한다. 그것은 정치인이나 각 사회단체에서뿐 아니라 개개인이 문제가 되는 가치관에서 벗어나려고 함께 노력해야 한다. 그래야 각 개인이 행복해질 수 있는 기초 여건이 조성되는 것이다.

> **"**
> 자신의 정신세계를 위해 어떤
> 투자를 하십니까?
> **"**

07

비난의 목소리는 어디에서 온 걸까

자기 직면의 용기

여러 명이 함께하는 상담을 집단 상담이라 하는데 자기 느낌과 생각을 서로 정직하게 말하면서 집단원들이 서로 치유하고 치유 받고 성장한다. 우리의 모습은 자기가 아는 모습도 있지만, 타인들은 다 아는데 자기만 모르는 모습도 있다. 그런 경우 타인이 알고 있는 모습을 그대로 말해주는 것이 직면 피드백이다. 자기 직면이란 자기 자신이 몰랐던 자신을 대면하는 것이다. 집단 상담에 참여하는 사람들은 개인 상담과 달리 어느 정도 자기 자신을 대면할 정신적인 힘이 있어야 한다. 이 힘이 없다면 집단 상담 도중에 이탈하게 된다. 집단 상담을 진행할 때 가장 안타까운 경우는 집단의 직면을 견뎌내지 못하고 이탈하는 경우이다. 대부분 현재 사회생활에서 행동하는 자신의 패턴이 집단 상담의 장에서도 그대로 나타난다. 개인 상담의 경우 상담자가 충분한 공감으로 친밀감이 형성된 뒤에 직면하므로 직면의 때를 상담사가 조정할 수 있지만, 집단 상담의 경우에는 상담자의 통제가 개인 상담보다 어려워 자기 직면의 준비가 안 된 사람은 이탈할 수 있다.

자기 자신을 정확하게 보는 사람은 거의 없다. 특히 무의식은 자기 안에 있지만 스스로 볼 수 없고 타인과의 관계를 통해 투사의 형태로 나타난다. 자기 안에 있지만, 모르고 있다가 타인에게서 자기 모습을 볼 때 여러 가지 감정을 통하여 나타난다. 타인의 행동에서 화가 나는 것, 답답해하는 것 등, 주는 것 없이 밉다고 말하는 행동 뒤에는 거의 자기 모습인 경우가 많다. 나는 규칙을 안 지키거나 예의가 없는 사람을 보면 너무 싫었다. 결혼 초에 신발을 구겨 신는 남편의 모습을 보고 필요 이상으로 화를 냈고 남편의 인간성까지 들먹였다. 신발의 문제만 아니라 너무 많은 부분에서 화가 났다. 내가 상담 공부를 하면서 이것이 내 내면에 있는 억압된 내 모습이라는 것을 어렴풋이 알아차렸다. 그 후 남편이 행동하는 그대로 따라서 신발을 구겨 신어 봤다. 처음에는 너무 어색하고 죄짓는 것처럼 불편했지만 신기하게도 그 후에 남편에 대한 비난이 사라졌다. 그뿐 아니라 시간이 지나면서 남편은 신발을 구겨 신지 않았고 나는 신발 구겨 신는 것이 오히려 편해서 오랫동안 구겨 신었다. 어쩌면 남편은 옆에 있는 내가 규칙에 절대적인 것에 숨이 막혀서 그런 행동으로 나타났는지도 모르겠다. 내 내면에는 규칙에 얽매이지 않고 자유롭게, 내가 하고 싶은 대로 살고 싶은 욕구가 있다는 것을 알아차렸다. 그러니 자유롭게 사는 사람들을 보면 불편했다. 그동안 내가 비난했던 많은 사건과 사람들에 대해 마음속으로 잘못했다고 사과했다. 자기 직면의 용기는 자기 내면에 있는 이기적이거나 치사하거나 나쁜 마음으로 남이 보면 부끄러운 모든 것이 오히려 남을 비난한다는 것을 알아차리고 시인할 수 있는 용기이다.

주로 억압을 많이 하는 사람들에게서 나타나는 비난이나 비판의 문제들은 실은 자기 문제인 경우가 대부분이다. 자신은 하고 싶은 것을 억압하면서 참고 있는데 그것을 아무렇지도 않게 행하는 이들을 보면 화가 나고 억울해지는 것이다. 이렇게 자기 스스로 내면의 문제를 알아차릴 때도 마음이 쓸쓸한데 타인에게서 지적을 받으면 더 아프다. 타인의 지적에 화가 나는 경우는 거의 자기 모습이 지적받은 것과 일치하기 때문이다. 겉으로 아무리 아니라고 얘기해도 자기 것이 아니면 화가 나지 않는다. 내면의 힘이 약한 사람들은 직면보다 공감을 원하는데, 공감은 달콤하면서 천천히 힘이 생기면서 치유가 된다. 하지만 계속 달콤함에 빠져 좋은 말만 듣기 원하면 정체되어 성장하기는 어렵다. 학자들에 따라 공감만 해도 치유되고 성장한다는 이론도 있지만 내가 상담을 하면서 느낀 것은 적절한 직면은 아프긴 해도 자신을 성장시키는 좋은 주사와 같다.

마음의 성장을 위해 직면을 받으면 성장통을 느낀다. 그 성장통을 옆에서 지켜보면 안쓰러울 때도 있지만 아름답고 거룩하기까지 하다. 우리가 어린아이가 넘어져 가면서도 걸음마 연습을 할 때 넘어질 때의 아픔을 안타깝게 지켜보면서 다시 일어나려고 애쓰는 모습에서 기쁨과 그 아이에 대해 찬탄을 보내는 모습과 같다고 할 수 있다. 나 역시 모르는 내 모습을 만날 때 지독한 성장통을 치러냈다. 어쩌면 그것은 평생 치러야 할 과제일 것이다. 착하다는 말을 듣던 내 안에서 타인을 해치고 싶은 마음이 발견될 때, 빼앗기고만 살았던 내 안에서 남의 것을 탐하고 있는 모습을 발견할 때, 선한 행동 뒤에 상대를 통제하고 싶은 내 마음을 만났을 때, 열등감 뒤에 숨은 우월감으로 타인을 무시하는 내 모습을 발견했을 때, 타인을 위한다고 하면서 내 잇속을 챙기고 있는 모습을 발견했을 때… 이루 말할 수 없이 많은 모순덩어리인 나 자신의 모습이다. 그때마다 눈물로 간절히 회개하면서 신께 용서를 구하고 내면의 것이 겉으로 나타나는지 조심하며 살펴보게 된다.

자기 직면이 스스로 되는 사람들은 결코 자신이 선하다는 생각을 하지 않는다. 우리 마음속에 얼마나 많이 부패하고 악한 것들이 있는지 내면의 무의식을 모를 뿐이다. 아마도 자기 직면에 가장 가슴 아파하고 매일 자신을 죽이는 과정을 거친 사람은 성경 속에 있는 사도바울일 것이다. 그는 매일 자신의 모습을 직면하면서 자기 내면의 악한 것들을 죽이고 매일 새로워진 사람이다. 우리 내면 안에 있는 악한 것을 직면하여 발견할 때 그 모습을 죽이는 작업을 실천해야 하며 그 뒤 우리는 새롭게 태어난 자신을 만나게 될 것이다. 날마다 이 일을 반복하여 행할 수 있는 사람은 점점 더 성숙해지는 자신을 기쁨과 감사함과 겸손으로 맞이할 수 있을 것이다. 그러한 기쁨은 다시 자신의 추한 부분을 맞이할 자기 직면의 용기를 가질 수 있게 만든다. 그래서 심리적 성장은 나선형 상승 곡선을 그리게 된다.

자신은 알고 있지만, 타인이 모르는 자신만의 영역도 있다. 그런 경우 타인의 오해를 받을 수 있다. 나는 어떤 단체에서 성격이 이상하고 강퍅한 사람을 만난 적이 있는데 주위에서 오랫동안 그를 아는 사람들은 한결같이 그를 감싸고 돌았다. 나중에 알고 보니 그가 성장 과정에서 너무나 큰 피해를 보고 상처를 입은 사람이라는 것을 주위 사람들은 이미 알고 있었기 때문이었다. 그것을 알았을 때 나도 그 사람을 이해하고 사랑할 수 있는 마음이 생겼다. 이렇게 자신은 알고 타인이 모르는 영역은 자꾸 자기 오픈을 통해 알려주어야 대인관계에서 이해받을 수 있다.

　자신은 모르지만, 타인들이 다 알고 있는 부분은 타인들이 알려주어야 한다. 왕따 당하는 사람 중 여기에 해당하는 예가 있다. 왕따가 전부 그런 것은 아니지만 타인은 다 알고 있어서 힘들어하고 불편해하는데 정작 자신은 자기가 어떤 행동을 했고 그 행동으로 파생된 문제점을 모른다. 모르기 때문에 하는 행동이라 상대가 자신을 왕따 시킬 때 억울해하고 이해하지 못한다. 이런 문제점을 타인이 알려주어야 하고 알려줄 때 감사로 받아야 하는데 아파서 반격하면 성장이 지연된다. 날마다 자기 스스로 자기 내면에 무엇이 있는지 알아보려는 노력은 자기 통찰에 이르게 하고 타인의 말에 귀 기울이는 것은 스스로 자기치유를 할 수 있는 능력을 갖추게 된다.

　자기 자신을 많이 알아야 자신에게 가장 알맞은 삶을 살 수 있다. 자신과 타인이 모두 알고 있는 것에서는 대인관계의 오해도 발생하지 않는다. 알기 때문에 이해가 되고 덮어줄 수 있다. 자신과 타인이 모두 알고 있는 것은 굳이 말하지 않아도 눈짓 하나, 표정 하나로 서로 통하게 된다. 오래 같이 살아온 부부들의 모습에서 발견할 수 있다.

> **"**
> 자신의 내면을 정직하게 인정할
> 용기가 있나요?
> **"**

08

자기 책임의 범위 알기
책임의 과제 분리

출퇴근 시간대에는 환승하는 전철 정류장에 사람들이 물밀 듯 밀려서 가만히 있어도 자동으로 출구를 빠져나가게 된다. 계단에서 올라와 커브를 도는데 뒷사람이 나를 앞지르려다 내 발을 밟았는데 미안하다는 인사도 없이 뛰어가 내 시야에서 사라진다. 마음속으로 화가 났다.

'무슨 사람이 교양도 없이 남의 발을 밟고서 그냥 가! 아무리 바빠도 바쁠수록 여유를 가져야지!' 이렇게 비난하고 있는 나 자신의 속마음을 알아차렸다. 바로 다음 날, 똑같은 위치에서 비슷한 상황이 발생했다. 내가 총총히 걷다 걸음 속도가 느린 옆 사람의 발을 밟았다. 사람들에게 밀려가느라 미처 미안하다는 소리도 못하고 그냥 지나쳤다. 그러자 내 마음은 또 상대를 비난하고 있었다.

'아니, 이 바쁜 출근 시간에 왜 그렇게 천천히 가? 밀려서 어쩔 수 없이 밟았잖아. 사람들 속도에 맞추어 가야 사고가 안 나지!' 그런 생각을 하는 동안 나는 화들짝 놀랐다. 바로 어제와 똑같은 상황에 내가 생각하는 평가의 잣대가 내 기준으로 생각한다는 것을 알아차렸기 때문이다. 마음속에서부터 부끄러움이 스멀스멀 올라왔다.

상담실을 찾는 많은 사람은 타인의 잘못까지 본인이 책임지고 억울한 상태가 지속되어 우울증에 걸려서 찾아온다. 같은 잘못을 저질렀을 때도 책임의 잣대를 자신과 타인에게 다르게 적용한다. 대부분 사람은 잘못을 저질렀을 때, 나와 같이 자신이 저지른 것은 환경에 의해 어쩔 수 없었다고 이해받기를 바란다. 하지만 타인이 그와 같은 잘못을 저질렀을 때 그 사람의 환경을 생각하기보다 "그 사람 원래 그래." "그 사람은 인간이 못됐어!"라고 비난한다. 이런 사람들에 비해 상담실을 찾는 대부분 사람은 잣대를 반대로 적용한다. 자신이 잘못했을 때 "나는 왜 이 모양이지? 늘 실수투성이야." 말하면서 자신을 탓한다. 하지만 타인이 잘못했을 때는 "괜찮아요. 그럴 수도 있지요."라고 관대하게 말하지만, 마음속 깊은 곳에서는 그 사람을 잘못하게 만든 것은 자신이라며 자신을 탓한다. 타인이 잘못한 것은 잘 이해하고 받아주면서 자신이 잘못한 것을 못 견뎌하고 자기 스스로 비난한다. 모든 것은 내 탓이라고 하다 보니 우울증에 걸리게 된다. 우울증은 자신의 도덕성이나 위치를 높은 곳에 올려놓고 실제 행동하는 것이 못 미치기 때문에 원하는 이상과 현실의 간격 차이로 발생하는 때도 있다.

이렇게 서로 다른 잣대로 평가하면 대인관계에서도 문제가 발생한다. 상대들은 이런 사람에게 처음엔 고마워하지만 결국 함부로 하게 된다. 대인관계에서 타인 잘못이라고 생각하는 사람은 분노가 많고 자기 잘못이라고 생각하는 사람은 우울증에 시달린다. 잘못의 원인을 따질 때, 내 잘못은 어떤 이유로 몇 %이고, 타인 잘못은 어떠한 이유로 몇 %라는 식으로 양쪽을 공정하고 객관적으로 보기 시작하면 우울증이 줄어들고 관계개선에도 도움이 된다. 자신이 잘못한 것만 책임지고 타인이 잘못한 것은 타인이 스스로 책임질 수 있다고 믿는 것은 참으로 중요하다. 그것은 상대의 능력과 인격을 믿는 태도이다. 부모-자녀 사이에서도 부모는 자녀가 성인이 되어서까지도 자꾸 책임지려는 태도를 보이는 경우가 흔히 있다. 그래서 자녀가 해야 할 일을 대신 처리해 준다. 하지만 자녀가 스스로 책임질 수 있도록 지지하고 책임질 수 있다는 믿음을 가질 때 자녀는 자신의 행동을 진짜 책임질 수 있는 사람으로 성숙해져 가고 자부심을 느끼게 된다.

얼마 전, 아들이 옥상에서 담뱃재를 잘못 털어서 아래층 차양에 작은 구멍이 났고 그 구멍으로 물이 샜다. 아랫집 아주머니가 나를 찾아와서 아들이 그렇게 했으니 와서 보라고 했다. 나는 다 자란 성인이 한 것이니 퇴근하면 내려보내겠으니 직접 얘기해 달라고 말했다. 아주머니는 자꾸 나에게 내려와서 보라고 거듭 재촉하셨다. 사실 나는 아들이 그랬는지 알지도 못하고 또 내가 개입하면 배상해야 하는 것을 내가 책임져야 할 것 같았기 때문에 당사자가 정확히 듣고 처리하는 것이 좋을 것으로 판단했기 때문이었다. 아마 아들도 자신이 한 행동이 그렇게 될 것을 알지 못했을 것이다. 하지만 아들이 생각 없이 한 행동이니만큼 그 상황에 대해 자세히 얘기를 듣는 것이 좋다고 생각했다. 아주머니는 내 태도에 대해 마치 새엄마일지도 모른다는 듯한 의심의 눈으로 이상하다는 표정을 지으며 자기 집으로 내려가셨다.

이렇게 나는 가족의 일도 내가 대신 하지 않기를 습관화시키고 책임의 과제 분리를 확실히 한다. 그래서 다른 엄마나 주부들보다 시간이 넉넉하게 많아서 내 일에 집중하는데 수월하다. 어떤 분들은 집안일과 상담이나 강의하는 일을 하면서 어떻게 드라마 보고 여행 다니고 할 수 있냐고 묻는다. 그럼 나는 가족 일은 가족이 하게 둔다고 말한다. 책임의 소재를 분명히 하는 것과 문제를 일으킨 사람이 책임지는 것으로 확실한 과제 분리가 되면 불필요하게 에너지를 쓸 일이 없다. 우리가 타인이 한 행동까지 책임지려고 하거나 타인이 책임질 수 있는 것을 미리 차단하는 것은 우리 마음 안에 우월성이 존재하기 때문이다. 직장에서 일할 때도 계속 타인이 벌려놓은 것을 수습하느라 바쁜 사람도 있다. 그러다 보면 정작 자기 일은 밀리게 되고 야근하는 사태도 맞게 된다. 우리 자신이 타인의 일을 책임지는 것이 아니라 '당신도 자기 일을 잘 책임질 수 있다는 것을 믿어요.'라고 생각하는 태도야말로 관계에서 훨씬 더 좋은 결과를 낼 수 있다. 그런데도 상대가 책임지기를 힘겨워할 때 책임의 주체를 당사자가 갖고 적절히 도와주는 것은 관계를 부드럽게 만들기도 한다.

과도한 책임감에 시달리는 사람은 삶이 행복하지 않고 누려야 할 많은 것들을 책임으로 인식한다. 책임감의 짐이 무거워서 혼자 살고 싶다는 이야기를 종종 한다. 어떤 문제가 생길 때 자신이 책임져야 한다는 생각 때문에 과도하게 화를 내거나 이성적으로 생각하거나 객관성을 유지하기가 어려워진다. 각자 자기가 벌인 일에 스스로 책임지고 상대가 책임질 수 있다고 믿는 것은 삶에서 과제 분리를 확실히 할 수 있게 한다. 과제 분리만 확실히 해도 우리는 자신의 에너지를 비축하여 자기 일에 더 집중하면서 에너지를 쓸 수 있다. 부모 일은 부모가 책임지고 그 짐을 자기가 가지고 가야 한다. 때로는 부모들이 벌여놓은 일을 뒤처리하느라 자신의 삶을 평생 살지 못하는 예도 있다. 부모는 자녀가 자신이 한 일을 책임질 수 있는 사람으로 양육해야 한다. 자기 스스로 책임진다는 것은 무슨 일을 하든지 자기 스스로 선택했을 때 가능한 일이다. 부모는 자녀가 좋은 선택을 할 수 있도록 도와줄 수는 있지만, 자녀의 일을 대신 선택해 주는 것도 피해야 한다. 돌봄과 책임의 소재를 분명히 하는 것은 건강한 인간관계를 만드는 기초가 된다.

> **타인의 인생을 책임지려
> 하지 않습니까?**

09

충분히 채워지지 못한 마음속에는

인정 욕구와 일중독의 관계

돌이켜보면 나는 20대와 30대에 과도하게 많은 일을 했다. 가정과 직장, 교회에서 늘 많은 일에 시달려서 몸은 날마다 녹초가 된 상태였다. 완벽주의 성격이라 일을 빈틈없이 했고 일에서 능력을 인정받으니 늘 새로운 일이 추가되었다. 새로운 일에 대한 호기심은 일에 대한 불평불만보다 모르던 것을 알아가고 성취하는 즐거움을 가져다주었다. 그러다 보니 일을 많이 맡는 것에 불만을 제기하지 않았다. 일을 많이 함에도 점점 더 많은 일을 줘서 몸이 견디질 못해 밤이면 끙끙 앓는 것이 예사였다. 계속 주어진 일을 맡아서 하면 나 자신이 일하는 것이 아니라 일이 내 인생을 끌고 가는 것 같았다. 그것을 알아차리고 깨닫기까지 꽤 오랜 시간이 걸렸다. 나는 왜 그렇게 목숨 걸고 일을 했던 것일까?

어렸을 때 나는 형제들에 비해 주어진 일을 잘하지 못하고 순발력과 지능이 떨어졌을 뿐 아니라 외모도 내세울 것이 없었다. 형제 중 어머니로부터 야단을 제일 많이 맞았다. 나는 내가 무엇을 해도 잘

하지 못한다는 열등감이 있었고 그것을 극복하기 위해 성실성과 인내력으로 노력하기 시작했다. 머리 좋은 사람이 꾸준히 하는 사람을 따라가지 못하고 꾸준히 하는 사람이 즐기는 사람을 따라가지 못한다는 것을 내 삶을 통해 스스로 터득해 나갔다. 무엇이나 열심히 하면, 가끔 칭찬이 따라오기도 했으니 내 일중독은 아마 인정욕구에서 시작된 것 같다. 어렸을 때보다 나의 일 처리 능력이 조금씩 좋아지기 시작하면서 청년기에 이르러서는 집안에서 어려움이 있으면 내가 나서서 일하기 시작했다. 문제를 해결하고 나면 내 자존감이 상승하기도 했다. 자존감은 일하는 능력과 사랑받는 느낌에서부터 상승하기 시작한다.

가족관계에서 나는 왕따에 속했다. 어머니는 아버지와 많이 싸우시고 아버지 닮은 나를 싫어하셨다. 이해할 수 없는 일이지만 어머니로부터 "지 애비 닮아서…"라는 말을 많이 들었는데 그 뒷말은 거의 단점을 지적당하는 것이었고 장점도 단점으로 둔갑시켜 야단을 치셨다. 어머니와 언니, 남동생 3명이 결속되어 있었고 나는 늘 왕따 같은 느낌이 들었다. 어머니를 포함해서 3명으로 이루어진 그룹을 부러운 듯이 바라보는 것이 어릴 적 내 이미지이다. 그러니 내가 소외감에 시달린 것은 어린 시절부터 형성된 모습이다. 이 소외감이 싫어서 일을 잘함으로써 아웃사이더에서 탈피하는 생존 방식을 택한 것이다. 가정이 아닌 곳에서는 언제나 주축이 되고 인정받는 경우가 많았다. 주축이 되어 일하니 리더십도 길러지는데 내가 주축이 되지 않을 때는 소외감 때문에 어떻게 그 집단에 머물러야 하는지 몰랐다. 이러한 문제를 나이가 들어서 통찰하고 아웃사이더가 되었을 때도 그냥 머물면서 내 마음을 다독거리며 버텨내기 훈련을 했다. 어떤 그룹에서든 소외되는 느낌이 들면 속으로 분노가 끓어오르고 있다는 것도 나이가 들어 통찰한 것이다.

어려서 야단을 많이 맞다 보니 나는 무슨 일을 해도 누군가의 확인이 필요했고 언니에게 많이 의존했다. 성격 자체가 의존적이기도 하다. 의존심이 많은 사람이 겪는 감정은 외로움의 감정이다. 누군가 연합되어 있기를 바라고 홀로 있으면 견디지 못하는 감정이 외로움이다. 일할 때 상당히 독립적으로 보이는 사람이 사실은 그 반대로 의존심이 많은 예가 있는데, 이상한 역설 같지만 사실 의존과 독립은 같은 선상에 있다. 의존심이 많은 사람은 의존과 독립이 통합되지 못하고 양극단을 오르락내리락한다. 의존적 성격의 일중독 현상은 외로움을 해결하기 위해 일과 결합하는 것이다. 나도 혼자 있기 어려워서 일을 통해 무엇인가 함으로써 외로움을 회피해 나갔다. 일중독이 외로움의 문제라는 것을 깨닫고 이것을 해결하기 위해 끊임없이 아무것도 안 하고 혼자 있을 수 있는 능력을 키웠다. 지금은 혼자 있을 때 마음속 깊은 곳에서부터 충만함을 느끼니 달라져도 많이 달라졌다. 그러다 보니 일중독은 자연히 해결되고 일이 나를 끌고 가는 것이 아니라 내 건강과 내 상황을 살피면서 일을 하게 되었다.

많은 일을 함으로써 지칠 대로 지쳐있을 때 성경 구절 하나가 눈에 들어왔다. '무릇 있는 자는 더할 것이고 없는 자는 그 있는 것까지 빼앗기리라.' 이 얼마나 말이 안 되는 이야기인가? 많이 가진 자에게 더 주고 덜 가진 자는 빼앗긴다는 것이 이해가 안 되었다. 경전의 말씀이지만 화가 났다. 불공평한 신에 대한 분노도 생겼다. 그런데 일을 하고 리더 역할을 감당하다 보니 그 말이 무슨 말인지 머리가 아닌 마음으로 이해가 되었다. 작은 일도 성실하게 창의적으로 맡겨진 것을 잘하는 사람이 있고 맡은 일에 구멍을 내는 사람도 있다. 그럴 때 리더는 믿을 만한 사람에게 점점 더 많은 일을 맡기게 된다. 맡은 일을 쉽게 구멍 내는 사람에게 다시는 일을 맡기고 싶지 않을 때가 있다. 그러니 일을 잘하는 사람은 계속해서 많은 일을 더 맡게 된다.

내가 리더 자리에 있을 때 그런 식으로 일을 분배하지 않았다. 각 사람이 잘할 수 있는 일을 분배하고 잘 못 해도 오래 기다리면 반복을 통해 맡은 분야는 잘하게 되어있다. 다만 시간이 걸릴 뿐이다. 일을 잘한다고 모든 일을 혼자 하는 것을 그 사람을 위해 허용하지 않았다. 혼자 일을 하게 되면 나 없으면 안 된다는 교만이 찾아오게 되고 심해지면 불평불만이 생긴다. 그렇게 되면 그 사람의 정신이 망가지게 된다. 일중독이 있는 사람을 칭찬하면서 계속 많은 일을 시키면서 중독 상태로 놔두는 것은 리더의 이기심이다.

일중독에서 해방된 지금도 나는 일하는 것이 즐겁고 일을 사랑한다. 하지만 일 때문에 내 내면의 소리를 외면하지 않고 일 때문에 내 육체를 혹사하지 않는다. 일하는 속도도 아주 천천히 즐기면서 하게 되었다. 뭐든지 적절하면 자신에게 득이 되지만 적절함을 지나치게 되면 그에 따른 대가를 반드시 지불해야 한다. 혼자 있을 수 있는 능력을 키운 것, 인정받는 것에 내 영혼을 파는 것을 포기한 것, 조력자로서 주축으로 일하는 사람을 도움으로써 주변에 물러나 있는 것이 아무렇지도 않게 된 것은 피나는 노력으로 나 자신을 돌아보며 훈련을 한 결과이다. 일 중독자가 있을 때 가장 피해를 보는 것은 가족이다. 본인은 가족을 위해서 일한다고 하지만 정작 가족을 내팽개치고 일에 매진하다 보면 가족은 피투성이가 된 채 멀어져 가게 된다. 일중독에 걸린 사람이 주위에 있을 때 일을 덜 해도 삶이 행복할 수 있다는 것을 체험을 통해 알 수 있도록 도와주어야 한다.

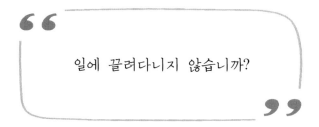

일에 끌려다니지 않습니까?

10

모든 일에는 이면이 있듯

상담을 통해 느끼는 기쁨과 슬픔

가끔 오래전에 상담했던 사람들이 소식을 전해 올 때가 있다. 상담을 통해 나와의 만남이 자신의 인생을 반전시켰다는 이야기, 고통을 딛고 새로운 사람을 사랑하게 되어 결혼하게 되었다는 이야기, 상담 후 자신이 원하는 일을 찾게 되어 새로운 일을 통해 만족한다는 이야기, 그렇게 고통스러웠던 문제들이 해결되었다는 이야기, 결국은 자신의 문제라는 것을 알고 삶을 보는 방식이 바뀌니 인생이 바뀌더라는 이야기, 그런 이야기들 끝에 감사하다는 말이 들어 있다. 그런 연락을 받거나 직접 찾아와 만나게 되면 나는 기분이 하늘로 치솟는 것을 느낀다. 슬퍼하는 자와 함께 슬퍼하고 기뻐하는 자와 함께 기뻐할 수 있는 것이 상담자의 삶이기도 하다. 내가 기뻐하는 것을 보면서 내담자들의 기쁨이 더 증가한다. 좋은 일은 혼자만 간직하지 않고 나누어주면 기쁨이 몇 배로 커지는 것을 실감한다. 행복한 사람 옆에 있는 것만으로도 행복해진다는 행복 공식이 있다. 요즘은 공동체가 파괴되고 가장 가까운 가족끼리도 안 보고 사는 집이 갈수록 늘어나는데 기쁠 때 그 기쁨을 나누어 줄 곳이 있는 것도 축복이다. 혹여 자랑하는 것으로 느껴질까 봐 타인에게 얘기하는 것이 조심스러울 수도 있지만 기쁜 일은 나누고 공유해야 한다고 생각한다.

모든 내담자의 삶이 전부 전환되는 것은 아니다. 어떤 사람들이 상담에 성공하는지 생각해 보았다. 첫째, 믿음형의 사람이다. 상담으로 바뀔 수 있다는 간절한 믿음이 있는 경우 대부분 상담에 성공한다. 이 상담자를 만나면 분명히 자신의 삶이 바뀔 수 있다는 믿음은 상담 성공의 지름길이다. 내가 상담했던 사람 중에 경상도 진주에서 서울까지 매주 한 시간 상담을 위해 먼 길을 1년가량 오간 사람이 있다. 처음에는 병리가 심해서 과연 고칠 수 있을지 나도 반신반의했다. 집 밖에 나가지 못하고 생활한 것이 몇 년이었다. 하지만 그 내담자가 가지고 있는 믿음으로 결국 치료가 되었다.

둘째, 인내형의 사람이 상담에 성공한다. 상담을 마치 도깨비방망이로 생각해서 상담 한 번에 금방 달라질 것으로 생각한다면 오판이다. 치유 작업은 양파껍질 벗기듯 하나씩 하나씩 벗겨가는 것이다. 그러니 도깨비방망이처럼 '금 나와라, 뚝딱!'이라는 생각을 하면 상담에 성공하기 힘들다. 조금씩 조금씩 좋아지는 것에 초점을 두고 지속해서 인내를 가지고 치유하려고 애써야 한다. 성급한 변화를 바라기보다 작은 변화에 기뻐하며 에너지를 받은 사람은 치유의 험난한 여정을 잘 통과할 수 있다.

셋째, 책임감이 있는 사람이다. 나는 회기별 상담이 끝날 때 다음 만날 때까지 삶의 현장에서 내담자와 합의된 과제를 내주는 편이다. 성실하고 책임감이 있는 사람은 그 과제를 성실하게 수행한다. 할 수 없는 과제를 내주지는 않고 조금만 노력하면 할 수 있는 과제들이다. 그렇게 과제를 하면서 기존에 가지고 있던 삶의 패턴들을 조금씩 변경해 간다. 이렇게 과제를 책임감 있게 하는 사람이 상담에서도 성공하게 된다.

넷째, 가장 확실한 것은 다른 사람이 아닌 자신이 변해야 한다는 것을 인지적으로 아는 사람이다. 타인이나 환경은 자신의 통제권 밖의 일이다. 남이나 환경 탓을 하는 것은 문제 해결에 있어서 감나무 밑에서 감이 떨어지기를 바라는 것과 같다. 운이 좋아서 타인이나 환경이 바뀜으로써 달라지는 예도 있지만, 그것은 드문 일이다. 자신의 삶을 자신의 통제 안에 놓고 스스로 해결하는 법을 배워야 한다. 이렇게 모든 문제의 해결을 자신 안에서 찾으려는 사람이 가장 빨리 변화한다.

상담사는 헬스 트레이너와 비슷하다는 생각을 할 때가 있다. 처음에 무엇이 문제이고 그 문제의 원인이 무엇인지를 통찰하게 한다. 대부분 내담자는 자신의 진짜 문제가 무엇인지 모르고 오는 경우도 허다하다. 다만 힘들어서 또는 죽고 싶다는 호소로부터 시작한다. 그리고 그 원인이 어디서부터 왔는지 잘 모른다. 이런 것들을 천천히 스스로 통찰해 가도록 돕는다. 통찰이 되었다고 삶이 변하지 않는다. 더러는 통찰과 동시에 변하는 예도 있지만 대부분 습관화된 삶의 패턴은 날마다 트레이닝하는 과정과 같다. 과제를 내주고 그 과제를 통해 즐거움을 누리고 기존에 했던 방식이 자신을 얼마나 옭아매고 병리적이었나를 스스로 알게 한다. 자신이 살아오면서 부모로부터 학습된 삶의 방법과 자신에게 불리한 방식의 삶의 습관들을 보지 못하는 경우가 대다수이다. 과거 삶의 방식과는 다른 방식의 삶이 몸에 붙도록 트레이닝을 지속해야 한다. 이러한 삶의 변화들이 굳어지면 이전 방식으로 돌아가려는 요요현상이 없어지게 된다.

이렇게 내담자들을 통해 즐거움도 얻는 반면, 가장 가슴 아픈 일은 치료가 되기 전에 상담을 포기했는데 몇 년 후 더 심해져서 찾아오는 경우이다. 살다 보면 문제들이 생겨서 잠시 흔들리고 덜컹하는 때도 있다. 하지만 점점 나빠지는 상황이 되어 회복 탄력성이 거의 없는 때도 있다. 상담에 성공하는 내담자 유형도 있는 반면에 상담에 실패하는 내담자 유형도 생각해 봤다. 첫째 그들은 자신에게 문제가 없고 주변이 문제라고 생각한다. 거짓 자아가 강해 자기가 자신을 속이고 있는 것을 모르는 경우이다.

둘째, 상담자에게 9번 만족하고 한 번 불만족할 때, 얼른 다른 상담자를 찾아가 상담을 쇼핑하듯 하는 사람이다. 여기가 좋을까 저기가 좋을까 기웃거리기만 하고 진정으로 참 만남을 갖지 못한다. 물론 자신과 안 맞는 상담자도 있다. 그럴 때 과감히 자신과 맞는 상담자를 찾아가야 한다. 하지만 늘 상담자를 떠보는 일회성 상담을 하는 사람은 치료에 성공하기 어렵다. 상담자에게 불만이 있을 때 솔직하게 얘기하고 문제 되는 것을 해결하고 넘어가는 연습은 삶의 현장에서 대인관계 기술을 터득하는 것이다. 상담자와의 친밀감 형성을 유지할 힘은 삶의 현장에서도 그대로 나타날 수 있다.

셋째, 상담 한두 번에 모든 것이 해결될 것이라는 환상을 갖는 사람이다. 조급하기만 하고 작은 변화에 만족하지 못한다. 상담자의 눈에는 변화하는 것이 눈에 보여도 정작 자신은 높은데 가치를 두고 있어서 부족한 것만 보인다. 이런 사람들은 제풀에 꺾여 지속적 도움을 받지 못하고 상담자의 능력을 탓하며 도중에 그만둔다. 성급해서 인내심이 부족하므로 좋은 열매를 맺을 수가 없다.

넷째, 도움받으러 와서 도움받을 생각을 안 한다. 모든 것을 다 해봤다고 말한다. 그러니 알아서 상담자가 자신을 변화시켜 보라는 태도를 보인다. 모든 것 다 해봤다는 사람 중에 하나라도 제대로 해본 것이 없는 사람들이 허다하다. 이러한 유형들을 만나면 상담이 진전되지 않고 상담사도 힘이 든다. 자신의 삶에서도 여기 찔끔, 저기 찔끔, 겉 관계만 유지할 뿐이지 진정한 관계 맺음을 할 수 없는 사람들이다.

그런데도 그것이 문제이기 때문에 상담실을 찾는 것이다. 그러니 내담자의 작고 예민한 부분까지 섬세하게 체크해야 하는 것은 상담자의 몫이다. 그래서 상담자의 길은 참으로 멀고 험하고 하면 할수록 어렵다. 똑같은 아픔도 없고 똑같은 병리도 없다. 문제를 카테고리화 시켜도 각 개인의 삶은 각각 다른 것이다. 그래서 나는 상담자 스스로 자신이 안 가본 길을 한 발자국 내디디며 두려움을 극복하는 과제를 날마다 해결해야 한다고 생각한다. 약물이나 수술 없이 사람을 만나 대화로 사람을 치료할 수 있다는 것은 참으로 흥미롭고 멋진 일이다. 상담의 장은 한 인생을 꽃피우게 하는 아름답고 거룩한 공간이다.

> ❝
> 문제 앞에서 타인의 탓이라고
> 말하지는 않나요?
> ❞

일상

소소한 즐거움

01

나의 어린 아이에게
내면 아이와 만남

낙엽 냄새 가득한 가을 향기를 맡고 울긋불긋한 가을 색에 물들고 싶어 무작정 밖으로 나갔다. 솔솔 부는 가을바람에 가을 향기가 리듬을 타며 풍겨온다. 고운 단풍으로 물들어가는 아름다운 가을 나무, 과일이 익어가며 코끝을 간지럽히는 달콤한 향기, 그리고 바람에 제 식구를 퍼트리려고 홀씨가 날아다니는 벤치에 앉아 하늘을 바라보니 시리도록 파란 하늘이 내 눈동자에 그림을 그린다. 하얀 뭉게구름이 몽글몽글 피어나고 있어 깊고 파란 하늘에 눈을 뗄 수가 없다.

공원 근처에서 솜사탕 아저씨가 실처럼 나오는 솜사탕을 열심히 돌려가며 몇 바퀴를 감아 돌리더니 순식간에 커다란 솜사탕이 되었다. 아저씨의 손놀림이 참으로 빠르다는 생각을 하고 있는데 지나가는 젊은 연인의 목소리가 들린다. 여자가 솜사탕을 사달라고 말하자마자 남자는 벌써 아저씨에게 돈을 내밀면서 하나 달라고 한다. 연애할 때는 하늘의 별이라도 따다 줄 만큼 무엇이나 다 해주고 싶은 마음이 있다. 연인들이 솜사탕을 들고 뜯어 먹으면서 가는 모습이 참으로 행복하고 사랑스러워 보였다. 가을 햇살이 그들을 비추어 저 만큼 사라져가는 모습을 한참 동안 쳐다보았다.

내 마음도 어느덧 어린이가 되어 간다. 어른이 되어서 어린이날에 선물을 챙겨 받았던 지난날이 떠올라 내 입가에 미소가 번지는 것을 느낄 수 있었다. 어린이날 가족으로부터 선물을 받은 것은 어른이 되어서였다. 가난하고 힘들었던 어린 시절에 부모로부터 선물을 받 았던 기억이 거의 없다. 어린이날이 되면 초등학교 반장과 부반장의 엄마들이 빵이나 학용품을 단체로 사 와서 전체 아이들에게 나누어 주셨다. 그분들의 특별한 관심이 부러웠고 친구들은 어린이날 받은 선물을 이야기하는 즐거움을 누렸다. 나도 부모로부터 어린이날 선 물을 받고 싶었지만, 우리 집 형편에 그런 생각조차 사치였다. 나 역 시 학급 임원을 하고 있었지만, 우리 집에서 선물을 사 들고 오지 않 으니 우리 반 친구들에게 미안했고 담임 선생님의 눈치가 보였다.

내 나이 40세가 다 되어 어린이날에 남편에게 선물을 사달라고 졸랐다. 내 속에 자라지 않은 어린이가 있어서 바로 그 어린이로 퇴 행한 것이다. 이미 청소년기에 접어든 자녀가 있는 엄마인 내가 어 린이날 선물을 사달라고 조르는 것이 뭔가 웃기고 이치에 맞지 않는 다. 그런데 고맙게도 남편은 받고 싶은 선물이 뭐냐고 물어보고 어 린이날 선물을 사주었다. 그 후, 나는 몇 년 동안 어린이날이 되면 선물을 요구했고 남편으로부터 어김없이 선물을 받았다. 내 마음에 자라지 못한 어린아이가 그 선물을 통해 자라났고 몇 년 후, 나는 어 린이날 선물 받기를 스스로 중단했다. 어린이날 선물이 필요 없을 만큼 내 내면은 어른이 된 것이다.

어른이라도 우리 내면에는 어느 한 부분에서 자라지 못한 어린아이가 있다. 그 어린아이는 과거 욕구에 대하여 미해결된 것이 있는데 스스로 어린이가 되어 과제 해결을 하려고 시도한다. 때로 부적절해 보이기도 하고 엉뚱한 행동을 할 때도 있다. 어떤 사람은 할머니가 되어서도 핑크 공주처럼 공주패션의 옷을 입는 예도 있다. 할아버지가 소년 같은 옷차림을 하고 다니는 예도 있고 옷이나 양말을 선택할 때마다 만화 캐릭터가 그려져 있는 것을 택하기도 한다. 때로는 집의 인테리어를 공주 방처럼 꾸며 놓는 예도 있다. 성인 남자가 로봇이나 미니 자동차를 모으는 독특한 취향이 있을 수도 있다. 나이와 걸맞지 않게 너무 차이 나게 행동하는 모습 속에는 내면 아이를 성장시키기 위한 자기도 모르는 몸부림이 숨어있다. 이렇게 해결되지 않은 과제와 욕구들을 충족시켜주고 해결해주면 내면 아이는 점점 성장해서 원하던 것이 필요하지 않게 되고 요구하지도 않게 된다.

솜사탕이 달기만 하고 맛이 별로인 것도 안다. 중년이 다 된 나이에 인형도 필요 없고 로봇도 필요 없다. 누군가에게 선물을 요구하지 않아도 스스로 살 수 있는 돈도 있다. 하지만 그러한 요구들은 우리 자신을 조금씩 성장하게 만드는 요소이다. 어른이 그런 행동을 할 때 나이답지 못하다고 말하거나 눈살을 찌푸리지 말고 안쓰럽고 넉넉한 마음으로 봐줄 필요도 있다. 지금 그 사람은 스스로 자신의 결핍된 어린 자아를 치유해 가고 있다.

각자의 삶은 참으로 치열하고 자기만의 독특한 방식이 있다. 아무리 이상한 행동이라 해도 각 사람은 그 상황에서 자기에게 가장 맞는 것을 선택한다. 그 행동이 일반 사람과 다르다 할지라도 그로서는 최선의 방법이다. 각자 삶의 방식이 있고, 살아가는 과정에서 자기에게 맞는 방어기제들을 선택한다. 그러니 살아가기 위해 방어하는 것들을 조금 넉넉하게 봐줄 필요가 있다. 치유되고 방어가 필요 없게 되면 스스로 방어를 풀고 자기만의 방식에서 조금씩 문을 열어 자신의 나이나 타인과 어울리는 방식의 삶으로 변해간다.

우리 자신의 마음을 민감하게 알아차려 결핍된 것들을 하나씩 해결해 갈 때 억압된 욕구가 걷잡을 수 없는 방향으로 폭발하거나 사회에서 커다란 물의를 일으키는 것을 조금이나마 예방할 수 있다. 대부분 큰 사건을 일으키는 사람들에게 왜 그렇게 했냐고 물어보면 대답을 하지 못하는 경우가 대다수이다. 그것은 자신도 모르게 자기 마음 깊은 곳에 이끌려 자기 스스로 조절할 수 없는 무의식의 조종을 받은 것이다. 유명 인사들이 말도 안 되고 어이없는 일로 사회에서 매장을 당할 수 있는 행동을 하는 것, 자신이 평소에 부르짖던 가치관과는 정반대의 행동으로 물의를 일으키는 경우, 술에 취했을 때 전혀 다른 사람이 되는 것은 자기 마음 안에 있는 해결하지 못한 내면 아이의 외침일 수 있다. 이 외침들을 외면하지 말고 미리 알아차리면 문제 행동으로 그동안 이룩한 것들이 수포가 되는 일이 없게 된다.

내면 아이를 만나주고 그 아이의 욕구를 해결해주는 것이야말로 성장의 지름길이다.

> **어린 시절에 해보고 싶었던 것은
> 무엇이 있습니까?**

02

꽃을 든 남자
감수성을 상대와 나누기

우리 동네에는 꽃시장이 있다. 2차선 도로 양옆으로 화원이 늘어서 있고 봄이 되면 울긋불긋 꽃 대궐을 이룬다. 나는 그 풍경이 보기 좋아서 일부러 그 길을 걷기도 하고 버스를 타고 가면서 꽃을 사는 사람들을 구경하기도 한다. 꽃을 사 들고 가는 사람들이 꽤 많이 보이는데 그중 한 남자가 화분을 무더기로 사서 버스에 올라선다. 혼자 들고 가기에 꽤 많은 양이다. 주름진 얼굴에 밝고 천진한 모습에서 선량한 삶이 얼굴에 묻어있는 것이 보인다. 꽃을 사 들고 가는 남자의 정서를 생각해 보게 된다. 꽃으로 집안을 단장할 수 있는 사람이라면 감수성이 있고 공감할 수 있는 능력도 있을 것 같다. 꽃이 예쁜 줄 모르겠다고 말하는 남자들도 꽤 있는데 꽃을 사 들고 가는 이 사람은 자기 자신을 사랑하고 삶을 잘 가꾸는 사람일 것 같다.

꽃을 든 남자를 보면서 과거로 거슬러 가서 지금은 이 땅에 없는 아버지를 생각했다. 우리 아버지도 꽃을 좋아하셨지만 내가 아는 한, 어머니는 한 번도 아버지의 감수성에 반응을 보이지 않았다. 감상적인 아버지에 비해 어머니는 현실적이었고 지극히 이성적이었다. 삶이 팍팍했으니 생활력 강한 어머니는 꽃을 즐길 여유도 없었던 모양이다. 부부가 정서적 공감대를 형성하지 못했으니 아버지의 외로움은 더 컸을 것이다. 아버지는 자신의 감수성을 알아봐 주는 나에게 자신의 마음을 맘껏 표시하셨다. 내가 학교에서 돌아오면 내 방에 아름드리 꽃이 꽂혀 있을 때가 많았다. 여름이면 해바라기 여러 송이가 방에 들어가는 나를 웃음으로 맞이했고 가을에는 국화와 갈대들이 나에게 어서 오라는 손짓을 했다. 내 방 창문 밖에는 화분을 여러 개 매달아 주셔서 창문을 열면 꽃향기가 내 방으로 들어와서 상쾌하고 설레는 기분을 더해주었다. 작은 마당이지만 앞마당에는 난초와 글라디올러스, 달리아, 채송화, 봉숭아 등이 철 따라 피어나고 이름 모르는 꽃들도 꽤 있었다. 대문 양옆으로 덩굴장미가 아치를 이루어 피어있었다.

코스모스를 좋아하는 나를 위해 봄이면 학교 가는 길 양쪽으로 코스모스 씨를 뿌리고 정성껏 가꾸어 가을이면 하늘거리는 코스모스 사잇길로 등교를 하곤 했다. 그 등굣길의 코스모스는 여린 여학생의 마음을 설레게 했다. 철 따라 키 작은 과꽃이나 금잔화도 줄을 지어 피어올랐다. 나는 꽃들과 이야기를 하고 꽃을 만지고 향기를 맡으면서 성장해갔다. 산이나 들로 다니며 꽃 이름을 알려주고 나물을 뜯어오던 기억 속에도 아버지가 함께 있었다. 지금도 눈을 감으면 그 등굣길의 꽃들이 펼쳐진다. 그런 환경이 내 정서에 큰 영향을 주었으리라고 그 당시에는 생각하지 못했다. 나이가 들어서 민감한 내 감수성이 아버지에 의해 생기고 자라난 것을 깨달았다.

내가 결혼한 후, 내 민감한 감수성을 남편과 나누기가 어려웠다.

서로 성향이 달라서 그러려니 했지만, 감수성을 나누고 싶은 갈증은 나를 참으로 외롭게 만들었다. 부부가 되는 것은 자신이 원하지 않아도 상대방이 원하면 함께할 수 있는 준비가 필요하다. 자신은 관심이 없어도 상대가 좋아하는 것을 같이 향유하고 맞추어가려고 노력할 때 상대의 것은 어느덧 내 것이 되어 삶의 폭이 넓어질 뿐 아니라 공감대 형성이 많아져 더 친밀하고 행복해질 수 있다. 상대가 좋아하는 것을 관심 없다고 방치하게 되면 서로 물과 기름같이 겉돌 수 있다. 부부가 나이 들어서 얼굴도 비슷해지고 취미도 비슷해지고 식성까지 비슷해지는 것은 평생 서로를 위한 배려를 했기 때문이다. 자기 것만 고수하고 상대의 것을 받아들이지 않을 때 자신에게 주어진 것 중에 절반만 누리다가 생을 마감하게 될 것이다.

우리가 살면서 계절의 아름다움을 즐기고 자연을 향유하는 것은 그리 어려운 일이 아니다. 그냥 고개 한번 들어 하늘을 보고 땅에서 솟아오르는 풀 한 포기에 관심을 두고 눈길을 주어보고 눈을 감고 내 피부를 어루만지는 바람의 숨결을 느껴보는 것은 많은 시간을 요하지도 않고 돈을 요구하지도 않는다. 이 땅의 아름다움을 느낄 수 있는 것은 지천에 깔려있다. 마음의 여유를 조금만 자연에 내어주면 된다. 우리 자신이 자연의 일부이기 때문에 자연과 함께할 때 일체감을 느끼고 누군가와 연합하고 싶은 우리의 욕구가 충족되어서 우리 마음 안에 공허감을 충만함으로 바꿀 수 있다. 공허감을 메우기 위해 무엇엔가 의존대상을 찾아 여기저기 기웃거리는 모습도 줄어든다.

나는 스트레스를 받거나 해결하기 어려운 문제가 생기면 산책을 한다. 산길을 걷고 동네 구석구석을 걸어 다니면서 문제에 골몰하던 머리를 자유롭게 놓아준다. 문제 상황에서 벗어나 지금 여기서 있는 그대로의 자연에 마음을 쏟고 지나다니던 사람들을 관찰하고 작은 곤충 하나하나의 움직임에 빠져본다. 그러면 작은 풀잎 하나에서, 흐르는 계곡물에서 그리고 버티고 앉아있는 바윗덩어리에서도 문제의 해답이 보인다. 문제가 그냥 흘러가게 둘 수 있는 지혜를 배우고 해결하지 않고 그냥 묵묵히 수용하여 문제와 함께 살아가는 법도 익히게 된다. 문제 상황에 코 박고 있는 것에서 벗어나 좀 더 객관적으로 문제를 바라볼 수 있게 되어 보이지 않던 해답이 보일 때가 많다.

버스 안에서도 꽃을 든 남자가 여러 개의 화분을 아기 다루듯이 조심조심 다루면서 화분에 눈길을 주고 있는 모습이 보인다. 얼굴엔 환한 즐거움이 번져나가고 있는 것을 볼 수 있다. 나도 집에 들어갈 때 화분 몇 개라도 사가야겠다는 생각을 했다. 그 생각만으로도 행복해지는 나 자신을 느낄 수 있었다.

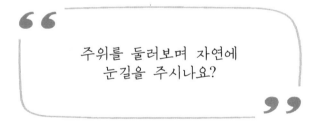

> **"**
> 주위를 둘러보며 자연에
> 눈길을 주시나요?
> **"**

03

열정 그리고 관망
다른 성향 다른 태도

출근길에 강남 도로는 갈 길을 찾으려는 차들로 꽉 차 있다. 승용차로 출근할 때는 빨간불 신호대기 시간이 즐거울 때가 있는데, 사람들의 여러 가지 모습이 눈에 들어오기 때문이다. 신호가 바뀔 때까지 잠깐 동안 지나가는 사람들에게 정신을 흠뻑 빼앗기고 있다. 그들의 행동을 살펴보면 걷는 것 하나하나 전부 행동이 다양하다. 어떤 사람은 종종걸음으로, 어떤 사람은 힘찬 발걸음으로, 어떤 사람은 뛰다시피 하고 또 어떤 사람은 천천히 걸으면서 음악을 듣고, 핸드폰을 보면서 바로 옆에 벌어지는 일도 안 보는 사람들도 많이 있다. 출근 시간대에 유유자적하게 걷는 사람을 보면 바쁘게 서두르지 않고 천천히 사는 모습이 나까지 여유가 생기게 만들어 한참 쳐다보다 신호를 놓쳐서 뒤차가 "빵빵" 댈 때도 있다.

오늘은 모범운전자가 교통정리 하는 모습이 눈에 들어왔다. 사거리에서 60대쯤 되는 모범운전자가 호각을 불고 손동작을 취하며 열심히 교통정리를 하고 있다. 두 사람이 함께 교통정리를 하는데 한 사람은 액션이 거의 없고 한 사람은 호각과 손짓으로도 모자라 이리 저리 뛰어다니면서 교통정리를 한다. 수신호를 안 듣는 운전자를 향해 호통까지 치고 있다. 교통경찰이 아닌 모범운전자들은 아마 봉사 활동을 하는 것일 거다. 그런데 어쩌면 저리도 열정적으로 활동을 하는지, 기운이 펄펄 넘치는 60대 그분을 보는 것이 즐거워서 내 입가에는 미소가 번지고 있다. 나까지 기운이 넘쳐나는 것 같은 느낌이다. 참으로 사람은 옆에 있는 사람의 영향을 받는 존재이다. 그래서 좋은 사람과 어울리고 좋은 사람과 소통하며 좋은 사람 옆으로 가려는 노력이 필요하다.

모범운전자를 보면서 열정적인 사람에 대해 생각해 봤다. 열정적인 사람들은 대부분 자기 일에 긍지를 갖고 일을 하는 것이 타인들의 눈에 쉽게 드러난다. 소신 있게 자기 일을 하려고 하므로 일이 타인과 관련이 있을 때 타인의 삶에 쉽게 침범해 들어가고 오지랖이 넓다. 열심히 하므로 일의 성공 확률도 높지만, 실패했을 때도 크게 드러나서 타인의 비난을 받기도 쉽다. 대부분 외향적이고 능동적인 성격의 사람이다. 자신감 있게 행동하기도 하지만 일이 잘못되었을 때 의기소침해지며 자신이 나서서 일한 것에 대해 회의를 하기도 한다. 에너지가 부족할 때는 일의 시작은 잘하지만 끝맺음이 안 될 경우도 있다. 우리나라 사람들은 내향적인 사람이 많아서 이렇게 열정적인 사람을 보면 불편해하는 경우가 꽤 있다. 지극히 내향적인 사람들은 "너 잘났어!" "왜 이렇게 나서는 거야."라는 말을 하면서 열정적인 사람을 비난하는 때도 있다.

열정적으로 교통정리를 하는 사람과 달리 활동이 거의 없는 모범운전자는 교통 정리하는 것이 쑥스러웠는지 어쩔 줄 모르는 모습이 종종 관찰되었다. 교통 봉사 활동에 초보자라고 생각되었다. 그의 어정쩡한 태도는 오히려 열정적으로 교통정리를 하는 사람에게 걸리적거려서 방해되고 있었다. 나는 그 사람이 용기를 내어 교통정리 하러 나온 것만 해도 대단한 선택이라는 생각을 했다. 어떤 이유에서인지 모르지만, 그 사람은 여기 나와서 교통정리 하는 것을 원하지 않았을 것 같다. 아주 수동적이고 내향적인 성격의 사람으로 보인다. 어쩌면 열정적인 사람이 같이 가자고 설득해서 나왔을지도 모른다. 이런 사람들을 보면 외향적인 사람들은 답답해하고 일의 진도가 맞지 않으니 자꾸 잔소리하게 된다.

그 대조적인 두 사람을 보고 있으면서 우리 주위의 많은 사람이 이러한 관계 속에 있을 수 있다는 생각을 했다. 자기에게 없는 모습이 상대에게서 보일 때 상대를 좋아할 수도 있지만 반대로 비난할 수도 있다. 심리학자 융은 이러한 것을 그림자의 투사 현상이라 말한다. 지나치게 열정적인 사람은 그 무의식 가운데 수동적이고 타인에 의해 천천히 따라가고 싶은 마음이 있다. 또한, 자신에게 없는 모습을 볼 때 자신이 원하는 것을 가진 사람을 인정하기보다는 비난하고 깎아내리고 싶은 마음이 작동한다. 감정이 움직여지는 그곳에는 감추어진 자신의 모습이 있다. 주는 것 없이 미운 사람이나 받는 것 없이 좋아지는 사람들의 모습을 관찰해보면 자신이 해결해야 할 과제가 그 안에 숨어있다. 미운 사람의 그 행동을 너무 터부시하고 절대 악으로 생각하지 않았는지 점검해 보면 그 속에 자기가 보인다. 또 타인의 행동 중 좋아하는 바로 그 모습은 내 마음 안에서 아직 개발되지 않은 내 것일 수 있다. 우리가 성장하기 위해서 무의식에 있는 것들을 의식으로 길어 올릴 필요가 있는데 타인의 행동을 관찰하고 마음에서 감정이 일어나는 것을 보면서 내 안에 어떤 무의식이 있는지 통찰할 수 있다.

　나는 활동적이고 열정적이고 능동적인 사람인데 남편은 아주 소극적이고 관망하는 사람이다. 그러다 보니 가정일에서도 내가 앞서는 경우가 많았다. 관망하는 남편은 자기 의견을 별로 내지 않고 그대로 따라준다. 하지만 일에 대한 책임감이나 힘겨움은 내가 더 심하게 느끼는 것 같다. 그래서 때로는 소극적인 남편을 향해 비난하고 일이 자꾸 늘어나는 것에 대한 책임감과 불공평함을 호소하기도 했다. 갈등을 해결하는 것도 내 쪽에서 해야 하는 몫이 되어버렸다. 내가 나와 다른 남편을 수용하기까지는 많은 시간이 걸렸다. 조금 소극적이어도 기다려주기, 내가 먼저 하지 않기, 일의 성과를 크게 따지지 않고 참여 자체에 의미를 두기, 비난을 금지하기 등의 훈련을 통해 나는 남편과 소통하는 법을 배웠고 내 기울어진 성향의 양쪽 면들을 통합시켜 나갔다. 결혼 생활이 오래 지속되다 보니 이제는 나와 남편이 비슷한 부분이 많이 생겼다. 자신과 다른 사람을 수용하고 함께 지낼 수 있게 되는 것은 나 자신이 성숙을 향해 나아가고 있다는 것을 의미한다. 그런데도 우리는 독특한 자기의 색을 갖고 있고 이 독특함은 살아 있는 동안 계속 유지될 것이다.

> ❝
> 자신과 성향이 다른 사람을 향해
> 비난하거나 답답해한 적이 있나요?
> ❞

04

행복 저장고 꾸려가기
행복은 선택할 수 있는 것

내가 산책하는 것을 즐거워하는 이유는 산책하면서 많은 만남을 경험하기 때문이다. 사람뿐만 아니고 사물을 만나고 자연을 만나고 그 만남 속에 그것과 나와의 연합이 이루어진다. 한 사람씩 만나서 말을 걸고 소통을 하는 것은 아니지만 그 많은 사람을 내 마음으로 만나면서 내 마음에 좋은 것들을 저장해 두는 것이 즐겁다. 나와 다른 타인들이 살아가는 모습을 보면서 이미 나 자신의 삶보다 몇 배나 더 많은 삶을 사는 것을 느낀다. 경험하지 않는 타인 삶의 일부를 내 안에 가져옴으로써 그동안의 나와는 다른 새로운 삶을 살고 있다.

오늘도 강아지와 함께 산책하다가 내 입가에 미소가 번지고 있는 것을 느꼈다. 길가에 앉을 만한 곳을 찾아 앉아서 강아지를 무릎에 앉히고 내 시야에 들어오는 행복한 곳을 계속해서 바라보았다. 4세쯤 된 딸을 앞에 세우고 뒤에서 아이를 감싸 안고 서서 씽씽이를 즐겁게 타는 아빠의 모습은 보는 것만으로도 행복이 넘쳐났다. 아이는 스스로 씽씽이를 탔다고 생각하겠지만 모든 과정은 아빠의 보살핌

가운데 아이가 균형을 잡을 수 있게 도와주고 있었다. 아빠 자신도 딸과 타는 씽씽이를 즐기고 있는 것 같았다. 내리막길에서는 즐거운 비명소리가 들리고 회전할 때마다 아빠와 함께 균형 있게 씰그러지는 모습은 보는 사람에게 즐거움을 느끼게 한다.

　오늘의 이 모습을 저 아이는 마음속 행복의 탱크에 저장해 놓으리라 생각했다. 자녀와 행복한 추억 만들기를 하는 저 아빠는 어떤 유산을 물려주는 것보다 자녀에게 더 행복한 미래를 만들어준다. 함께하는 시간과 몸이 맞닿은 스킨십, 소중한 칭찬과 격려의 언어들은 이후에 부모가 이 땅에 없을 때 최고의 에너지를 공급해 준다. 행복의 탱크에 들어있는 행복은 힘든 상황이 생길 때 우리를 지탱하게 해준다. 부모님과 함께 놀았던 행복했던 기억은 부모님이 늙어서 병이 들 때 긴긴 병시중을 감당할 힘을 제공하기도 한다. 형제들끼리 행복하게 놀던 추억은 서로 자기 짝을 찾아 더 잘 살겠다고 제 잇속을 챙겨 서운하게 해도 용서할 힘을 제공하기도 한다. 부모들도 자녀와 어린 시절 쌓은 행복했던 일들은 자녀가 자신의 곁을 떠나 독립하려고 할 때나 사춘기를 맞아 반항하여 미움이 생길 때도 버틸 수 있는 희망과 힘을 제공한다. 친구들과의 행복했던 추억은 멀리 있어도 늘 마음 한구석에서 충만함을 제공하기도 한다. 하룻밤 만리장성을 쌓은 연인의 사랑으로 평생의 그리움을 견뎌낼 수 있게 만들기도 한다. 행복의 탱크에 저장한 행복의 수가 많을수록 우리의 삶은 고통을 견뎌낼 수 있는 에너지를 준다.

　긍정심리학자인 마틴 셀리그먼의 행복 공식에 의하면 행복 수준은 이미 세팅된 행복의 범위와 삶의 상황과 스스로 통제할 수 있는 자율성에 의해 결정된다고 한다. 이미 세팅된 행복이란 행복은 친부모의 성격과 영향에 의해 이미 결정되거나 유전자에 의해 타고 난 자질을 말한다. 그러니 성인이 되기 전에 유전인자와 부모와의 행복한 활동들을 통해 어느 정도의 행복이 결정된다는 것이다. 성인이 되어서의 삶은 어린 시절에 세팅된 행복에 의해 영향을 받기도 하지만 자신의 삶 속에서 행복한 사건이나 불행한 사건과 이것을 극복하는 자신의 역량에 따라 행복이 조절될 수 있다는 이야기이다. 우리가 불행한 상황을 만나거나 대단히 기쁜 상황을 만나 행복감을 느껴도 대부분 일정 시간이 지나면 자신의 기분 상태는 평상시로 돌아간다. 무슨 상황을 만나든 행복은 자신이 느끼는 평균상태로 돌아가는데 행복한 상황이 계속 지속되면 평균상태도 올라가며 행복지수는 상승한다. 그러니 행복하다고 느끼는 활동을 많이 할수록 행복지수는 조금씩 높아지는 것이다.

우리가 어렸을 때 경험한 행복한 활동은 성인이 된 후 우리 삶에 지대한 영향을 준다. 행복하기 위해서 우리가 하는 여러 가지 활동 자체가 즐거워야 한다. 사랑하는 사람과 즐겁게 웃고 노는 활동은 행복한 삶을 위한 기초와 같은 것이다. 즐거운 게임 같이하기, 유머 프로그램을 보면서 박장대소하기, 운동이나 춤을 같이하면서 몸을 신나고 즐겁게 만들기, 물놀이하며 물을 뿌려가면서 장난하기, 혹은 눈싸움을 하면서 장난치기, 자연의 소리를 들으면서 평온한 행복감을 같이 맛보기, 갖가지 예술 활동을 통해 충만한 느낌 갖기 등, 각자 좋아하는 활동을 많이 해서 행복의 저장고에 행복을 쌓아두었으면 좋겠다.

즐거운 활동뿐만 아니라 의미 있고 보람 있는 활동도 우리를 행복하게 만들어준다. 자신이 하는 활동에서 의미를 발견하여 의미에 부합한 삶을 살 때도 우리의 행복 탱크에 행복은 쌓여간다. 무슨 일을 하든지 그 활동에서 의미를 찾아낼 수 있는 사람은 고통을 감당할 에너지가 생긴다. 사랑하는 사람과 의미 있는 활동을 같이할 때, 그것은 관계뿐만 아니라 우리의 삶 속에서 행복과 자존감을 증가 시켜준다. 봉사 활동 함께하기, 원하는 것을 함께 탐구하기, 정치적이나 사회적으로 같은 소명의식으로 활동하는 것들은 의미 있는 삶을 공유함으로써 행복해지고 인간관계도 끈끈해진다. 이러한 활동도 우리 마음 안에 있는 행복 탱크에 저장이 되어 소중한 추억으로 이후의 삶을 단단하게 해준다.

　나도 눈을 감으면 떠오르는 행복한 기억들이 많다. 아버지와 산과 들로 다니면서 식물 이름을 익히던 기억, 썰매를 만들어 주시던 아버지 옆에서 쪼그리고 앉아 빨리 만들어지기를 기다리다 완성된 썰매를 가지고 빙판 위를 달리다 넘어진 기억, 형제들과 미끄럼 타던 기억, 싱아 이파리와 까마중을 따 먹으면서 입가에 까만 물이 들면 친구들끼리 서로 보고 깔깔대고 웃었던 기억, 수재민 돕기 한다고 헌 옷을 모아서 학교 친구들과 즐겁게 옷 정리하던 기억, 가위바위보 게임 하며 친구들 가방 들어주던 기억, 메뚜기 잡아서 풀에 끼워 구워 먹던 기억, 이런 모든 기억이 나의 마음속에 행복하게 저장되어 있어서 어렵고 힘든 상황들을 잘 헤쳐 나왔다.

　지금, 이 시간에 행복의 탱크에 무엇을 저장하느냐는 자신의 선택에 달려있다. 현재의 삶 속에서 얼마나 많은 행복한 추억 쌓기를 하느냐는 미래의 내 삶을 더 행복하게 만들어준다. 가만히 앉아있어서 누가 행복을 가져다주는 것이 아니라 행복한 놀이, 의미 있는 활동을 찾아내어 움직이면 행복이 나에게 다가온다. 지금 이 글을 쓰면

서도, 행복한 추억을 글로 써 내려가는 것만으로도 내 마음에 행복
이 퍼져나가는 것을 느낄 수 있다.

> **"**
>
> 어떤 것을 할 때 행복하십니까?
>
> **"**

05

따라가더니 넘어지더라
내 역량만큼, 나를 수용하는 법

산에 오를 때 정상을 향하거나 어떤 목표를 정하지 않고 내 몸이 무리하지 않고 오를 수 있는 곳까지만 간다. 오늘은 컨디션이 좋아서 평소보다 더 높은 곳까지 올라갔다. 산행할 때는 강아지와 동행하는 경우가 많은데 강아지 산책도 시켜야 하고 내 건강을 챙겨야 하는 일석이조의 효과를 누리는 것이다. 가끔 남편이 산행에 동행하기도 한다.

산에서 내려오는 길에 강아지가 신이 났는지 나보다 앞서가면서 목줄로 나를 끌고 간다. 내 속도보다 조금 빠르게 비스듬한 바위를 딛고 내려가는 강아지 뒤를 따라가다 미끄러져서 한 바퀴 굴렀다. 넘어지는 순간 나는 손으로 나무를 붙잡았으나 내 몸을 통제할 수 있을 거라는 생각은 오판이었다. 마음 같지 않고 순발력이 떨어진 몸을 확인하며 나이 들었다는 것을 느끼는 순간이었다. 다행히 뼈를 다치지 않고 피부에만 상처가 난 것이 얼마나 감사했는지 모른다. 앞서가던 남편이 되돌아와서 일으켜주며 산에서 내려올 때는 비스듬하게 놓인 바위는 미끄러지기 쉬우니 밟으면 안 된다고 알려주었다. 높은 산을 자주 등산하는 등산 마니아인 남편이 산에서 내려갈 때 주의 사항을 이것저것 알려주었다. 하지만 나는 비스듬하게 놓인 바위를 밟고 내려오면 안 된다는 기억만 남아 있다. 어떤 이론적 가르침보다 실제로 경험할 때 학습 효과가 가장 높아진다는 것을 실감했다.

오늘 넘어지면서 얻은 수확이 많다. 내려갈 때 어떻게 조심해야 하는지 배웠다. 그리고 내가 왜 평소 안 밟던 바위를 밟았는지 생각해 봤다. 그것은 강아지를 따라갔기 때문이다. 강아지는 발톱이 있고 발바닥이 평평하지 않아서 비탈진 바위를 딛고 내려가는 것이 별 문제가 되지 않는다. 하지만 강아지와 달리 평평한 발을 가진 나에게는 문제가 된다. 강아지가 속도를 내도 강아지를 목줄로 끌어서 내 속도에 맞추어야 하는데 강아지 속도에 맞추려고 한 것이 문제가 된 것이다. 따라가니까 넘어진다는 생각을 했다.

인생길도 내가 딛고 가야 할 곳이 있고 다른 사람이 딛고 가야 할 곳이 있다. 남의 인생길이 좋다고 내 역량을 생각하지 않으면 넘어지게 된다. 자기 자신에게 가장 적당하고 좋은 것이 바로 자기가 걸어야 할 인생길이다. 자기 역량에 맞지 않게 욕심을 부리면 화를 부르기 쉽다. 자신의 정체감 형성이 잘 되어있지 않으면 자기가 좋아하는 것이 무엇인지도 모르고 자신이 할 수 있는 것의 한계를 모르기 때문에 자꾸 남과 비교하고 남을 따라가게 된다. 그리고 결국 수렁 속에 빠지고 연속적으로 실패하는 삶을 살게 된다. 자기 한계 상황과 자기 자신이 할 수 있는 것을 제대로 파악한 사람은 정체감 형성이 잘 된 사람이다.

몸이 넘어지면서 손으로 나뭇가지를 잡아 균형을 다시 잡을 수 있을 것 같았지만 그러지 못했다. 그전 같았으면 잡았을 것이고 순발력 있게 대처했을 것이다. 내 몸의 노화를 받아들여야 한다는 생각을 했다. 이제는 전보다 더 조심해서 살아야 한다. 마음은 청춘이지만 몸이 따라주지 않는 것을 무리하게 행동하면 자꾸 아프게 되고 넘어지게 된다. 내 역량만큼만 살아야 한다. 자기를 잘 수용할 수 있어야 문제가 생기지 않는다. 마음과 몸의 밸런스를 맞추는 것은 중년기 이후에 꼭 해결해야 할 과제이다. 몸 생각을 하지 못하고 마음으로만 행동하다 몸의 신호를 알아차리지 못하면 어느 날 갑작스럽게 사망하기도 하고 큰 병에 걸려 평생 누워있게도 된다.

자신을 잘 수용하면 생각과 감정, 행동이 일치되는 삶을 살게 된다. 이성적인 머리와 따뜻한 가슴과 손과 발을 포함한 육체의 움직임이 일치된다. 할 수 있는 것과 할 수 없는 것을 구분할 수 있는 능력이 생긴다. 마음이 느낀 것을 이성적으로 판단하고 육체의 한계 안에서 바로 실천할 수 있을 때 우리는 자기 자신으로부터 괴리감을 느끼지 않는다. 생각은 용서해야 하는데 마음은 용서하지 못하는 경우, 부모님께 잘해야 한다고 생각하는데 부모님에 대한 상처로 인해 마음이 움직이지 못하는 경우, 남을 도와야 한다고 생각을 하는데 마음이 냉랭한 경우 등, 여러 가지 상황에서 우리는 갈등하고 번민하며 괴로움을 느끼게 된다. 또 사람을 만날 때도 마음은 뜨거워져서 사랑하고 있음에도 이성적인 머리는 손익계산을 하면서 사랑하면 안 된다고 말할 경우도 있고, 하고 싶은 행동이 사회의 가치관에 맞지 않으니 그러면 안 된다고 생각할 때도 있다. 그런 경우, 우리는 갈등하고 고통을 느끼게 되는데 마음과 생각과 행동을 잘 통합시켜야 자신과 화해가 이루어지며 자연스러운 자기 자신의 참모습대로 살게 된다.

마음이나 생각이 일치되어도 실제로 행동에 옮기기까지 용기를 요하는 경우도 있다. 일상 삶이 바빠서 혹은 육체적인 한계 때문에 생각했던 것을 행동하지 못 하는 때에도 우리의 마음은 편안하지 않다. 마음과 머리, 육체의 움직임이 균형을 잘 맞출 때 더 건강해지고 자기실현의 길로 들어설 수 있다. 나는 오늘 내 생각과 행동이 일치되지 않은 경험을 했다. 어느 한쪽을 조정하여서 마음과 생각과 행동이 일치되는 선택을 해야 했다. 그렇게 되려면 청년처럼 할 수 있다는 생각을 조금 내려놓고 몸의 상태를 받아들이든지 운동이나 육체를 단련해서 건강하고 순발력 있는 육체를 만들어야 한다. 노화에서 오는 것을 운동을 통해 해결하는 것에 어느 정도 한계가 있음도 알아야 한다.

내 삶의 비스듬한 것들은 무엇이 있나 생각해 봤다. 걸려 넘어질 수 있는 것은 무엇일까? 나에게 있어서 비스듬한 바위는 아마도 일에 대한 욕심일 것이다. 치유를 위한 내 열정은 일을 즐기는 것을 넘어서 무리하게 끌고 갈 때도 있다. 이것은 나에게 있어서 이미 비스듬한 바위가 되었다. 이제는 일을 줄임으로써 이 바위를 평평한 것으로 만들어야 한다. 그리고 또 나에게 비스듬한 바위는 가정일일 것이다. 나는 무엇을 하던 가정이 우선순위였다. 그러다 보니 밖의 일과 집안일을 균형 있게 하려고 했지만, 집안일을 무리하게 내 손으로 하는 경우가 많았다. 가사 일을 분담해서 해야 함에도 거의 내 몫인 경우가 많았다. 지금은 많이 내려놓았지만 나 혼자 감당하던 경우가 수두룩했다. 이제는 더 내려놓아야 할 것 같다. 지금보다 덜 열심히 사는 쪽을 택해야 할 것 같다. 집안일도 더 많이 분담하지 않으면 내 건강에 무리가 갈 것이다. 내 노년에는 내 보폭에 맞추어 적절히 도움받고 적절하게 의존하는 법을 익히고 타인이 살아가는 것을 흉내 내지 않고 살아가야겠다고 생각했다. 그것은 몸뿐 아니라 경제력에도 해당하는 측면이다. 내가 가진 경제력 범위 밖의 것을 욕심내다 보면 내 노후는 불안해지고 불편해질 것이다. 나에게 맞는 내 옷을 입어야 한다.

"

남의 것을 따라가고 있는 것이
무엇인가요?

"

06

마중물 되어주기
다른 이에게 길을 터준다는 것

집 근처 식물원에는 지하에서 물을 끌어 올리는 수동 펌프가 있다. 녹이 슬어 있었지만, 옛 모습을 그대로 간직한 그 펌프를 보니옛날 생각이 스쳤다. 수도가 없던 시절에 집집마다 펌프가 있었다.그나마 펌프가 없는 집은 멀리서 물을 길어다 먹어야 했다. 보통 펌프 옆에는 물통이 하나 있고 바가지가 있었다. 물통엔 물이 늘 준비되어 있었다. 펌프의 물을 끌어 올리려면 먼저 물을 한 바가지 펌프위에 넣고 펌프 손잡이를 올렸다 내리기를 빠르게 반복하면서 계속펌프질을 해야 했다. 물이 조금 들어가면 지하의 물을 끌어 올리지못해서 물을 한 바가지 더 붓고 펌프질을 여러 번 하면 물이 콸콸콸쏟아져 나왔다. 한겨울에는 수도관 자체가 얼어서 뜨거운 물을 넣어주어야 한다. 이렇게 펌프질은 물을 먼저 넣어줌으로써 물길을 내어주어 지하수를 끌어 올리는데, 물을 끌어 올리기 위해 넣어주는 물을 마중물이라 한다. 마중물은 말 그대로 마중 나가는 물이라는 의미로 보면 참으로 멋지고 예쁜 우리말이다.

펌프를 보면서 마중물에 대해 이런저런 생각을 했다. 내가 마중물이란 단어를 처음 접했을 때는 내적 치유 집단 상담에서였다. 집단리더의 별칭이 마중물이었는데 그때 마중물의 의미를 깨닫고 리더에게 걸맞은 좋은 별칭이라는 생각을 했다. 그 리더는 아마 치유의현장에서 치유를 끌어낼 수 있는 물이 되기를 간절히 원하는 맘으로그 별칭을 썼을 것이다. 별칭대로 그 리더는 여러 사람의 아픔을 끌어내어 치유하고 자기 자신을 나타내지 않았다. 집단 상담 현장에서리더를 돕는 코-리더 역할을 했던 나는 마중물의 역할을 치유 현장에서 톡톡히 보았고 나도 마중물이 되기를 결심했었다. 내가 상담사의 첫발을 내디딜 때였는데 좋은 리더를 만나서 그 리더의 행동과품성을 모델링 하여 그분의 상담기법을 많이 따라 했다. 그분은 후배 상담사에게도 마중물 역할을 했다.

마중물은 있는 길을 제대로 사용할 수 있게 길을 터주는 역할을한다. 상담사도 마중물이 되어야 한다는 생각을 했다. 내담자의 마음속에 잠재되어 성장 가능한 것들이 있는데 상처를 치워주고 잘못된생각들을 걷어주어 그 성장 가능한 것들이 나올 수 있게 돕는 것이다. 우리의 무의식 안에 무궁무진하게 성장할 수 있는 보화가 무수히많이 숨겨져 있다. 우리는 그 보화를 놓치고 그냥 팔자 탓이나 환경탓으로 아니면 현재 불편한 삶을 당연한 것으로 받아들인다. 내면에있는 보화를 진흙 속에 꺼내어 빛을 보게 할 생각을 하지 않는다. 상처로 인하여 좋은 삶을 살지 못하는 사람들이 이 마중물 같은 상담사를 만나면 흙 속에 묻힌 보화를 캐어내어 인생이 바뀔 수가 있다.

마중물은 지하에 있는 물을 끌어 올리는 역할을 한다. 누군가의에너지를 끌어올리기 위해 스스로 지하까지 내려간다. 우리의 이웃

중에 스스로 일어서지 못하는 사람도 있는데 그들이 있는 그 지점으로 내려가서 손잡고 함께 일어설 수 있도록 하는 것이다. 말로만 지시하지 않는다. 스스로 연약한 사람이 있는 그 지점으로 가서 그 사람 처지가 되어 함께 울고 함께 웃으면서 에너지를 불어 넣는 것이다. 내가 어려움을 겪었을 때 나에게 와서 밥을 먹여주고 함께 이야기해 주었던 사람들이 있다. 나를 이끌고 병원에 갔던 사람도 있다. 내가 현재 이 자리에 있기까지 그분들이 나를 손 잡고 끌어 올려주지 않았다면 나는 에너지를 얻지 못했을 것이다. 지하 밑바닥에 있는 에너지를 지하로 몸소 내려가서 끌어 올려주는 것은 상담자의 역할뿐만 아니라 우리가 모두 배워야 할 덕목이다.

대부분 마중물은 자신이 직접 쓰이지 않고 한 알의 밀알과 같은 역할을 한다. 땅에 떨어진 밀알은 사라지고 자기가 열매 맺어 많은 곡식을 생산하는 것이 곧 마중물이다. 끌어 올려주어 물이 올라오면 마중물의 정체는 지하에 있던 물속에 섞여 어떤 것이 마중물인지 모른다. 자신은 없어지고 새 물만 사용된다. 우리 사회에서도 이 마중물 같은 선배들이 많아지길 바라는 마음이 있다. 끝까지 자리를 꿰차고 있는 사람들이 있는 한, 새 물결은 길을 찾지 못한다. 자신이 없어짐으로써 후대로 이어줄 수 있게 만드는 것은 자기가 소속한 곳을 사랑하는 선임의 미덕이다. 나도 이제는 사회에서 물러남을 생각해야 할 나이이다. 후배들에게 내가 익힌 상담의 기법이나 이론들을 전수해야 한다. 그래서 나는 누군가 배우고자 하면 내가 가진 정보를 전부 공유하는 편이다. 요즘은 청소년들이 공부를 같이하는 학교에서조차 필기 노트 하나 빌려주지 않는 문화가 된 것은 참으로 서글픈 현실이다. 우리가 언제까지 이렇게 인색한 무한 경쟁으로 살아야 하는지 참으로 안타까운 일이다.

마중물은 끌어 올리려는 물과 같은 속성을 가졌다. 다른 곳에 쓰이면 마중물의 역할을 하지 못한다. 마중물이 되려면 자신이 있는 곳이 어디인지 잘 파악해야 한다. 같은 속성이 있는 곳, 자기 영역 안에서 마중물 역할을 해야 하는데 남의 영역으로 가면 오히려 방해만 될 뿐이다. 나도 내가 끌어 올려줄 수 있는 곳에서만 마중물 역할을 하기 바란다. 내 속성과 다른 곳에 가서 힘들게 새로운 역할 하기를 원하지 않는다. 내가 필요한 곳에 늘 준비되어 있어 누군가 바가지로 나를 퍼내면 언제나 퍼갈 수 있게 준비된 사람이 되고 싶다. 펌프 옆에 있는 물통을 바라보면서 내가 그 물통에 담겨 준비된 물이라는 생각을 했다.

천천히 사색하며 걷고 있는데 나에게 마중물 역할을 해 준 많은 사람이 떠올랐다. 가장 많은 마중물 역할을 해주신 부모님, 형제들, 집단 상담 리더, 교수님들, 친구들, 내 내담자들까지 나에게 마중물 역할을 해주었다. 그 내담자들을 위해 공부하고 연구하면서 나는 상담자로서 잘 설 수 있었다. 지금은 이름을 기억도 못 하는 많은 내담자 한 사람 한 사람에게 감사의 마음이 생겼다. 현재의 내가 있게 해 준 사람들이다.

> **"**
>
> 누구에게 마중물이 되고 있나요?
>
> **"**

07

나아갈 때와 물러날 때
심리적 거리 유지하기

우리 집 강아지는 사회성이 부족하다. 강아지를 데리고 산책할 때면 곤욕을 치를 때가 있다. 다른 강아지들이 친구 하자고 달려들면 피해 다니기 일쑤이고 어떤 경우는 도망 다니는 강아지들을 "멍멍" 짖어대며 뒤쫓기 바쁘다. 다른 강아지들과 친해지라고 일부러 내가 먼저 다른 강아지에게 가까이 가면 내 옆으로 바짝 붙어 도망치기에 급급하다. 천천히 접근하고 천천히 가까워지면서 친해지는 것을 익히지 못했다. 그도 그럴 것이 다른 강아지와 많이 접촉하면서 키우지 않았기 때문이다. 사람하고만 놀고 사람하고만 살아서 자신이 사람으로 착각하는 것 같을 때가 있다. 어떤 때는 지나가는 사람들에게 마구 짖어 대서 "미안합니다."를 연발하며 다닌다. 그렇다고 사납거나 사람을 문 적은 없다. 오히려 도망가면서 짖어댄다. 아마도 경험해보지 않은 것들에 대한 두려움일 것이다.

아기 때는 제법 다른 강아지들과 놀기도 했는데 사회성이 떨어지기 시작한 것은 큰 진돗개에게 물리고 나서이다. 3살쯤 되었을 때 산책하다가 뒤에서 달려온 진돗개가 작은 몸집의 우리 강아지를 사정없이 물고 이리저리 흔들어댔다. 나도 엄청나게 놀라서 우리 강아지를 구하려다 함께 물렸다. 죽을 뻔했던 일을 당한 뒤에 개들을 무서워하기 시작했고 나 역시 그 후, 큰 개들을 무서워한다. 사람이나 짐승이나 한번 충격적인 사건을 접하면 그 상황과 비슷한 것을 두려워한다. 우리 속담에 자라 보고 놀란 가슴 솥뚜껑 보고 놀란다는 말이 이런 경우일 것이다.

우리 강아지의 행동을 관찰해보면 나아갈 때와 물러날 때를 구분하지 못하는데 이것은 사람도 마찬가지라는 생각을 했다. 처음 만나자마자 상대가 불편해해도 마구 다가가는 사람이 있다. 상대가 다가오면 자신의 자아가 침범당하는 것을 느껴서 오히려 물러나는 사람도 있다. 사람 사이의 적당한 거리를 익히기 전에는 현재 거리에서 한 발자국씩 나아가면서 상대가 불편해하지 않게 서로 익히는 시간을 가져야 한다. 다가갔는데 불편해하면 한 발자국 다시 물러서야한다. 그렇게 반복하면서 서로에게 가장 편한 거리가 어느 정도인지익혀야 한다. 그런데 만나자마자 마구 다가가서 상대가 거절하면 상처를 받고 관계를 뚝 끊어버린다. 또는 거절 받을까 봐 다가가지 못하는 때도 있다. 주로 외향적인 사람들은 금방 다가서지만, 어느 정도 거리가 가까워지면 더 깊이 들어가는 것을 두려워하고 내향적인사람들은 금방 다가서지 않지만, 천천히 깊게 들어가는 편이다.

부부싸움을 할 때도 물러날 때와 다가갈 때를 구분해야 한다. 싸움의 목적을 잃어버리고 말의 꼬리를 물고 싸우는 경우가 있는데 이렇게 되면 서로 상처를 입을 수 있다. 부부싸움을 하면서 배우자와자신의 서로 다른 욕구들을 알아차려 적절하게 절충해야 하는데 원래의 싸움 목적은 온데간데없이 서로 할퀴고 물어뜯으면 관계만 나빠지기 쉽다. 자기주장을 하는데 상대가 너무 상처받으면 적절히 물러서고 자기 표현하지 않은 사람은 자기표현을 통해 다가서서 자기 욕구 충족을 이루어내야 한다. 너무 물러서 있고 상대의 욕구만 충족해주게 되면 자기 자신의 고유성을 잃어버리는 경험을 할 수 있다. 결국, 나중에 억울함만 생기게 된다.

나도 결혼 생활에서 내 욕구를 충족시켜주기보다 남편의 욕구를 충족시켜주는 것에 초점을 맞추었다. 어느 날, 내 내면의 음성에 귀 기울이니 나 자신이 없어지는 느낌을 받고 있었다. 공허와 허탈감이 밀려와서 남편에게 그런 상황을 말했더니 남편은 한 번도 자신에게 맞추라고 한 적이 없다고 말했다. 그때 받은 충격은 나와 주변 사람의 관계 구조를 다르게 바꾸어 놓았다. 나 자신의 행동을 점검해 보니 늘 다른 사람 기분이나 다른 사람 욕구를 맞추는 감각이 발달해 있고 정작 내 마음을 알아주는 것은 부족했다는 것을 깨달았다. 그 이후, 내 마음 알아차리기 훈련은 인간관계 개선에 많은 도움을 주었다.

나아갈 때를 제대로 알지 못하면 후회하게 되는 삶을 살 가능성도 크다. 무엇이든 해야 할 때 시기를 놓치고 지나가버린 것에 안타까워할 수 있다. 진정으로 사랑하는 사람을 만났는데 사랑의 고백을 못 하고 지나친 경우, 따뜻한 위로의 말을 해야 했는데 마음으로만 품고 있다가 시기를 놓친 경우, 타인이 어려운 상황에 있어 얼른 손 잡아주어야 하는데 우물쭈물 망설이고 더 곤경에 처하게 되었을 때, 함께 어울리고 싶었는데 끼지 못하고 바라만 보고 있을 때, 미안하다거나 감사하다는 말을 못 했는데 영원히 그 기회를 놓쳤을 때 등,

우리 삶에서 많은 부분이 나아갈 때 제대로 나가지 못해서 후회한다. 나아가는 것은 두려움을 이겨내고 용기가 생겼을 때 가능한 일이다. 두려움을 이겨내는 방법은 두려움보다 사랑이 더 강력하면 이겨낼 수 있는 용기가 생긴다. 사랑은 두려움을 물리쳐 주기 때문이다.

물러날 때 물러나지 못해서 후회하는 때도 있다. 하던 일을 관성적으로 계속하다 변화된 현실에 발맞추지 못해 사업에 실패한 경우, 덕망 있는 지도자가 물러나야 할 때 질질 끌다가 후임들의 눈총을 받는 경우, 이미 끝나버린 관계에서 집착하며 매달리는 것, 잃어버린 것에 대해 계속 연연하는 모습, 자녀의 독립을 위해 놓아주어야 하는데도 계속 부모의 간섭이 이어져 자녀의 삶을 송두리째 잃어버리게 하는 경우, 고시 공부하다 한계 상황에 부딪혀 그만두어야 함에도 계속 미련을 갖고 평생 공부만 하는 모습, 부부싸움 하다가 물러나지 못하고 감정이 상해 이혼까지 가는 경우 등은 물러날 때를 제대로 알지 못하는 것이다.

벼랑 끝인 줄 알고도 자존심 때문에 지기 싫어서 물러날 줄 모르고 같이 떨어지는 경우도 허다하게 있다. 자기 자신에 대해 자신이 없는 사람이 상대를 이겨서 자기 확인을 받으려 한다. 물러나는 시점이 아름다워야 타인들의 기억에서도 좋은 점만 기억하게 된다.

자신과 타인을 더 많이 알수록 나아갈 때와 물러날 때를 구분할 줄 아는 분별력을 갖추게 된다. 욕심이 과하거나 원하는 것에 집착하게 되면 분별력이 흐려질 수밖에 없다. 물러나거나 나아가기가 자유로워 우리 삶을 더 아름답게 만들어 나갈 수 있기를 기대해 본다.

"
삶에서 나아가야 할 것과
물러나야 할 것은 무엇입니까?
"

08

삶의 이정표
리더가 갖추어야 할 자세

출근길에 묵묵히 서 있는 동그란 교통 안내판에 40이라는 숫자가 표시된 것을 보았다. 정체되는 구간이라 자동차가 그 앞에 서 있을 때가 많았고 매일 가는 길이지만 그 안내판에 눈길을 준 것은 처음인 것 같다. 눈으로 보이지만 스치기만 하고 눈길을 주지 않으면 진정한 만남이 이루어지지 않는다는 것을 실감했다. 40이라는 숫자는 시속 40킬로 이하의 속도로 운행하라는 말이다. 빨리 달리면 사고 위험이 있어 속도를 낮추라는 말일 것이다. 이 이정표가 눈에 들어오면서 묵묵히 길거리에 서 있는 안내판의 역할이 얼마나 감사한지 새삼스럽게 느껴졌다.

이정표를 보면서 우리 인생길에서도 안내판이나 길을 제시해주는 이정표 같은 위치에 있는 사람들도 있을 것이라는 생각이 들었다. 우리를 낳고 길러주신 부모님은 우리 인생길에 토대가 되어줄 정도로 많은 안내를 해주시고 길을 제시해준 분이시다. 그리고 선생님들이 그 역할을 해 주시니 고마운 분들이고 각 단체의 리더들도 길을 제시해주는 이정표 같은 역할을 하는 사람일 것이다. 길가 40이라는 이정표를 보면서 길을 제시해주는 사람들의 덕목은 무엇이 있을까 생각해 봤다.

이정표는 한결같다. 옮겨 다니지 않고 늘 그 자리에 서 있어 이랬다저랬다 하지 않고 40이란 숫자를 묵묵히 지킨다. 리더의 덕목 중에 한결같이 일정한 모습을 유지하는 것은 중요하다. 오늘은 이 말 하고 내일은 저 말 해서 말이 자꾸 바뀌면 따르는 사람들은 혼란해지고 어떻게 해야 할지 몰라 방황하게 된다. 길거리 이정표가 사람들의 편의를 위해 어쩌다 바뀌는 경우가 있는데 바뀐 초기에는 운전자들이 당황하고 혼란스러워한다. 그래서 안내표지가 바뀔 때 미리 홍보하는 경우가 많다. 리더들은 자신이 한 말에 대해 일관성을 가질 때 따르는 사람들이 믿을 만하다는 생각을 하게 되고 신뢰감이 생겨서 안심하고 그가 안내해 주는 길을 따라갈 수 있을 것이다. 훌륭한 리더들은 자신이 한 말을 변경할 때도 변경의 사유를 설명하고 충분히 이해시킨 후 일을 시행한다.

그냥 서 있기만 한 40이란 숫자는 묵묵히 길을 제시하지만 지나가는 차에 일일이 따져 묻지 않는다. 길만 제시할 뿐 제시된 길을 따를지 선택하는 것은 운전자의 몫이다. 좋은 리더는 길을 제시하지만 따르는 이들에게 강요하지 않고 좋은 선택을 할 수 있도록 도울 뿐이다. 리더가 강압적으로 하게 되면 불만은 마음속에 쌓이게 되고 꾹꾹 눌려져 압력이 생기게 된다. 그 압력이 터져 나올 때 무서운 폭발력이 있어 주변에 위험이 될 수 있다. 부모들이 아무리 좋은 길을 자녀에게 제시해주어도 자녀가 선택하지 않을 때 강제적으로 할 수 없다. 선생님이 아무리 좋은 길을 제시해주어도 강압적으로 따르게 하면 제자들은 상처를 받게 된다. 내가 고등학교 때, 영어 선생님은 영어 단어를 많이 외우게 하려고 감당할 수 없이 많은 양의 숙제를 내주셨고 안 해 왔을 때 여지없이 막대기를 휘두르셨다. 나는 지금도 영어 하면 무서움이 생기고 그 선생님 생각이 나서 영어 알레르기 반응을 일으킨다. 이렇게 상처받은 사람들이 어디 나만 있을까?

이정표는 누구 하나 감사하는 사람이 없어도 불평하지 않고 묵묵히 자리만 지킨다. 위반하는 사람이 많아서 더 이상 못 서 있겠다고 말하지 않는다. 리더의 자리도 누군가의 길을 제시하고 많은 정성을 들이고 자신의 것을 내어준다. 어떤 때는 감사의 말이 듣고 싶을 때도 있고 감사 표현하는 이들이 있었으면 좋겠다는 생각을 할 때도 있을 것이다. 하지만 그렇게 자신이 한 일에 대해 보상을 생각하면 마음이 상하기 쉽다. 따라주지 않는다고 불평이 생기기 시작하면 그룹원은 더 와해되고 리더의 권위를 잃게 되며 리더는 권위주의 사람으로 전락하게 된다. 리더가 할 일을 열심히 하는데 그룹원이 따라주지 않으면 리더 입에서 불평의 말이 나오기 쉽다. 하지만 그럴 때 자신의 리더십을 점검해 봐야 한다. 열심히 일한 후 공치사함으로써 자신이 한 일을 스스로 무너뜨리는 것도 조심해야 한다.

40이라는 이정표를 가만히 살펴보고 있자니 꿋꿋하게 혼자 서 있다. 이정표는 혼자 서 있으면서 외로움을 감수하고 있다. 리더는 홀로 서 있는 자리이다. 그 자리는 외로움의 자리일 수 있다. 외로움을 견디지 못하면 그룹원에게 의존하려고 한다. 의존하게 되면 분별력이 약해질 뿐 아니라 의존하는 당사자에게 짐을 지우게 된다. 물론 그룹원과 서로 협력해서 해야 할 일이 있지만 그룹원의 의사는 참고만 하고 길을 인도하는 최종 결정권은 리더가 해야 한다. 세계를 흔드는 사건들을 감당했던 리더들은 얼마나 많은 책임감과 외로움을 견뎌내고 그 결정을 했을까? 외로움을 견뎌내지 못하면 리더 자신이 지지받는 당을 만들게 되고 자신이 좋아하는 사람에게 편파적으로 되어 공정해지기는 어렵다. 또한, 리더가 사욕을 채우려는 사람의 조종을 받게 되면 길을 제시해주는 것이 아니라 막다른 길에 서게 되고 되돌아갈 수밖에 없게 된다. 외로움을 견뎌 낼 수 있는 것은 리더의 좋은 덕목이다.

40이란 이정표 옆에는 나무도 있고 도롯가에 난 풀들도 있다. 하늘도 보이고 바람도 맞는다. 그런데도 이정표는 늘 주위를 보고 있어도 어떤 말도 하지 않고 못 본 척하고 서 있다. 리더의 눈과 귀는 촉수가 발달하고 늘 보고 들어도 그것에 대해 내색하지 말아야 한다. 찬성 이야기도 반대 이야기도 들을 수 있고 여러 가지 엉뚱한 것을 볼 수도 있다. 하지만 자신이 듣고 본 것에 바로 반응하면 그룹원들은 자꾸만 리더의 눈치를 보게 되고 리더의 비위를 맞추려고 한다. 듣기는 속히 하고 두루두루 잘 봐야 하지만 그것을 내색하거나 말하는 것은 더디 해야 하고 본 것을 못 본 척하는 관용도 필요하다. 그렇게 할 때 그룹은 자연적으로 자유로운 분위기에서 창의적인 참여가 일어나게 된다.

40이라는 이정표를 매일 보고 그냥 지나치다 오늘 아침에는 그 이정표를 제대로 만나주었다. 제대로 만나주니 많은 선물을 받았다. 그동안 제대로 만나주지 않아서 잃어버린 것들이 얼마나 많았을까? 한 번만 제대로 눈 맞춤 해주었다면 더 친밀해졌을 것이고 한 번만 제대로 들어주었다면 상대의 삶을 이해할 수 있었을 것이다. 매일 만나는 가족들이지만 진정한 만남이 얼마나 일어나는지 생각해 볼 일이다. 진심으로 자신을 향해 귀 기울여주고 자신을 지극히 부드러운 눈빛으로 바라봐주는 사람이 있다면 외롭고 지친 인생길이 조금은 덜 외로울 것이다. 얻고 깨닫는 것이 많이 있음을 발견하는 감사로 시작하는 하루이다.

"
리더의 덕목 중 어떤 것을
갖추고 있나요?
"

09

길이 가로막혔을 때 돌아가기

뜻대로 되지 않는 환경에 대처하기

좁은 골목길을 운전하고 가는데 쓰레기 청소하는 차를 만났다. 그 차는 골목 쓰레기를 다 치우기 전에는 빠질 수 없는 상황이다. 길옆에 좁은 골목길이 있어 비켜 가려는데 쓰레기차 뒤에 승용차 여러 대가 기다리고 있었다. 얼른 골목의 남의 주차장으로 들어가 차를 빼 주었고 옆에 우회할 수 있는 길을 터놓았는데 마주 보는 승용차 운전자는 움직이지 않는다. 족히 5분은 대치 상태로 머물렀다. 그곳 지리를 잘 아는 터라 할 수 없이 차에서 내려서 조금 뒤로 가서 옆의 골목으로 들어서면 큰길을 만난다고 공손하게 길을 알려주었다. 승용차 운전자는 꼭 그 길로 가야 한다면서 신경질을 있는 대로 냈다. 쓰레기 차 때문에 기다리다 화가 난 운전자는 졸지에 나에게 분풀이를 했다. 그럼 기다리자고 신경질을 공손히 받아주었다. 타인의 신경질을 곱게 받아줄 만큼 관대한 나는 아니지만 내 마음은 방금 친구 장례식 발인을 하고 오는 길이어서 숙연해져 있던 터였다. 할 수 없이 내 차에 다시 들어가 여유 있게 기다리려는데 내가 알려준

좁은 샛길로 차를 빼는 모습이 보였다. 엔진 소리가 큰 것을 보니 화를 내며 급발진하는 것 같았다. 뒤에 줄지어 있던 차들이 전부 옆길로 빠진다. 차가 다 빠지도록 쓰레기차는 움직이지 않고 환경미화원들은 열심히 쓰레기를 옮기고 있었다.

내 잘못이 아닌 상태에서 난관에 부딪혔을 때 한 번쯤 돌아갈 길을 봐야 한다. 계속된 대치 상태는 효율적이 아니고 또 마음도 더 상하게 된다. 우리가 한 가지 길만을 고집할 때 한 번쯤 내 생각을 내려놓고 다른 길이 있는지 살펴보는 것은 지혜로운 것이며 그 선택으로 인해 삶을 풍요롭게 만들 수 있다. 경직된 자세로 살아가면 오히려 다치고 깨지게 된다. 유연한 자세로 물처럼 흘러가면서 살 때 다양한 경험을 하게 되고 정체되고 고인 물이 되지 않아 썩지 않게 된다. 이런 생각을 하면서 운전하는 것에 대해 생각해 봤다.

운전은 마치 인생길과 같다는 생각이 들었다. 내 잘못이 없는 상태에서 다른 차가 와서 내 차를 들이받아 사고 날 때가 있다. 인생길에서도 내 잘못 없이 억울하게 당할 때가 종종 있다. 그럴 때 분노를 삭이지 못하면 스트레스로 인해 병에 걸리게 된다. 아무리 생각해도 자신의 잘못 없이 피해자가 될 때 화가 나지만 얼른 잊어버리고 그 상황을 수습해야 한다. 잘잘못을 따지고 싸우는 동안 교통체증이 심해지듯 자신이 가야 할 길도 더 늦어지게 된다. 살다 보면 억울하게 당할 수도 있다는 생각을 해야 하는데 왜 억울함을 당해야 하냐고 반문해도 답은 없다. 그냥 억울한 일이 발생한 것이다. "왜?"라는 과거형의 질문보다는 "어떻게?"라는 미래형 질문에 초점을 두면 상황이 더 일찍 종료하게 된다. 살면서 억울하다는 상황에 집착하고 과거에 머무르다 보면 삶의 길이 미래를 향해 나아가지 못하게 된다.

계속 과거의 사건에 몰두하면 정작 해야 할 것을 놓치게 되는 경우가 있다. "어떻게?"라는 질문을 먼저하고 일 처리가 끝난 뒤에 "왜?"라는 질문을 하게 되면 다음에 실수하는 일이 적어진다.

운전하면서 내 과실로 인해 타인의 차를 받을 경우도 있다. 그럴 때 무조건 미안하다고 먼저 사과한 후에 보험처리를 해야 상대의 마음이 상하지 않게 된다. 특히 사람이 다쳤을 때 사람의 안부를 먼저 묻는 것은 당연한 도리인데 보험이 알아서 해준다는 자세는 인간의 존엄을 물질적 가치로만 생각하는 것이다. 운전할 때뿐 아니라 일상에서도 알게 모르게 실수로 타인에게 손해를 끼치고 미안하게 될 때가 있다. 그때도 자신의 잘못을 먼저 인정하고 사과한 뒤에 손해를 끼친 만큼 배상해야 한다. 우리가 불의의 사고 대처를 위해 보험을 미리 들어놓듯 인생길에서도 사람들에게 좋은 인상을 남기고 선하게 대함으로써 인간관계 보험을 미리 들어놓아야 내가 어려울 때 관대하게 용서받을 수 있다.

사람들과 약속을 하고 승용차를 이용해 약속장소에 갈 때 시간 안에 도착하려고 계획을 세우고 시간 계산을 하지만 뜻대로 안 될 때가 많다. 예외적인 도로 공사 상황이나 접촉사고나 고장 차들로 인해 길이 막혀서 내 잘못 없이 계획한 대로 되지 않을 때 약속에 늦을 수가 있다. 그럴 때 차 안에서 화를 내기 쉽지만, 화가 나는 이유를 자세히 살펴보면 약속을 잘 지켜서 상대방에게 미안한 소리를 하기 싫기 때문이다. 자신이 계획했던 대로 되지 않을 때 화내고 조바심내기보다 그 상황을 마음으로 수용한 뒤 상대에게 약속 시각 늦어지는 것을 알리는 것이 더 현명하다. 약속 시각에 가야 한다는 목표 때문에 운전이 난폭해질 수도 있다. 운전할 때와 같이 인생길에서도 계획한 대로 안 될 때가 많이 있다. 그럴 때 환경을 탓할 것인지 그 환경 속에서 할 수 있는 것을 하면서 받아들일 것인지는 자신의 선택 여부에 달려있다. 환경을 받아들이면 앞으로 나아갈 방법을 모색하게 된다. 환경 탓을 하면 자신이 대처할 수 있는 일을 하지 않게 된다.

　운전할 때 수없이 많은 차량이 끼어들기를 한다. 삶에서도 원하지 않는 사람이 내 인생에 들어올 때 끼어들게 해주어야 할 때가 있다. 끼어들게 하면서 욕을 할 것인지 '바쁜 일이 있나 보다.' 하고 기꺼이 끼어들기를 허락할 것인지도 자신의 선택 여부이다. 수없이 많은 사람을 만나고 헤어지고 하면서 마음에 안 드는 사람을 만나도 함께 할 수밖에 없는 관계가 있다. 결혼하게 되면 배우자의 부모나 형제들이 마음에 들지 않아도 내 인생에 끼어들기를 허용해야 한다. 그 끼어들기를 허용하지 않을 때 문제 상황이 생길 수도 있다. 운전할 때 도로를 여러 사람이 함께 쓰는 것처럼 배우자도 누군가의 자녀이고 누군가의 형제이고 누군가의 친구이다. 그들의 끼어들기를 허용함으로써 배우자가 자신과 관련된 인간관계를 잘 유지할 수 있도록 도와주어야 한다. 그들의 끼어듦을 허락함으로써 자신의 인간관계 폭이 넓어지게 된다. 우리는 모두 도로를 같이 사용하듯 사회라는 울타리를 함께 누리고 공유하며 사는 사람들이기 때문이다.

　도로 위에서 아무리 운전을 잘 해도 사고가 날 수 있고 길이 막혀서 꼼짝 못 할 수도 있는 것처럼 인생길에서 아무리 잘 살려 해도 우연히 길을 가다가 미친개한테 물릴 수도 있고 묻지 마 폭행을 당할 수도 있다. 한 번 사고를 낸 후 운전을 평생 못하는 사람이 있어 타인에게 의존하는 사람도 있다. 사람들에게 큰 피해를 보고 나서 타인과 만나는 것이 두려워 문을 닫고 집 밖을 나가지 못하는 사람들도 있다. 사고가 나도 차를 이용할 수밖에 없는 것처럼 위험이 도사리고 있어도 사회생활은 해야 한다. 인생길에서 자신의 통제 불가능한 경우는 수도 없이 많다. 자신의 힘으로 통제할 수 없는 두렵고 불안하고 선명하지 않은 희미한 길을 불안하지만 믿고 가야 하는 경우도 수두룩하게 많다. 모호한 것을 견디고 나아갈 수 있는 능력은 삶을 사랑함으로써 취득할 수 있다. 사랑은 두려움을 이길 힘을 주기 때문이다.

오늘 운전을 하면서 내 마음이 관대했던 것은 운전하기 이전에 겸허한 마음이 있었기 때문이다. 나와 마주친 신경질을 냈던 사람은 운전하기 이전에 안 좋은 상황이나 급한 상황이 있어서 그럴 수 있다. 나 자신이 화를 낼 때도 있고 관대해질 때도 있는 것처럼 타인도 그 날의 컨디션에 따라 다른 모습을 취할 수 있다. 안 좋은 모습을 만날 때 우리는 그 사람 자체보다 그 상황이 안 좋았을 것으로 생각하면 타인을 이해하고 수용하는 데 훨씬 도움이 된다.

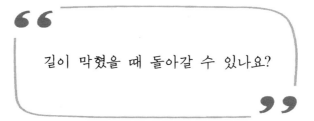

> 길이 막혔을 때 돌아갈 수 있나요?

10

법은 최소한의 준거틀

양심이 먼저 움직이는 사회를 위해

　횡단보도 대기 중에 브레이크가 풀어져 앞차와 살짝 접촉되었다. 신호대기 중이었으니 차량 사이 거리가 1미터도 안 되는 상태에서 밀린 것이다. 차량에는 어떤 흠도 나지 않았다. 그런데 상대 운전자가 상태 파악을 위해 나올 때 머리를 잡고 토할 것 같다는 제스처를 하며 나오더니 그 상황에서 사진을 찍기 시작했다. 접촉 이전에 자기 차에 대한 흠집이 여러 개가 있는 아주 낡은 차이고 내 차는 새 차였다. 접촉으로 인해 내 차에는 어떤 흠도 나지 않고 상대방 차량과 접촉이 있을 때 나타나는 페인트 흔적도 없었다. 미안함을 표현하고 적당히 사례를 주고 가려고 했는데 싫다고 해서 보험회사에 연락했다. 보험회사 직원은 알아서 처리해준다고 하고 "요즘에는 함부로 수리하거나 덮어씌우지 못해요." 하고 나를 안심시켰다. 사진을 몇 장 찍더니 나더러 가라고 했다.

　처리를 맡기고 갔는데 며칠 후 연락이 왔다. 수리비와 렌터카 비용까지 몇백만 원이 나오고 상대는 3주 진단이 나왔다고 한다. 어이가 없어서 당사자에게 전화해서 그 당시 상황에 관한 얘기를 하고 이의제기를 했더니 그렇게 처리할 수밖에 없었다고 했다. 보험회사 직원이 아는 공업사가 있는데 거기서 차를 고쳐주겠다고 하면서 놀라셨으면 차를 본인이 직접 가져가 고쳐주겠다고 했단다. 그 말을 듣고 뭔가 이상한 느낌이 들어서 차량 견적서를 보내달라고 했더니 기존에 흠집 나 있던 부분을 전부 수리한 것이었다. 보험회사 직원을 믿었기 때문에 보험회사 직원과 그 당시 흠집이 없었던 것도 구두로 확인을 했다. 너무 이상해서 본사 보험 처리하는 부서로 갔더니 이 보험회사 직원은 하청을 준 사람이라고 했고 보험회사 나름대로 발뺌을 하고 있었다. 이런 상황에 대해 잘 모르던 나는 공업사와 하청받은 보험업자와 서로 뒷거래가 있다는 것을 눈치챘다. 피해차량 운전자는 새것처럼 고쳐준다고 하니 그냥 차를 맡긴 것이었다. 피해자의 부상은 교통사고 환자만 받는 병원과 결탁이 된 느낌이었다. 너무 억울해서 정말 입원했는지 찾아가 봤더니 이름만 붙어 있고 당사자는 병원에서 찾아볼 수 없었다. 뻔히 알면서도 그냥 당하는 상황이 되어서 참으로 무서운 생각이 들었다.

이 일을 당하면서 여러 사람을 관찰할 수 있었다. 작은 사고를 빌미로 어떻게 해서든 돈을 벌어보자는 정직하지 못한 사람과 그 사람과 연결된 부정직한 구조들이 눈에 들어왔다. 조그만 사고에서도 병원에 가서 드러눕고 진단서를 끊을 때 그것의 진위를 따지기는 어려웠다. 그냥 피해자의 말만 듣고 처리할 뿐이었다. 병원 의사들의 부정직함도 느껴지지만, 심증은 가는데 물증을 찾기는 어려웠다. 돈 몇 푼에 자신의 인격을 파는 것이다. 보험 대리인도 공업사와 암암리의 거래가 있는 것이고 그들은 보험사에서 지급되는 돈이니 별문제가 없다고 생각하는 것 같았다. 보험료가 부당하게 새고 있는 것에 대해 어떤 감각도 없는 것 같았다. 얼마나 부정직함이 사회 곳곳에 만연해 있는지 여실히 보고 씁쓸한 마음을 금할 수 없었다. 모든 보험회사 직원과 공업사와 의사들이 그런 것은 아니겠지만 그런 상황을 접하게 되니 사람을 믿지 못하고 조심해야겠다는 생각까지 들었다.

법이 기준이 되어 물증으로 판단하는 요즘 사회에서 얼마든지 서류조작으로 사람을 억울하게 만들 수 있다. 자신의 이익을 위해 서류를 조작하고 없는 사실을 있는 사실로 만들어버리는 사회는 정의가 무너진 사회이다. 법은 최소한의 준거 기준이고 개개인의 양심은 그보다는 더 가치 있는 준거 기준이다. 법으로 처리하기 이전에 마땅히 사람으로 자기의 양심에 위배되지 않는 선에서 먼저 처리가 되어야 하는데 양심은 온데간데없고 이익을 위해서 거짓말이나 거짓증거가 난무한다. 실제 재판을 하는 곳에서도 물증을 중요시하고 사람의 진심은 아무 효력이 없다. 증인까지도 사고파는 세상이다. 이런 사회가 되는 것에는 언론도 한몫한 것 같다. 대중매체를 통해서 거짓을 저지르는 방법이 극명하게 소개되고 이익을 취하려는 사람들에게 모방 범죄가 되기도 한다.

옛날 솔로몬의 아이를 찾아주는 유명한 명판결 이야기는 동서고금을 막론하고 회자된다. 아이 하나를 놓고 서로 엄마라고 싸우는 여인들에게 칼로 아이를 반으로 잘라서 반씩 주라고 한다. 진짜 엄마는 울면서 아이를 죽일 수 없으니 상대 여인에게 주라고 물러나는 것을 보고 그가 진짜 엄마임을 판결한다. 진짜 엄마는 아이의 생명을 소중하게 생각하지만, 가짜 엄마는 자존심과 명분이 중요하기 때문에 반이라도 가져서 자기의 주장을 정당화시키려는 마음을 솔로몬이 읽은 것이다. 만약 지금 시대 같았으면 솔로몬의 판결은 말도 안 되는 판결이다. 심리로 판결하고 아무런 물증이 없기 때문이다. 억울한 사람이 나오지 않기 위해 물증이 중요시되지만 정작 피해를 본 사람은 오히려 더 고통을 받을 수 있다.

　이집트 여행을 할 때 감동한 것이 있다. 좁은 시장통에 우리 일행이 타고 간 마차 때문에 좁은 시장길이 막혔다. 좌판에 물건 파는 사람들이 비켜주어야 하는 상황이 되어서 우리는 계속 미안하다고 말하면서 갔는데 그들은 "문제없어요. 괜찮아요."라는 말을 되풀이했다. 그런 말은 선진국을 여행할 때보다 후진국 여행할 때 더 많이 듣는다. 우리나라 같았으면 싸움이 일어날 상황도 그들은 괜찮다고 한다. 권리 주장하는 것을 모르기 때문일 수도 있지만 살면서 서로 조금씩 피해 주고 피해받는 것은 그냥 괜찮다고 말하는 사회 분위기 때문이다. 또 소수민족 마을을 방문할 때 느끼는 것은 서로 경쟁하고 탓하기보다 감싸 안고 도우면서 사는 것이 무척 인상 깊게 느껴졌다. 그들은 법으로 심판하기 전에 서로 자신의 양심에 맞게 행동하기 때문에 큰 싸움도 일어나지 않는다.

　내가 어렸을 때 동네 아이들끼리 싸우면 부모들은 남의 자식도 자기 자식과 똑같은 자녀라는 개념 아래 조금 다치거나 손해를 봐도 그냥 너그럽게 봐주는 것이 일반적이었다. 요즘은 손톱만큼의 손해도 보상을 받으려고 어른들이 개입하면서 사건은 부풀려진다. 아이들끼리 화해할 수 있는 것도 어른들이 나서서 서로 잘잘못을 따지면서 아이들 사이를 갈라놓기도 한다. 참으로 이기적인 사회이다. 이런 사회에서 착한 것은 미덕이 아니고 바보 취급을 받게 되고 착하면 억울함을 많이 당한다. 내가 살아온 반세기 동안에서도 참으로 인간성이 많이 말살되어감을 눈으로 보고 느끼게 된다.

법보다 양심이 먼저 움직이는 사람들이 많이 있는 사회가 되었으면 좋겠다. 법 없어도 억울하지 않게 살아갈 수 있는 사회가 되었으면 좋겠다. 각자가 법보다는 양심의 저울로 살아가는 사회가 되었으면 좋겠다. 양심으로 살아가고 법은 최소한의 준거 틀이어야 한다.

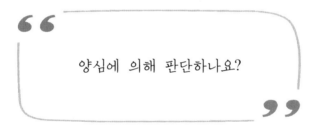

양심에 의해 판단하나요?

백보남

위드상담센터장
서울신학대 상담대학원 상담학 석사
America Evangelical University 상담학 박사

어린 시절 역기능적인 가정에서 자란 경험과 사춘기 아들의 일탈을 겪으며 사람에 대해 알고 싶은 마음이 싹텄습니다. 또한 저와 같은 어려움을 겪고 있는 사람을 돕기 위한 소명의식이 생겼습니다. 이에 상담 공부를 시작하였고, 행복한 삶을 위해 노력하고 개척하는 자세로 살아가고 있습니다.

크리스찬치유상담 연구원에서 10여년 넘게 내적치유, 콜로퀴엄, 개인및 집단상담 임상 경험을 쌓았고 죽음으로 인한 상실 상담과 죽음 준비교육을 해왔으며 석사 논문으로 조기 부모 상실의 영향과 치유상담을 위한 연구를 썼습니다. 청소년과 부모를 대상으로 부모교육을 지속적으로 실시하며 박사 논문으로 THE AFFECT OF PARENT GROUP COUNSELING ON YOUTH CHILDREN (부모 집단상담이 청소년 자녀에게 미치는 영향)을 썼습니다. 법무부, 국세청등 공무원 대상으로 상담을 하고 학교에서도 강의및 상담을 하여 만난 내담자의 숫자만 해도 수천명에 이릅니다. 모교인 AMERICA EVANGELICAL UNIVERSITY에서 겸임 교수로 활동 중입니다.

내면치유
그리고
다시 만나는
세상

초판인쇄 2020년 2월 17일
초판발행 2020년 2월 17일

지은이 백보남
펴낸이 채종준
펴낸곳 한국학술정보㈜
주소 경기도 파주시 회동길 230(문발동)
전화 031) 908-3181(대표)
팩스 031) 908-3189
홈페이지 http://ebook.kstudy.com
전자우편 출판사업부 publish@kstudy.com
등록 제일산-115호(2000. 6. 19)

ISBN 978-89-268-9843-7 13330